胡宗南先生四書 之貳

胡宗南上將年譜

於憑遠 羅冷梅 編纂
葉霞翟 胡為真 校訂

增修版

胡宗南將軍（1896－1962）

辦大事者非精心果力之為難，而仁恕存心相忍為國之不易也。

胡宗南

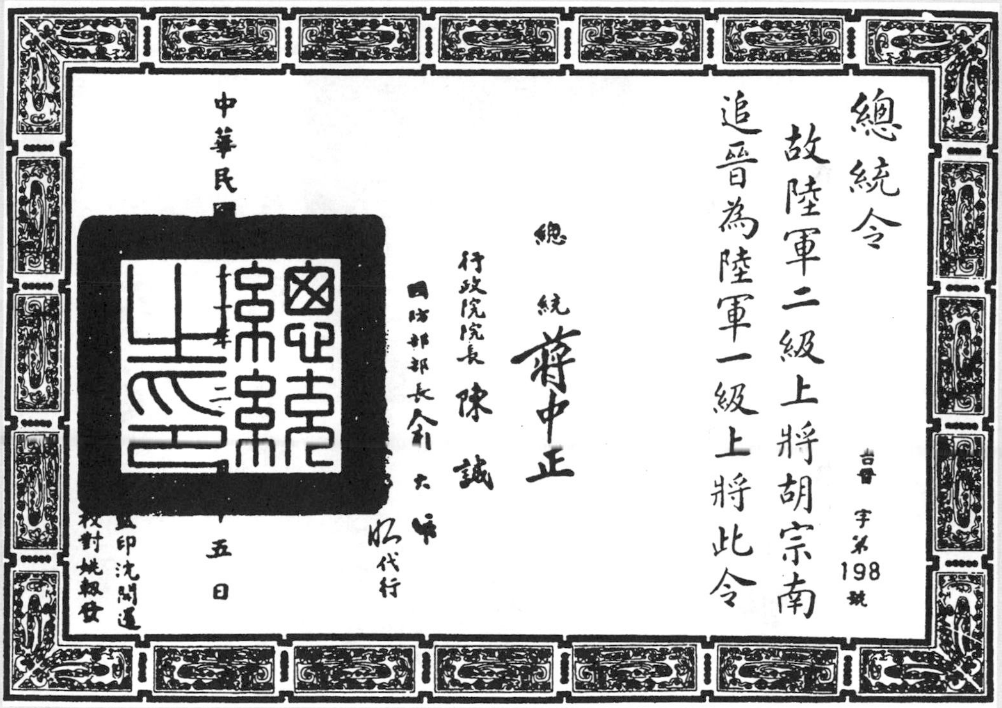

總統令

故陸軍二級上將胡宗南
追晉為陸軍一級上將此令

台晉字第198號

總統 蔣中正
行政院院長 陳誠
國防部部長俞大維 [illegible]代行

中華民國……五日

監印沈開運
校對姚叔安

追晉令

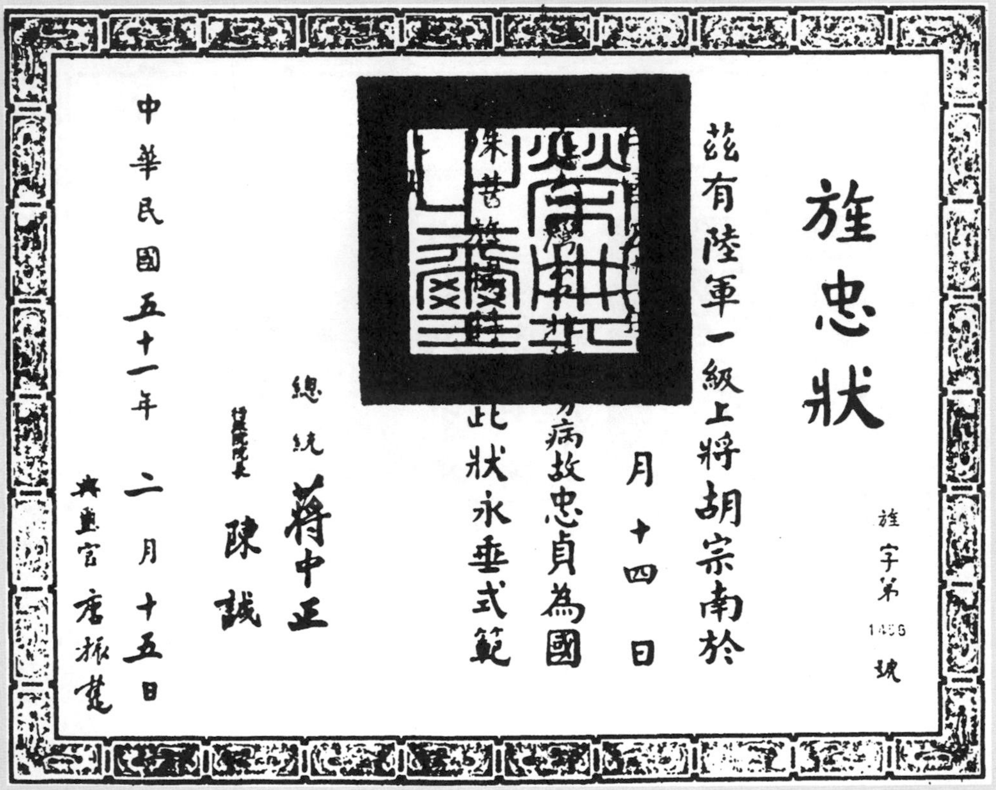

旌忠狀

旌字第14[illegible]6號

玆有陸軍一級上將胡宗南於

月十四日

病故忠貞為國

此狀永垂式範

總統 蔣中正

行政院長 陳誠

典璽官 唐振楚

中華民國五十一年二月十五日

旌忠狀

總統令

總統府戰略顧問委員會戰略顧問陸軍二級上將胡宗南自少懷宏志行堅卓早歲入黃埔軍官學校研習軍事既畢執戟東征以來參與革命戰役臨陣奮勇迭建奇功歷任第一軍軍長第十七軍團長第三十四集團軍總司令第八戰區副令長官暨西安綏靖公署國十城抗戰勝利後共匪上將秉承方略猶追逐竄府播遷率軍殿後艱危衛整訓部伍革固海防成收問方略蓋籌期多獻皆遠晉陸軍一級上將以應予令

總統 蔣中正

行政院院長 陳誠

中華民國五十一年三月十三日

典璽官 唐振楚

總統令

民國31年9月胡將軍隨侍蔣中正總統於常寧宮

【出版序】

恢弘士氣，再造中興

——胡宗南先生四書

胡宗南上將是中國近代史上赤忱效忠領袖、完成中興大業的重要傑出人物之一，雖然胡將軍去世已逾五十年，但其風範與事功卻常留人心，永載史冊。

胡上將以一文人之身，在國民革命風起雲湧之際，投筆從戎，進入黃埔軍校第一期，從此追隨先總統蔣公，歷經東征、北伐、抗戰、剿共、保臺等戰爭，尤其是在八年對日抗戰期間，扼守西北，成功擊退了日軍的進犯，保護西南抗戰基地，培訓人才，奮鬥到日本投降，協助國家完成中興大業。接著在與中共的爭戰中，盡心盡力，堅持到最後一刻，才由蔣公派機接到臺灣，繼續為復興大業而奮鬥，可惜壯志未酬身先死，常使英雄淚滿襟，胡將軍享歲僅六十七。

英雄豪傑的事蹟，自然應該流傳於世，永垂典範。王雲五先生主持臺灣商務印書館時，倡導編印「中國名人年譜集成」，以供後人學習。《民國胡上將宗南年譜》由其舊屬於憑遠、羅冷梅編撰，並經胡將軍夫人葉霞翟博士校訂，於民國六十九年七月出版，至今風行未已。

一〇二年，胡將軍的長公子胡為真博士自國家安全會議秘書長職位退休，臺灣商務印書館決定敦請胡資政重新修訂多年前由商務出版的《民國胡上將宗南年譜》，並建議出版《胡宗南先生文存》、《令人懷念的胡宗南將軍》紀念集，以及由胡將軍舊屬徐枕撰寫的《胡宗南將軍與國民革命》（今更名為《一代名將胡宗南》），總計四本書。

此項建議獲得胡資政同意，並願意在百忙之中撥空提供資料，修訂原稿。臺灣商務印書館能夠出版有關胡將軍的四本書，深感責任重大與非常榮幸。由於胡將軍對國家的貢獻，其事蹟載諸史冊，可為典範，好比儒家四書之可貴，乃敢建議編為「胡宗南先生四書」，逐月出版，以供流傳後世。

筆者愛讀史書，尤其是中國近代史，每當閱讀及此，不免掩卷嘆息。路遙知馬力，板蕩見忠貞，胡宗南將軍之事蹟，誠可謂忠貞愛國矣。

臺灣商務印書館總編輯 方鵬程 謹序

民國一〇三年二月

編者註：

胡宗南先生四書為：《一代名將胡宗南》，《胡宗南上將年譜》，《令人懷念的胡宗南將軍》及《胡宗南先生文存》四種。此四書內容最早在民國五十二年時即已出版，儘管出版單位不同，但都是有關胡宗南將軍的重要著作，緣此，本館乃於一〇三年（西元二〇一四年）決定將此四書重新整理，並由胡將軍的長子胡為真博士等人協助，進行各書修訂。歷史的巨輪是永不停歇的，由於史料不斷被發掘，亦歡迎各界持續補遺，以俾繼續出版。

【推薦序】

黃埔精神的典範——胡宗南上將

國父領導國民革命，辛亥武昌起義，推翻滿清，建立中華民國，但政權為袁世凱等北洋軍閥所竊據。國父痛感只有革命當的奮鬥，而無革命軍的奮鬥，乃於民國十三年，在廣東黃埔成立軍官學校，召訓全國有志青年從軍革命，並命蔣公為校長，以黃埔子弟為核心，組成國民革命軍，故蔣公亦被尊為軍父。

黃埔建軍，係以國父思想為核心的精神傳統。九十年來，歷經北伐（含東征）、抗戰、剿共、保臺四大戰役，全視黃埔精神的興替，決定戰役的成敗。九十年來，有光輝的勝利，也有慘痛的失敗，但只要黃埔精神得以傳承發揚，中華民國必能立於不敗之地，完成國父的建國理想。

蔣公曾明示，黃埔精神的精義，是團結、負責與犧牲。

團結是以信仰三民主義、效忠中華民國為基礎，三軍一體，如手如足；三軍一家，如兄如弟。以同甘苦、共生死的情感道義，形成萬眾一心的戰鬥意志。

負責是存誠務實，實事求是，精益求精，精練武藝，冒險犯難的戰鬥作風。

犧牲是成功不必在我，不成功便成仁的戰鬥志節。

亦即以黃埔精神，實踐於國家、責任、榮譽三大信念之中。

胡宗南上將是黃埔一期最年長的學生，入學時已二十八歲（當時學生平均年齡應為二十歲），曾有社會經驗，毅然擲筆從戎，故在先天上，他是黃埔一期最成熟的學生。歷經四大戰役，他的升遷在黃埔子弟中首屈一指，畢業後兩年（民國十六年），就當了師長，從帶四十人的排長，升到帶一萬人的師長。爾後從第一師、第一軍到第一戰區司令長官，先後統兵達百萬，而在蔣公心目中，直以接班人之勢期許之，乃因他是黃埔精神的標竿。

胡將軍是東征、北伐、統一、平亂、抗戰、剿共、保臺諸戰役，全程參與的唯一黃埔學生，功勛卓著，但似無赫赫之名。正如孫子所謂，善戰者無智名，無勇功，其尤足稱道者則為武德。

武德之首要為忠。胡將軍忠於三民主義，忠於中華民國，忠於領袖蔣公，忠於其職責，忠於其部屬，故能以身作則，同甘苦，共患難，士兵不能享受者，他亦不享受。值得一提的，黃埔一期於北伐成功後，恃驕而腐者不乏其人，豈止結婚，納妾者亦常聞，胡將軍以其官階，雖已有知心女友，但抗戰未勝，決不成家。唯忠能公而忘私忘家，無疑是領導成功的要訣。

抗戰期間，胡將軍曾經主持陸軍官校第七分校，地點在王曲。校中有兩幅重要對聯，一為「升官發財請走別路，貪生怕死莫入此門」；另一為「鐵肩擔主義，血手著文章」。前者原出現於廣州黃埔，後者當出自胡將軍的壯懷，皆為黃埔精神之精義所在。

剿共戰爭自徐蚌會戰後，大局逆轉，總統蔣公引退。當時，胡將軍尚統領十個軍三十個師，為完整精銳的部隊，以中樞無主，竟滯留陝南五個月之久。迨民國三十八年十月，蔣公以總裁身分，赴重慶坐鎮，急調胡將軍入川，乃於十一月末，僅第一軍一個團，趕到重慶，掩護蔣公，於最後時機離開重慶，飛抵成都。

胡部陸續趕抵成都，面對叛離軍閥及共軍攻勢，保衛蔣公，在成都坐鎮十日，最後於十二月十日，由蓉安全飛臺。胡將軍達成勤王任務，並奉蔣公指示，率部轉進西康，在大陸行最後之奮鬥，以致犧牲殆盡，蔣公不忍其在西康殉職，於最後時機接至來臺。時窮節乃見，胡將軍臨難不苟、唯命是從的武德，足為年輕世代所效法。

高尚的武德，為不計名位，但知任務。胡將軍來臺後，蔣公命其赴孤懸的大陳島指揮。以大陸曾任戰區司令長官上將之尊，做一個師長的工作，且艱苦備嘗，他欣然前往。其臨危授命、不計權位的美德，正是崇高武德的表現。

民國三十九年三月一日，蔣公復職，重整軍備，自為當務之急，而召訓高階軍官，則親自主持。蔣公特聘日本的優秀軍官富田直亮（化名白鴻亮），來臺成立軍官訓練團，胡將軍亦入班旁聽受訓，與我同班。

抗戰時，我只是連長級的軍官，且在西南戰場，故無緣當胡將軍的部下，連照片都未見過，但久仰其威名，後竟成為同班同學，他是上將，我只是小上校而已。自有機會相處，始知這位身經百戰的西北王，至為低調謙和。他比我長二十三歲，在課業討論時專注傾聽，很少發言，但可看出他對大軍的指揮，有很多的感觸。

既為同班同學，偶而也有餘興，便是到他在臺北的小辦公室打橋牌。我的記憶裏，只有一杯淡茶，別無招待。他從未請我們用餐，這並非吝嗇，乃是多年儉樸的美德。

抗戰期間，胡將軍駐節西北重鎮西安，彭孟緝將軍時任西安砲兵旅長，要見他得依例先登記候約。但到臺灣後，彭將軍任參謀總長，胡將軍任澎防部司令官，彭總長到澎湖視察時，胡將軍都親迎機場，對這位老部下兼新長官，執新部下之禮甚恭，彭總長連聲說不敢當。兩位對軍中倫理和階級服從，都立下完美的榜樣。

今逢黃埔建軍九十年，胡將軍長公子為真博士，整理乃父有關文件四件，編為「胡宗南先生四書」，重行付梓，見其孝思，這是最珍貴的精神資產。我身列黃埔子弟，重溫四書，深為感動。胡將軍是軍人武德的典範，是黃埔精神的標竿，凡我同志，應永遠傳承，並發揚光大，是為序。

黃埔第十二期　陸軍一級上將　郝柏村

中華民國一〇三年元旦　時年九十五

【代序】

仁恕存心，相忍為國
——胡宗南上將年譜序

胡上將宗南弟逝世之十年，其舊屬羅君冷梅等，綜其勛業志行，撰為年譜五卷，屬余為序。余憶自黃埔創校，宗南弟由上海來就學，立志獻身革命。第一次東征，棉湖之役，余率教導第一團與敵苦戰，宗南弟以機槍連排長，掩護本團作戰成功，自是即嶄露頭角，深為領袖所器重。北伐軍興，余率東路軍平定閩浙兩省，宗南弟奉命由贛入浙，側攻滬杭之敵，所至迭建戰功。中原事起，宗南弟率第一師轉戰津浦，隴海兩線，菜油場一役，尤著聲威。其後，共軍竄擾西北，宗南弟率部進駐陝甘，與匪週旋，達四年之久，對綏靖地方，推行政令，發展教育，改易風氣，頗多貢獻。西安事變，宗南弟以主力監視東北軍，使不敢蠢動，嗣討逆總部成立，乃奉命統一指揮在陝甘中央部隊，迅速東移，鎮壓叛軍，用能維護領袖安全，厥功尤偉。淞滬戰起，宗南弟率部增援，與日寇苦戰亘三閱月，精銳盡殲，友軍或屢進屢退，而所部獨屹然不搖。南京撤守，宗南弟仍調駐西北，統率關陝諸軍，東禦日寇，北扼共軍，猶時分兵援甘、援晉、援豫、援冀，所向皆捷。洎乎抗戰勝利，共軍作亂，不兩年而中原淪胥，迨政府播遷入川，宗南弟率部拱衛渝蓉，惜時大陸民心渙散，勢不可為，於是率殘破之師，退守西昌，效死勿去，最後始奉命來臺。間嘗以「生於憂患，長於艱苦，成於戰鬥，終於道義」四語以自約，而以未得死所為慊；其忠於黨國與領袖，愛護袍澤，推功任過，從不獵取浮譽，乃真能發揮黃埔革命精神，足為一世之楷模。故其臥病逝世之日，領袖頻臨探視弔唁，慰卹有加；舊屬則每年有祭奠之會；同學同袍則樹碑立像，表德紀勳；凡此，蓋莫非宗南弟精誠感人，有以致之。其生平志業，雖不待紀述而傳，今有此譜，俾讀者詳其忠義愛國之誠，而能景仰前賢，感奮興起，殆亦今日事之所不容已也。余忝為其師長與長官，歷四十餘年，於宗南弟相知最切，信賴最深，今讀此譜而緬懷往迹，如見堅毅之志，威肅之容，益使余懷念無盡焉！

何應欽　序

中華民國六十一年一月

編者註：

何應欽（一八九〇—一九八七年），字敬之，曾為中華民國陸軍一級上將、黃埔軍校總教官、國民政府軍事委員會參謀總長、陸軍總司令、國防部部長、行政院院長、總統府戰略顧問等政府要職。

凡例

一、本年譜依照胡故上將一生功勛經歷，分為五卷。

二、本年譜事蹟，民國三十年以後者，依據胡故上將日記為準；惟日記甚為簡略，類似標題，故仍請參與各事之長官同仁提供資料；關於剿共事蹟，並採用林為周、耿若天二位先生所撰之《西北戡亂戰史》，寫成後，且請校核訂正，以昭慎重。此次編修係儘量保存原有內容，而將晚近公佈而可靠之史料加以補之。

三、胡故上將民國二十七年起開府關中，曾有經營華北東北淪陷區及蒙古新疆之志，其事多祕，所派人員亦未在臺，無從徵詢，惟有付之闕如。

四、本年譜紀年紀時，在民國前者，稱民國前幾年；附以清帝年號、甲子及公元，月日已換算用國曆，否則註明為陰曆。

五、本年譜概舉官階姓名為主，一般不用尊稱別號。

六、凡胡公部屬在各戰役陣亡殉職者，概於事蹟之後，附以小傳，所以昭忠藎；若病逝者，僅在文內附註而已。

七、本年譜概用淺近文言，加以標點，以便閱讀。

八、本年譜另有胡宗南將軍之年表，以便檢閱。

九、鑑於中外第一手可靠史料，近年來多有公開，今後於適當時機亦可再作增訂，繼續補遺。

胡宗南將軍年表

年月	年歲	事蹟
民國前十六年	一歲	五月公降生
民國前一〇年	七歲	十二月公父際清先生挈公來孝豐。
民國前一年冬	一六歲	公畢業於縣立高等小學堂。
民國　四年	二〇歲	畢業於公立吳興中學校，受聘為縣立小學校國文史地教員。
五年	二一歲	受聘私立王氏小學高年級主任教員。
十年	二六歲	遊塘沽山海關間。
十三年	二八歲	考入黃埔中央軍官學校第一期。
十四年	三〇歲	軍校畢業，參加東征，升教導第二團營長，攻佔河婆橫峯敵陣。　組織孫文主義學會。
十五年	三一歲	升上校團長，隨同北伐，擊潰銅鼓孫傳芳敵軍。　解救二十六軍新登之圍。
十六年	三二歲	擊破孫傳芳洋埠富陽之敵，克復杭州。　擊潰直魯聯軍畢庶澄部，佔領上海莘莊龍華及上海兵工廠。　五月升第一師少將副師長仍兼第二團團長。　同月渡江北伐至山東郯城。　八月率第一師參加龍潭之戰。　十一月升任第二十二師師長，會克徐州。
十七年	三三歲	四月擊破直魯聯軍於侯孟八十子，克韓莊。　同月會克濟南。　六月回師曲阜，縮編任第一師第二旅少將旅長。
十八年	三四歲	三月西征，第二旅首先入武漢。　七月入豫，十月討伐馮玉祥。　十二月唐生智叛，戰於豫南。

十九年	三五歲	元月討唐，降其團長九人，唐逆解體。　五月參加中原戰役，升任師長。　九月我軍反攻迂迴至豫西。　設開封訓練班，創半傷殘年會。
二十年	三六歲	令第一旅、獨立旅肅清河南各地積匪。　四月入冀，會同友軍敉平石友三之叛。　首設立師屬無線電臺，訓練人員。
二十一年	三七歲	參加一二八淞滬戰役，修築澄錫常溧公路。　五月入皖剿共，收復六安霍山。　七月剿贛鄂之共軍，九月追中共徐向前入甘。
二十二年	三八歲	全師入駐甘肅隴南。　六月敉平孫殿英之叛。　成立天水訓練班。禁煙、修築飛機場，設各種訓練班，協助甘政府施政。
二十三年	三九歲	為天水、甘谷兩縣修復水利。
二十四年	四〇歲	元月命獨立旅擊潰四川昭廣犯匪。　松潘剿共，自三月起至十一月方回駐甘肅甘谷縣。
二十五年	四一歲	兩廣異動，率部至長沙備禦。　十月擴編第一師為第一軍，公任軍長。　剿共隴東，正欲進兵陝北，西安事變，移師赴難。
二十六年	四二歲	全軍移駐徐州歸德護路。　作抗日訓練。參加淞滬抗戰自八月起血戰至十一月。　升任十七軍團司令。
二十七年	四三歲	十七軍團移駐關中。　成立第七分校、戰時工作幹部訓練第四團、西北幹部訓練團。　增援蘭封作戰，增援信陽作戰。
二十八年	四四歲	成立長淮招募處，爭取陷區青年，成立西北游擊幹部訓練團。
二十九年	四五歲	五月擴編十七軍團為三十四集團軍。第二次援晉，收復晉西南各縣。
三十年	四六歲	戰區變更，公部歸第八戰區指揮。　動員指揮部成立與裁撤經過。第三次援豫。　日軍犯東龍門山。　將校訓練班第一期開訓。
三十一年	四七歲	赴晉見閻錫山長官。　兼職軍令部西安辦公廳主任。　奉召赴蘭，隨侍委座視察河西等地。　所部擴編為三十四、三十七、三十八等三個

		集團軍。
三十二年	四八歲	建立生產事業機構。派盛文敉平甘亂。派周保黎山東募兵。
三十三年	四九歲	二次入晉謁閻長官。五月日寇攻陷洛陽，率部戰於陝州靈寶拒止之，確保潼關及重慶，戰區變更，公任第一戰區副長官。日軍陷貴州獨山，調兵增援，遣兵救援榆林。遣李鐵軍部入新彊平亂，苦戰經年。
三十四年	五〇歲	升任第一戰區司令長官。三月寇犯西荊公路，令三十一集團軍王仲廉擊敗之，造成西峽口大捷，為抗戰勝利前最重要之勝利。中美合作共同訓練部隊。抗戰勝利，奉命在鄭州受降。共軍阻撓受降，圍攻彰德湯陰等地擊敗之。十一月赴渝參加整軍會議，面呈滅共意見。晉上將銜，並當選中國國民黨中委。
三十五年	五一歲	七分校停辦，改為督訓處。整編部隊為三軍十師二十五旅。清剿豫北之共軍，共軍領導人李先念王震竄擾陝南，擊滅之。第四次援晉，打通同蒲路。公命調查歷年死事先烈事蹟，撫養遺族，及籌辦文化事業。
三十六年	五二歲	收復延安及陝北各縣。與葉霞翟博士結婚。第一戰區裁撤，改設西安綏靖公署，公任主任。建議編練新軍。遣兵馳救榆林獲勝。
三十七年	五三歲	國防部共諜劉斐調陝北剿共主力第一軍赴豫，力爭未果。二月馳救宜川，戰於瓦子街失利，劉戡嚴明李達周由之等陣亡。三月擊共軍於涇渭河谷之間，大破之。第六次援晉，協防太原與臨汾據點。共軍犯大荔擊破之。是年公自調軍食。
三十八年	五四歲	經始規劃漢南，五月西安綏署奉命遷至漢中。戰於武功，收復西安未成。共軍犯安康，盛文部擊破之。

		經營隴南，公兼任川陝甘邊區綏靖主任。十一月第一軍奉命馳援重慶，翊衛領袖及政府赴蓉，全軍南移入川，成都保衛戰。蔣總裁與政府法統得安遷來台。改西安綏署為西南長官公署，公任副長官，部隊轉進西昌，西昌苦戰，公奉令回臺任戰略顧問。西南長官公署裁撤。
三十九年	五五歲	監委以不實資料欲彈劾未成。立法委員一〇八人為公辯誣。
四十　年	五六歲	奉命赴浙江外海大陳列島，整理沿海游擊部隊，率部救洞頭，突擊沿大陸各島。
四十一年	五七歲	兼任浙江省政府主席。
四十二年	五八歲	兼任浙江黨務特派員。攻擊大小鹿山羊嶼。積穀山淪陷，反共救國軍總部裁撤，公回臺灣。於極艱苦條件下，在大陳不到兩年而突擊大陸三十九次。
四十三年	五九歲	國防大學校畢業，名列優等。七月，以旁聽名義參加實踐學社聯合作戰研究班第二期受訓。
四十四年	六〇歲	三月，聯戰班結業，八月，受命擔任澎湖防衛司令，籌建澎湖軍屬眷村。
四十五年	六一歲	赴美參觀。
四十六年	六二歲	積極強化軍經建設改築澎湖飛機場，建軍人公墓。
四十七年	六三歲	改良漁民生活，建議籌建跨海大橋。全力支援金門砲戰，終獲勝利。
四十八年	六四歲	任滿回臺灣，進國防研究院第一期深造。
四十九年	六五歲	國防研究院第一名畢業，被選任為同學會會長。
五十　年	六六歲	患血糖及血脂肪過多病。
五十一年	六七歲	在臺北逝世，葬陽明山。

五十一年		台北陽明山中國文化學院成立，特設立「宗南堂」，並陳展公之文物，以作紀念。
五十七年		澎湖軍民為公鑄立銅像、紀念亭，東引游擊舊部為公建「東昌閣」。
六十一年		國防研究院同學為公立碑表德。
八十年		高雄鳳山陸軍軍官學校校史館成立公之專櫃，陳展文物，以教育該校師生。
一〇三年		台北國立政治大學成立「民國史料館及名人書房」，在第一次公開展中即選擇以實物及數位化方式陳展公之文物、作品、書籍，以表彰公對國家及歷史之貢獻。
一〇三年		台灣商務印書館將公之文存、紀念集、年譜及傳記重新編修，出版「胡宗南先生四書」，中央社計劃出版圖傳。
一〇四年		圖史館為慶祝抗戰勝利七十週年，出版公之日記史料以供國內外人士研究。

目次

葉校長霞翟博士之簡介

葉霞翟（一九一四—一九八一）博士，生於民國三年，世居浙江松陽，父慶崇公，畢生以教育為職志，菁莪棫樸，聲蜚鄉里，生子女七人，校長居三，幼穎悟，喜讀書，性澹素，不尚華飾。少年即受新式教育，極具愛國意識，曾受業於戴雨農先生，戴氏譽為奇女子也。嗣經戴氏之介，識孝豐胡故上將宗南，民二十六年乃訂白首之盟。

校長早年就讀上海光華大學，竟其業，並即參與抗戰，為國效力，盡瘁於文化宣傳工作，並任四個救國團團長之一。

民國二十八年，赴美深造，於喬治華盛頓大學與威斯康辛大學，先後修畢學士、碩士、博士學位；苦讀之餘，致力國民外交與文化宣傳，於抗戰建國，多所獻替。三十三年，學成歸國，任教於成都光華母校及金陵大學；而胡故上將則率軍多次對日奮戰，堅守西北，團結各省，廣訓人才，致我國得能長期抗戰，而日軍終未能威脅我後方。勝利復員，校長專任南京金陵大學教授。越二年，胡故上將指揮國軍，一舉攻克中共佔據達十三年之首府延安後，迎娶於西安興隆嶺。十載訂婚，至此方合兩姓之好。

民國三十七、三十八年，赤燄鴟張，胡故上將率部與共軍浴血作戰，數載之間，崎嶇西陲窮谷之中，顛沛東海荒嶼之上。來臺後，於四十四年奉命出任澎湖防衛司令官四年，期間並支援金門砲戰，終獲勝利。其妻葉校長則約躬素樸，艱辛持家，並任教育部特約編纂，奠作育英才之基。五十一年二月，胡將軍積勞病逝；校長悲痛逾恆，乃更堅其志節，推燥居溼，咽苦吐甘，教養子女，並應張其昀先生之邀，先後協助籌辦中國文化研究所及中國文化學院，擔任教授、家政研究所主任、家政系主任，並歷任訓導主任、教務主任及副院長等職，提升校譽，不遺餘力，愛護學生，如同己出。民國五十六年春，奉派擔任臺灣省立臺北師範專科學校校長，接任後，殫思竭慮，力圖整頓，興建校舍，擴充設備，提升師資，加強專業教育，並加強師生之榮譽感及愛國心；對外則與美、日、韓各國學術界加強合作，績效斐然；獲美國洛杉磯市頒授榮譽狀，英國劍橋大學列入世界名人錄；而日本首相佐藤榮作更以山葉大鋼琴贈送北師，以表達對葉校長之敬重。校長在任十三年間，獲記功嘉獎多次，並獲全國特優人員褒獎。北師亦曾在全國師範專科學校教育評鑑時榮膺第一之盛譽。是葉校長洵為我教育界之女傑也。

校長學貫中西，不獨治學精勤，為一教育大家，且擅文學創作，為我國著名之散文家，多年著述，有關於大學教材者，有《家政概論》、《家政學》、《新家政學》等。文集則有《婚姻與家庭》、《主婦與青年》、《人際關係與家人關係》、《東方和西方的啟智教育》及《成年智能不足者及家長教育》等。

散文著作則有《天地悠悠》、《軍人之子》、《山上山下》、《一樹紫花》、《華岡之雨》及《梅林花開》等。民國五十八年春，曾赴美國夏威夷東西文化中心及夏威夷大學研習特殊教育；返國後於五十九年在北師開辦「智能不足兒童教育師資訓練班」，歷年來培養國小「啟智班」師資，遍及臺灣及金馬地區，奠定我國國小啟智班之特殊教育始基。校長秉性仁厚，學養醇深，明達而有遠操者，於此亦可窺其一斑。

此外，校長畢生忠黨愛國，一向熱心參與社團服務，包括推動崇她社會務，協助美國喬治華盛頓大學在臺校友會、威斯康辛大學在臺校友會會務，及國際兒童教育工作等；並曾擔任中國國民黨中央婦女工作指導會議委員，兼任中央青年工作會委員，兩屆膺選中央委員，七十年四月並應聘中央評議委員。

校長篤信基督，恆以信主與感恩啟示子女。曾應蔣宋美齡夫人邀請，參加中華基督教婦女祈禱會，垂三十年，且擔任基督教臺北靈糧堂執事。其懿德淑世之宏願與廣慈博愛之心胸，多於言行中見之。而其不屈不撓，堅忍於逆境之精神，尤為常人所不可企及。自宗南將軍逝世後，內育諸孤，外禦門戶，茹苦含辛，艱難備嘗，以致身罹癌症，惟仍力疾從公；民國六十九年八月，自北師校長任內退休，專任中國文化大學家政研究所所長，十一月即入院就醫。住院九月，仍一本信仰之忠誠，樂觀之態度，雖輾轉病榻，仍時時以教學進度與師生情況為念。至七十年八月上旬，病情惡化，不幸於十日晚，奉主召安息，享年六十有七。

卷一

1896 — 1924

民國前十六年至民國13年

胡宗南上將

公姓胡，諱宗南，原名琴齋，字廣德。當明孝宗弘治中葉，有胡公諱鈺，字純德者，定居浙江定海縣屬之陳華埔朱家塘樓，公其十五世孫也。清康熙二十七年分定海縣之北部設鎮海縣，故世為鎮海縣人。曾祖諱仁傑，國學生；祖諱自珣，郡庠生；父諱敷政，字際清，國學生；妣王太夫人諱翠雲，同縣小港人也。際清先生在孝豐縣鶴落溪村經營藥業，公七歲，際清先生挈之來孝豐，遂占籍為孝豐人。

民國前十六年，即清光緒二十二年，丙申，西曆一八九六年，公一歲。

是年舊曆四月初四，即西曆五月十二日；王太夫人生公於鎮海縣陳華埔朱家塘樓舊宅。

是年為國父孫中山先生創立「興中會」之第三年，袁世凱小站練兵之次年。九月國父在倫敦蒙難。

民國前十五年，即清光緒二十三年，丁酉，西曆一八九七年，公二歲。

公父際清先生於是年春，受族兄漢政之邀，來孝豐鶴落溪村經營藥業，並從漢政習清丈之術，其後遂以此承辦莊書為業（註一）。

是年，德佔我膠州灣，俄佔旅順。六月，國父自英抵加拿大；七月，又自加拿大赴日本。

註一　按，洪楊之役，戰亂九年，左宗棠收復浙江後，乃招皖贛相隨之民來孝墾荒，清丈田畝，各圖設一人掌管地籍，辦理田產買賣之事，謂之莊書，民國後始廢。際清先生以和平公正，被延為縣府推收主任，執管一縣田產買賣過戶之事，相當於臺灣之地政事務所主任職務。

民國前十四年，即清光緒二十四年，戊戌，西曆一八九八年，公三歲。

是年，法佔我廣州灣，英佔威海衛。八月，發生戊戌政變，清慈禧太后再度聽政。

民國前十三年，即清光緒二十五年，己亥，西曆一八九九年，公四歲。

舊曆六月二十九日，公生母王太夫人卒，葬鎮海小山自珣公墓側。

是年英俄訂立協定，互認在華勢力範圍。八月，山東義和團亂起。康有為、梁啟超在日組「保皇會」。

民國前十二年，即清光緒二十六年，庚子，西曆一九〇〇年，公五歲。

八國聯軍入京，清帝后奔陝。

國父自日赴港，未得上岸，乃赴西貢。八月，鄭士良舉義於惠州三洲田。俄軍連陷黑龍江、吉林、瀋陽。十二月清廷下詔變法。

民國前十一年，即清光緒二十七年，辛丑，西曆一九〇一年，公六歲。

是年，清廷與各國訂「辛丑條約」，賠款四億五千萬兩，北京至大沽口沿線許各國駐兵。

民國前十年，即清光緒二十八年，壬寅，西曆一九〇二年，公七歲。

是年，公父際清先生，已定居孝豐縣北鄉鶴落溪村，續娶吳太夫人，乃於十二月回鎮海，挈公來孝。

民國前九年，即清光緒二十九年，癸卯，西曆一九〇三年，公八歲。

公從同村邑庠生諸鳴鑾先生讀。十月，公弟仲生。

是年六月，國父自西貢抵日本，八月離日赴檀香山。十二月，日俄戰爭開始，清廷宣佈中立。

民國前八年，即清光緒三十年，甲辰，西曆一九〇四年，公九歲。

公仍就諸鳴鑾先生讀。

是年七月，日軍敗俄於遼陽，佔我旅順。

民國前七年，即清光緒三十一年，乙巳，西曆一九〇五年，公一〇歲。

上年（一九〇四年）諸鳴鑾先生逝世，公就同村邑庠生諸獻莊先生讀。

是年八月，清廷廢科舉。日俄戰爭結束，俄陸海軍皆敗，訂樸資摩斯條約（Treaty of Portsmouth），日遂攫我旅大與南滿鐵路。

民國前六年，即清光緒三十二年，丙午，西曆一九〇六年，公一一歲。

公仍就諸獻莊先生讀。

七月，清廷宣佈預備立憲。十月，萍鄉、醴陵、瀏陽革命舉事未成。

民國前五年，即清光緒三十三年，丁未，西曆一九〇七年，公一二歲。

公就邑庠生諸懿德先生讀。懿德以公聰穎勤奮，器宇不凡，每期以大成。

是年四月，黃岡、惠州、七女湖；五月安慶；七月欽州；十月鎮南關起義，皆未成。

民國前四年，即清光緒三十四年，戊申，西曆一九〇八年，公一三歲。

公仍就諸懿德先生讀。四月，繼妣吳太夫人卒。

是年三月，河口起義未成。十月，清光緒帝慈禧太后先後卒，溥儀嗣立，明年改元。

民國前三年，即清宣統元年，己酉，西曆一九〇九年，公一四歲。

二月，公入孝豐縣城高等小學堂肄業，堂長為鄰村康山沈涵先生，歲貢生。

民國前二年，即清宣統二年，庚戌，西曆一九一〇年，公一五歲。

公仍在縣立高等小學堂肄業。是年，甄別學生，分甲乙丙丁四班，公以穎秀，名列甲班。同學有章桂齡、章錫齡、章懿齡、諸文蔚、諸文荇〔註二〕、章

註二　章桂齡未畢業，次年考入湖北陸軍小學，後畢業於保定軍官學校，官至浙東警備司令，民國三十八年為共軍所殺。諸文荇後改名文蘊，為獻莊先生次子，師事吳昌碩，以畫名，曾任上海新華美術專門學校教授。

旭初、劉賡陽諸人。

十一月，繼母章太夫人〔註三〕生公弟琴賓。

民國前一年，即清宣統三年，辛亥，西曆一九一一年，公一六歲。

一、是年冬，公畢業於孝豐縣高等小學堂，名列第二。

公寒暑假皆勤讀不輟，時賃居諸億千家，房屋隘狹，兩家子弟多，頗礙公研讀，側屋有房，素稱不吉，無人欲居，公每攜書讀其中。夏日苦蚊，乃取兩酒甕置足其內，以避之，其勤奮如此。

舊曆八月十九日武昌起義。九月二十二日，縣人同盟會員王立三運動駐軍反正，全縣光復。全堂學生歡呼剪辮，章旭初第一，公第二。時舊知縣事李某被廢，王立三調任安吉縣民事長，縣無主政，四鄉土匪蜂起，管帶陳本立藉口兵餉無著，勒索紳商，人心惶駭，城門晝閉，高等小學堂亦被兵佔，甲班應屆畢業考試，乃提前改在明倫堂舉行，戎馬倉皇之中，一日而畢。

註三　際清先生何時娶章太夫人，族譜未載，以時考之，當在民國前三年。

二、村民集剿郭孝山土匪，公亦奮勇參與前列。

時土匪臺州人林金魁，自號爬平王，嘯據北鄉郭孝山，四出搶掠。山距鶴落溪村十里，時傳來村借糧，村人乃集合丁壯進剿，公亦參與前列，激戰數小時而還。是年八月，武昌起義，各省先後響應，清帝退位。國父回國組織「中華民國臨時政府」。

中華民國元年，壬子，西曆一九一二年，公一七歲。

公於年初考入湖州公立吳興中學校肄業。校長為沈毓麟（字譜琴），前清舉人，同盟會會員。初，湖州劣紳出賣文廟前廢地於英人教會，辦東吳第三中學，邑紳大譁，乃推沈毓麟為首，交涉收回；而清吏竟將此案移付上海會審公堂，訟竟不直，後由德清朱觳蓀、歸安孫貽謀協助再訟，乃得贖回半數。沈毓麟於是謀諸七縣士紳，酌提絲繭捐兩成，就湖城愛山書院，創辦公立吳興中學，以對抗英人之教會學校。諸執教者皆一時著名之士。國文歷史教員為德清朱觳蓀，清名儒戴望入室弟子、舉人、工詩，長於考據詞章之學，為南社社員。國文教員閔詠霓，拔貢，長於左氏春秋之學。地理教員蘇州鈕頌清，後為北平師大教授。物理教員江陰高子瞻，北京高等師範學堂畢業，兼擅長詩歌圖員。同事有方秉性、陳嘉謨，諸文荇、金文濟等，皆為縣中知名之士。公名尤高，校長王立三（註五）尤敬禮焉。

中華民國六年，丁巳，西曆一九一七年，公二二歲。

公仍在私立王氏高小學校任教，兼教縣立高等小學校史地課。

是年六月，段祺瑞解散國會。九月，國會非常會議舉國父為中華民國軍政府海陸軍大元帥，對德宣戰。十月，護法戰爭開始。

中華民國七年，戊午，西曆一九一八年，公二三歲。

公仍在私立王氏縣立小學校任教。

是年暑假，縣立高等小學校校長由沈孟煊繼任，亦欽重公，仍請兼任高年級

註五　王立三，原名燧瑩，字繪青，西鄉縑舍村人。清廩生後改今名，留學日本習警政，入同盟會，篤信主義，辛亥年光復孝豐、安吉兩縣，先後任安吉縣民事長，江山縣知事，以耿直稱；抗戰時辦理生產事業，有功地方，共軍陷孝豐，以人望殺之，年已七十有八矣。

史地教員。

中華民國八年，己未，西曆一九一九年，公二四歲。

公仍在私立王氏小學校任教。

五月孝豐教育界組織小學教育參觀團，由王立三率領，同行者有公及沈孟烜、王微、邵文晃、魏祖徵等六人，參觀上海萬竹小學，寶山小學、商務印書館編輯部印刷所、南通師範附屬小學、南通博物館、無錫省立師範附屬小學、無錫小學，並遊南通狼山、鎮江金山、焦山，南京雨花臺、明孝陵、莫愁湖、雞鳴寺等名勝。在南通並受張季直先生之邀宴，參加「更俗劇場」的開幕禮。

是年十月，國父改組中華革命黨為「中國國民黨」。

中華民國九年，庚申，西曆一九二〇年，公二五歲。

公仍在私立王氏小學校任教。

是年暑假，國立南京高等師範學校開辦暑期學校，公與方秉性、王微參加。因方秉性之介，遂與張其昀（字曉峯）、繆鳳林（字贊虞）兩先生訂交。

中華民國十年，辛酉，西曆一九二一年，公二六歲。

公仍在私立王氏小學校任教。

公於是年暑假，獨至津沽山海關間觀察形勢，方將出關，以資斧被竊而罷，校長王立三急寄旅費乃得歸；歸後謂同事陳嘉謨、王微曰：「十年後，日本為中國之大患，東三省將先受禍」。問所見，曰：「往來京榆路者多日本浪人，其實皆日本軍人也」。

是年四月，國父當選為非常大總統。

中華民國十一年，壬戌，西曆一九二二年，公二七歲。

公仍在私立王氏小學任教。

是年六月，粵軍陳烱明叛變。國父旋由粵赴滬。

中華民國十二年，癸亥，西曆一九二三年，公二八歲。

公仍在私立王氏小學校任教。

十一月，公請假赴滬，適黃埔軍官學校在滬招生，因同鄉闞懷珍〔註六〕之介投考，初試錄取。

一月，滇桂軍克廣州。二月，國父由上海回粵。十二月，中國國民黨發表改組宣言。

中華民國十三年，甲子，西曆一九二四年，公二九歲。

公於是年二月間由滬與凌光亞同乘日輪嵩山丸赴粵，途中遇同時投考黃埔軍校之賀衷寒、蔣伏生乘小船追趕已起錨之嵩山丸，協助二人上船，並與之訂交。

公至粵，經黃埔軍官學校覆試錄取〔註七〕，編入第二大隊第四隊為入伍生，

註六　闞懷珍，原籍河南光山縣。光復時充當湖州精武學堂排長，為陳其采得意學生；參加革命，在粵曾為許崇智司令部上尉副官，常往來粵滬間，任聯繫工作；並為祕密招生委員，大陸淪陷，被中共殺害。

註七　公入黃埔軍校亦獲同盟會會員沈定一推薦。沈定一，浙江蕭山人，曾於民國十二年隨同蔣中正代表孫中山先生赴蘇聯考察，返國後加入中國國民黨，積極反共，民國十七年逝世。

六月十六日正式開學（註八）。

是年一月，中國國民黨召開第一次全國代表大會，四月公佈建國大綱，十一月國父北上共商國是。

註八　國父孫中山先生在民國六月十六日開學典禮的訓詞中強調：「今天在此開這個軍官學校，獨一無二的希望就是創造革命軍，來挽救中國的危亡……要拿先烈作模範……要學革命黨的奮鬥……要從自己方寸之地做起……先立革命的志氣……捨身流血，造成中華民國的基礎，使三民主義完全實現……中國的民族才可以永遠生存於人類……要挽救這種危亡，只有革命軍……」公一生之努力即在於要實踐國父以上此期望（該項訓詞全文收錄於《王曲文獻》第一部〈中央陸軍軍官學校第七分校校史〉）。

卷二

1925 — 1935

民國14年至民國24年

中華民國十四年，乙丑，西曆一九二五年，公三〇歲。

一、公畢業於黃埔軍校第一期後，分發教導第一團見習，旋升中尉。

是年春，公在黃埔軍校第一期畢業，分發教導第一團第三營第八連少尉見習，旋調機關槍連排長。三月十三日，東征棉湖戰役，公任機關槍連中尉排長，仍兼代機槍連班長職，以兩挺機槍掩護我軍作戰成功，晉升上尉。公於第一次東征軍次，曾致函同學賀衷寒，有云：「國危民困，至今而極，既不能救，深以為恥，獻身革命，所為何事？此次出發，但願戰死」。

回師廣州，討伐楊劉時，公復以功升上尉副連長。

九月杪，第二次東征將出發時，公由教導第一團機關槍連副連長調升為教導第二團第二營副營長〔註一〕。

註一　按，其時，黨軍為三三制，師轄三團，團轄三營，營轄步兵三連，另有機關槍一連，計機關槍六挺，每排兩挺。公自傳曾云，中尉排長代理班職，以機槍兩挺掩護我軍成功，乃以排長職務直接指揮作戰也。公未任連長，逕升教導第二團第二營副營長，足見公當日已為其上級所推重矣。

二、第二次東征——河婆之役，建立殊勳。

十月二十二日，東征第一縱隊第一師擊潰梅壠西洋蹄嶺之敵，收復海豐城，公參與其役。二十八日，陳烱明所部洪兆麟，親率四、五千人由興寧出河婆，企圖截斷我大軍後路，情勢危急，公時已升代教導第一團第二營營長，奉命固守。公念粉碎逆軍陰謀，必須攻佔河婆最高山橫峯之敵陣；遂命李鐵軍率第六連衝上佔領之，公並親身參加衝鋒，一舉將敵擊潰，敵死傷遍野，陳逆遂一蹶不振。十一月，第一師師長何應欽兼任潮汕善後督辦，公率第二營駐汕頭。

三、公在第二次東征時，在梅縣發起組織孫文主義學會，阻止共黨陰謀之發展。

先是黃埔軍官學校一部份共產份子的學生，把持青年軍人聯合會，祕密發展組織，分化同學。自國父北上後，滲透軍校中之全體共產黨員，發出通告，詆毀國父。此一通告及軍校全體共產黨員名單，為軍校國民黨同志所得，陰謀遂露。於是賀衷寒、袁守謙、酆悌等，遂發起孫文主義學會以抗之。當公簽名發起時，到政治部公告處簽名者，皆為共產黨通告之列名份子，又企圖篡奪此一組織而造成同志間之猜疑。於是亦有人疑公與軍校衛兵司令胡公冕過從頗密，疑其加入共黨，賀衷寒辭而闢之；並在梅縣軍次以告，公即在前方組織「孫文主義學會」，其後並為學會之候補執委及幹事。在梅縣籌備會開會之時，乃有共黨份子李之龍等搗毀會場、侮辱長官之違紀事件發生。論者以為，其後李之龍中山艦事件與十六年之清黨，賴孫文主義學會為之先發，公之反共立場，亦因以大白。

四、閏五月，公妹月琴生。

中華民國十五年，丙寅，西曆一九二六年，公三一歲。

一、夏。第一師集結廣州，七月參加北伐。軍次株州，公升任上校團長。

是年夏，第一師集結廣州，七月九日參加北伐誓師典禮，隨即出發，沿韶關、郴州、衡陽，向株州推進。八月中旬在株州集結完畢，列為中路軍之總預備隊。時第一師師長為王俊。第一團長孫元良，第三團長薛岳，第二團長倪弼；倪弼在株州時他調，公遂由第二營長升任團長。

二、銅鼓之役，公力戰破敵，粉碎孫傳芳襲取長株，解救武昌城圍之企圖。

七月，國民革命軍在汀泗橋一戰，擊敗吳佩孚之主力，即進圍武昌城。九月上旬，第一師亦由株州鐵路向岳州輸送，五日車抵蒲圻，忽奉令原車開回長沙，星夜馳赴瀏陽，進攻孫傳芳嫡系精銳第三方面軍楊鎮東部。八日至古港一帶，十一日至東門市，十二日至湘贛交界之鐵樹關部署作戰。以公之第二團任正面攻擊，第一團任左翼，第三團任右翼。時敵亦正向我進迫。十三日上午，第二團在豐田何家坳之線，與孫軍第三方面軍第三軍副司令楊鎮東所部第七混成旅主力相遇，激戰半日，因地形不利幾被包圍。入夜，公重新部署，決死抗拒。十四日拂曉，公率全團反攻，卒將正面之敵擊潰，而左右翼亦同時出擊，下午遂收復銅鼓；俘敵砲三門、機槍三挺、步槍二百餘枝，敵軍殘部向宜豐退卻。至是，孫傳芳企圖自贛西襲取長株，切斷粵漢鐵路交通，解除武昌城圍之企圖，全告失數。論者皆服蔣中正總司令用兵之神妙，與公之勇敢善戰，遂奠定十五年北伐勝利之始基。

三、樂化牛行各役及南昌殲滅戰，公率第二團皆任正面，迭著戰功，俘獲最多。

自九月十四日擊破楊鎮東部主力後，第一師乘勝向南潯鐵路推進，截斷南昌與九江之聯絡。斯時，守樂化車站者為孫傳芳基幹第三方面軍盧香亭之第三司令官崔錦湛部。九月二十一日，第一師奉命攻擊樂化車站，公之第二團擔任正面，第一團左翼。敵據守工事，頑強抵抗，並由涂家埠調兵增援反擊。我第二團奮力作戰，攻擊車站東側高地，初未得手，公令團部衝鋒，劉戡副營長乃率部奪佔山頭，驅逐孫軍後向樂化前進，惜第一團左側受敵威脅，激戰至次晨，未克奏功，奉命向柘林地區集中待命。十月初，我第三軍、第六軍圍攻南昌，亦不能遽拔，而民間損失頗重。

蔣中正總司令乃徇民眾之請，變更戰略。十三日撤除南昌之圍，先殲滅南潯路之敵，以絕九江之援。十月下旬，第一師奉命攻擊牛行車站，二十日第二團由生米街附近出發向牛行車站推進，下午三時，前衛第三營行至距牛行車站四里許之長頭嶺，即與敵警戒部隊發生激戰，斃敵數十名，敵退回本陣地固守；次晨總攻擊，公率第二團任正面，第一團任右翼，其地皆為稻田及平地，可資利用之地形地物皆被掃除。敵則據守深溝掩蓋之工事，並發揮砲兵火力，頑強抵抗。第二團官兵奮不顧身，鼓勇猛攻，往來衝殺，戰況異常慘烈。至二十三日三時，我右翼第一團受敵壓迫，陸續後撤，第二團決心死守，除保有第八連外，大部兵力加入戰鬥，第二營營長李正華、第六連長鄧伯珏、第九連長張迪峯及連黨代表等九員陣亡，副連長、排長死傷二十餘，士兵死傷達全團三分之一，終以後援不繼，奉令向萬壽宮轉進；由第八連掩護，且戰且退，又傷亡士兵三十餘人。公以團長身份在萬壽宮親撰悼詞一首，情詞懇切，悲憤曷極。十一月一日，第一師奉命再度攻擊牛行車站之敵，四日下午，公率第二團到達準備位置，五日晨開始攻擊前進。敵仍憑藉堅固工事，激烈抵抗，並以密集部隊出擊，第二團官兵不避艱險，奮勇向前，至六日晨遂將該敵擊潰，首先佔領牛行車站。七日上午，南昌被圍之敵將江西總司令鄧琢如、第一師師長唐福山、第九混成旅旅長周鳳岐等遂以城降。而牛行車站潰敗之敵軍，仍麕集南昌城郊東北地區。公奉命率第二團迅速渡過贛江，將該潰軍包圍，俘獲敵軍長李彥青、王良田等以下各級軍官數百人、士兵一萬五千餘，砲十餘門，各式槍萬餘枝，騾馬數千匹、輜重無算，江西因之底定。孫傳芳最精銳之部隊，亦在此役全部消滅。南昌克復後，公親率官兵前往牛行車站戰場，收埋前次官兵遺骸，為文以祭。

四、十二月，公率第二團一團之眾，解新登二十六軍之圍，安全轉移。

南昌克復後，師長王俊調職，薛岳將軍升代第一師師長。而東路軍前敵總指揮部成立，第一師改隸東路軍序列，與第二、第二十二師同東出浙江。十一月下旬，第一師推進至嚴州附近。敵軍第三方面軍司令官孟昭月之第八、第十兩師，及第二方面軍司令官鄭俊彥之第四、第十兩師集結杭州後，孟昭月繼續向嚴州、蘭谿前進。十二月中旬，我第二十六軍周鳳岐部在新登被圍，情勢異常危急，公率第二團輕裝馳援，日夜趲行，至新登附近；敵聞公驟至，頗為震駭，激戰一日，遂解新登之圍。公親書布告，安撫民眾，護送難民後仍返原防。

中華民國十六年，丁卯，西曆一九二七年，公三二歲。

一、公於龍游之洋埠與富陽之役，擊破孫傳芳主力，遂得迅克杭州。

孫傳芳在江西之軍既敗，浙軍第三師、第一師先後起義時，我由贛入浙部隊，尚未到達指定地點。敵軍孟昭月、鄭俊彥等部，在淳安游埠、龍游洋埠之線預築陣地，憑險固守。一月下旬，我軍既集中分三路進攻，公率第二團攻擊洋埠之敵，二十二師之六十六團攻擊游埠之敵。六十六團者原為江西之戰俘編成，攻既不克，並有部份譁變，全線因以動搖。公孤軍力戰六小時，始將孟昭月部擊潰，佔領洋埠，公團亦死傷官兵二百餘眾，挽回戰局，我軍得以迅速前進。

二月中旬，第一師進至富陽之線，孟昭月已得杭州補充，再度頑抗。十六日拂曉，公率第二團攻擊前進，戰況至為慘烈，反覆肉搏，終將敵擊潰，收復富陽；十八日遂克杭州，收復全浙（註二）。此戰之特色為當地民眾主動協助我革命軍，甚至爭饋壺漿，夾道歡迎。

二、襲擊上海畢庶澄軍，佔領莘莊龍華及上海兵工廠，俘虜甚眾。

東路軍收復杭州，繼續沿滬杭鐵路掃蕩前進。第一師至松江稍作休息整理，至三月十八日，公團為先頭部隊，向上海攻擊前進；二十日迂迴東側，在閔行潛渡黃浦江，襲擊畢庶澄部於殷行等地。先頭之營，遭敵頑拒，敵所僱用白俄

註二　按，是役第三團攻新登，遭敵頑抗，第二營官長死傷殆盡，營長李鐵軍負重傷，且斷一指，公時派員聯絡，並派第二團之參謀長史銘前往探視，極盡愛護關切之誼。

兵，尤勇鷙不可禦，遂稍却。公曰：「敵人裝備優於我，白俄酗酒臨陣，忘其生死，如飄風驟雨，不可力爭，宜用術以制之」。乃命攻擊部隊，加強野戰工事，初為佯攻，引敵抗拒，而堅守工事持久以須。白俄兵攻無所獲，數小時後，酒醒力疲，無力再戰，我遂一舉擊潰之，佔領莘莊、龍華及上海南市之兵工廠，二十二日遂克復上海。三月二十四日上午，公率官佐高舉青天白日滿地紅國旗長驅直入租界，上海百萬市民夾道歡呼，外國巡捕均不敢犯（註三）。

三、五月，公晉升第一師少將副師長，仍兼第二團團長，駐南京。

三月二十四日，我國民革命軍克復南京。五月，公以功升任少將副師長，駐南京小營魚雷學校。時師長已易鄧振銓。第一團團長方日英，第三團團長甘麗初，公仍兼第二團團長。

四、五月，渡江北伐，至山東郯城而還。

四月三十日，國民革命軍蔣中正總司令在南京召開軍事會議，決定北伐，第一路由鎮江攻揚州，直趨淮海；第二路擔任津浦路正面作戰；第三路由蕪湖渡江

註三　按，前述民國十五年自銅鼓至上海各役，取材自公與史革非共同所作之紀事。

側擊津浦路魯軍及救援六安、合肥被圍各軍。第一軍第一師編屬第一路序列，由采石磯渡江後，為第一路總預備隊，沿運河右側行進，經駱馬湖、紅花埠，六月二十日左右攻擊郯城拔之。時武漢方面汪精衛、唐生智將乘虛引兵東下；而日本增兵青島，並以便衣隊千餘，於六月下旬由青島運濟南，參加軍閥作戰，阻撓北伐。二十日，山東敵軍反攻，第十軍王天培棄徐州，我大軍引還。第一師由瓜州渡江調駐杭州。時公已解除第二團兼團長，專任副師長。

五、八月，公率第一師參加龍潭戰役，會同友軍殲滅孫傳芳南犯之敵。

時因寧漢分裂，領袖引退，軍政頓失重心。孫傳芳既收長江以北各地，乃於九月二十五日晨，乘霧偷渡長江成功，襲擊我烏龍山、棲霞山龍潭車站。我第七軍與東路軍部隊東西夾擊，第一師亦由杭州馳援，因鄧師長振銓久假未歸，遂由公指揮作戰，殲敵甚眾。至三十一日戰事結束，仍率全師回駐杭州。

六、十一月，第二次渡江北伐，第一師克蚌埠，公升任第二十二師師長。

十一月一日，諸暨蔣鼎文來任第一師師長。三日，師由杭州出發，在浦口渡江至滁州小駐，編列第一路軍序列，初為預備隊，沿津浦鐵路北進。十四日，第一師奉令攻鳳陽以北之雪花山，向蚌埠前進。時直魯聯軍以白俄駕駛之鐵甲車掩護作戰，往來轟擊，日夜不休，我軍無法佔領陣地。公乃命第二團選鋒百餘人，攜土工器具，潛入軌道旁，車來臥伏，車去則掘斷其軌道，鐵甲車終被制服。第二團佔領雪花山，十六日遂克復蚌埠，公在蔣鼎文師長之力荐下，以功升任第一軍第二十二師師長。

七、十二月公率第二十二師戰於芝蘭、六舖、土城，佔領徐州飛機場，會克徐州。

公就任第二十二師師長於軍次，副師長為唐俊德，參謀長郭一予；所轄三個團，第六十四團團長丁炳權，第六十五團團長程式，補充團團長夏楚中，僅六十五團精強能戰。十二月十二日，師至芝蘭附近，奉命驅逐徐州右側之敵，第六十四團補充團先當敵，遇敵騎兵驟至，遂不支潰退，僅補充團第二營李文所部遏之於芝蘭村外；第六十五團跑步增援，終將犯敵擊潰，遂連克六舖、土城，佔領徐州城東飛機場。十六日，會同友軍克復徐州。是役，程團長式陣亡。

程式，字明都，四川江津人。黃埔軍校第一期。公任機槍副連長時，程任排長；公任營長，程任營附；公任團長，程繼任為營長。十六年五月方調第二十二師第六十五團上校團長；至是於六舖之役陣亡，公尤痛悼，追贈為陸軍少將，入祀忠烈祠。

中華民國十七年，戊辰，西曆一九二八年，公三三歲。

一、四月，北伐。戰於侯孟六十子，擊破直魯聯軍王棟守運河之敵，遂克韓莊。

上年芝蘭之役，公所統二十二師之第六十四團團長丁炳權、補充團團長夏楚中，戰後皆去職。本年第二次北伐，第二十二師編屬第一集團軍第一軍團第一軍序列，所屬之團亦改編為第一二三四團；第一團長馮士英，第二團長梁華盛，第三團長李默庵，第四團長李鐵軍。經短期整訓，已成勁旅。四月二日，北伐軍蔣總司令蒞師訓話，七日出發；十一日奉命攻擊運河之敵，下午戰於侯孟渡口，敵直魯聯軍王棟所部，構三道防線以禦我軍；不意我軍驟至，浮橋未拆，我師第二團第二營營長劉柄身先士卒，直撲上橋，中彈陣亡。第二營官兵悲憤奮戰，冒死奪獲橋頭敵機槍陣地，正搏戰中，敵主力由上游六十子渡河，迂迴我軍左側；我第四團李鐵軍部奮勇擊破之。副團長李正華騎白馬指揮衝鋒，遂乘勝在六十子渡河，克復韓莊。

二、四月三十日會同第三師，收復濟南，旋即撤至曲阜，整訓待命。

四月二十八日，師由中宮出發，節節攻擊前進；二十九日戰於八里窪，斃敵數百人，掩埋時發現有日本人冒充直魯軍參加作戰者；三十日晨，我第一團攻擊西門，僅有少數敵軍抵抗，公顧慮西門為日租界，易起糾紛，遂令第一團馮士英避開日租界，改攻北門；命第四團李鐵軍由南門攻入城，故與第三師涂思

中華民國十八年，己巳，西曆一九二九年，公三四歲。

一、三月，西征。公率第二旅首先進入武漢，翊衛領袖。

上年裁軍計劃，馮玉祥、李宗仁皆抗不遵行。二月，桂軍復在武漢叛變，迫逐湖南省主席魯滌平，追至江西，中央諭之不止，乃有西征之師。公率第二旅為師之先頭部隊，由徐州出發，三月八日乘輪抵安慶；十二日沿望江、黃梅、廣濟、蘄水急進，日約百里；五月一日抵黃陂。時桂系擔任武漢警衛李明瑞師反正，李宗仁、胡宗鐸、陶鈞等倉皇西遁，蔣公聞報，即乘艦逕蒞武漢；二日，公率第二旅以半日之程，由黃陂進入武漢，擔任翊衛領袖、警戒全市之責，旅部駐橋口營房。

二、七月，全師入豫，第二旅駐信陽，安輯豫南。

先是馮玉祥藉詞討伐桂軍，命韓復榘拒守武勝關，自率大軍進踞正陽關，居心叵測，旋以密電為中央所偵獲，奸謀敗露。五月十日，韓復榘火燒武勝關隧道，北退許昌，馮猶僭稱總司令，指斥中央，公開叛變。中央仍力圖消弭，乃令第一師進駐豫南綏靖地方，公率第二旅由應山踰平靖關入豫，經唐河移駐信陽，整訓待命，九月初，仍回駐漢口橋口營房。

三、馮玉祥稱兵叛亂，第一師奉命討伐，公率第一旅戰於密縣、登封間，頗有斬獲，旅仍回駐武漢。

九月回師武漢後，全師改編，旅轄三個團。公之第二旅改為第一旅，公仍任旅長，副旅長唐雲山；第一團團長袁樸，第二團團長廖昂，第三團團長李鐵軍。原轄之梁華盛第四團撥屬第二旅。

十月，馮玉祥終於稱兵叛亂，襲擊中央部隊，於是全師沿平漢鐵路北上至新鄭，師長劉峙將軍兼任討伐軍總指揮，指揮第一、第二、第三、第九、第十、第十一各師進擊馮逆，而受命於討伐軍總司令唐生智。公率第一旅戰於密縣觀音堂，東、西馬跑，東、西月臺，追逐至嵩山腳下，馮之孫良誠部節節拒戰，退入豫西山區；某日，我旅正向少林寺前進，突被追回，日行百三十里至新鄭乘車，回駐武漢，第二旅亦隨之南行。

四、十二月，唐生智在鄭州叛變，自稱護黨救國軍總司令，公率第一旅入豫討伐。

唐生智、汪精衛潛相勾結，並與馮玉祥合謀，企圖誘閉中央各師於豫西山區。唐部直下武漢為根據地，事為中央偵悉，第一、第二、第九、第十一各師迅速南移。十二月杪，唐遂稱兵叛變，攻擊第九、第十一各師於豫南。第一師再由武漢北上，第一旅在新安店下車，迂迴平漢路東，時河南大風雪，自十二月二十二日至年底不止，雪深沒膝，日行三十里，寒風侵膚，艱苦萬狀。

五、公是年始與長沙何浩若、孟吾訂交。

中華民國十九年，庚午，西曆一九三〇年，公三五歲。

一、元月，公率第一旅討唐，迂迴平漢路東側，降其團長九人，唐部瓦解。

公奉命率第一旅迂迴平漢鐵路東側作戰。師部撥屬山砲兵一連，十五瓦特無線電第二分隊一隊，原定元旦日上午十時由確山縣之楊莊出發，候至下午四時，砲兵連方到。時第九師、第十一師已受唐部攻擊，十一師師部在戴家岡被圍，勢尤危急，公乃遣第一營營長黃煥先行馳援，親率第一團、第二團向戴家岡前進。時，朔風怒號，雪深沒脛，行進極難，至戴家岡雖僅二十五華里路程，然已至深夜十二時矣，而砲兵連、無線電隊皆未至。次日，我第一團擊破敵門炳岳之騎兵，由是連日冒雪作戰。八日至崇儒砦，據報，唐部團長級九人率其殘部麕集砦內，公派軍校五期湘籍連長歐鈞前往，以軍校同學情誼動之，九人皆願受公節制，不再為唐作戰，唐部遂瓦解。十日，我徐庭瑤第二旅佔領累河車站，唐生智由日人掩護逃津，流亡日本。

二、二月，全師由武漢調駐徐州，積極訓練，準備作戰。

唐部平定後，二月，全師回駐武漢，而石友三部先期由皖東調，在浦口叛變未成，北竄；汪精衛復由日本赴平津，勾結馮玉祥、閻錫山，醞釀擴大會議，聯合叛變。於是第一師全師遂由武漢調駐徐州，公之第一旅過浦口時，蔣公召集全旅營連長以上官佐，在國父陵園謁陵訓話，獎勉備至。公至徐州駐九里山營房，積極訓練，準備作戰。

三、中原戰起，公率第一旅戰於車廂集、湯墳、水口、大小麻姑寨，進逼蘭封，而徐代師長庭瑤負傷，公乃代理師長，指揮作戰。

民國十九年春，汪精衛由日本潛返平津，勾結馮玉祥、閻錫山等，籌開擴大會議，準備發動對中央的戰爭。四月間，閻、馮集結重兵於隴海、鄭州一帶；有進據徐州、蚌埠，威脅首都南京的企圖。

當時馮閻兵力總計約五十餘萬，中央政府能出動作戰者不過三、四十萬人，但素質較佳，尤其是中央軍第一、二、三、九、十一各師，久受主義薰陶，為有組織、有革命精神的戰鬥隊伍。

大戰前夕，馮、閻重點在隴海、平漢，左翼依托黃河，右翼以峭山區作屏障，各置相當兵力。從隴海到津浦線之濟南，屬閻部範圍。從隴海到平漢路、南陽，歸馮部範圍。隴海線上為閻馮結合部，也是閻馮主力所在。

中央經數月之勸誡斡旋，無法消弭，不得已乃於五月一日下令討伐。時馮軍之孫殿英部已佔碭山之馬牧集，石友三部沿舊黃河北岸，馮之主力沿隴海路東進。我第一、第二各師遂於三日西進。公率第一旅三個團任正面，沿隴海鐵路迎擊馮軍主力孫良誠部。初戰於車厢集，解中央獨立第二旅彭進之之圍，繼向龍門寨攻擊前進。第一團袁樸所部攻克湯墳、水口、儀封寨，第三團李鐵軍部攻佔大、小麻姑寨，雙方反復猛撲，寸土必爭，一日夜進出五次，敵我死傷慘重；嗣我軍進迫儀封東郊，敵已動搖。五月十七日，兼代師長徐庭瑤親攻李莊，右臂為敵迫擊砲所傷，攻勢頓挫，公奉命升代師長，第三團團長李鐵軍升代第一旅長。而敵方復得晉軍楊效歐之援，且用達姆彈（見註七），於是我軍受傷者甚眾，唯皆前仆後繼，一日夜間有易連長數人者；敵孫良誠亦號稱剽悍善戰，數迂迴鐵路兩側，倏南倏北，眾難以禦，公率部數戰於園莊、曹集、戴季岡、曹縣等地，為友軍支援，敵聞公至，皆歛兵以退，畏之如虎。我駐歸德之衛立煌第十師，及由京開豫戰敗之張治中教導第二師，皆冒用第一師番號，其團營鄰接部隊，願受第一師之指揮蔭蔽者，亦多冒用第一師番號。其時，敵掘長壕以阻我軍，壕深三公尺，寬如之，沿壕綴以地雷手榴彈，我軍之越壕攻擊者率受重創。白晝雙方靜寂，入夜則機槍、步槍、迫擊砲、山砲、重砲，響徹終宵，如是者兩個月，成雙方相持之局。

四、七月，公率第五團擊潰隴海路犯敵，復移師津浦路。驅逐傳作義之軍後，又回救歸德。

七月，敵以中央重兵集中隴海路，乃以晉軍傳作義部輕騎襲陷濟南。前鋒進迫兗州，與我第十三師夏斗寅部對戰於曲阜。劉峙總指揮奉命援魯，第一師亦北調，僅第五團登車未發。孫良誠探知第一師已他去，乃發動總攻擊，沿隴海路東進，張治中之教導第二師先潰，陳調元所部繼之，全線動搖，距蔣總司令指揮列車不及十華里，公乃指揮第五團下車，力戰數小時；敵知為公之第一師，以為中計，遂迅速潰退。是役，即著名之菜油坊之戰也（註五）。第五團團長陳餤陣亡。

陳餤，浙江溫州人。軍校第二期。文秀如書生，然工心計，作戰勇敢。是役身先士卒，中彈陣亡而殉國。

津浦路戰線傳作義部攻曲阜不下，其犯兗州之兵又為第一師所擊潰，遂倉皇北退。時大汶河水漲，浮橋冲失，鐵路橋已為我軍炸斷，未渡者悉為我俘，騾

註五　民國一〇三年七月十六日，婦聯會主任委員辜嚴倬雲女士相告，蔣宋美齡夫人生前曾一再盛讚公之忠誠勇敢，並舉例謂公曾不止一次在蔣公危急時及時趕到相救，根據其敘述，此役亦當為其中之一事例。

每年五月開會一次，由師招待與會傷官兵食宿娛樂，發給全年薪餉之半及來回旅費；其子弟之優秀者，資助入學。此一年會持續八年之久，至二十七年河南淪陷，交通梗阻後始停止。

中華民國二十年，辛未，西曆一九三一年，公三六歲。

一、公命獨立旅丁德隆部剿滅豫南積匪崔二旦、洪德昌；第一旅李鐵軍部剿滅豫東南積匪王泰大、小月牙，地方因以安謐。

河南四戰之地，連年兵燹，強悍者每易嘯聚為匪。至是，積匪豫東有大、小月牙，豫南有洪德昌、崔二旦等擁眾數千；所過村寨，非預洽納款供膳，即遭屠洗，大、小月牙尤慘虐。劉經扶（峙）將軍既主豫政，乃命保安團清剿，反為所敗。公承命剿除河南積匪，乃派獨立旅旅長丁德隆，率所屬第一、第二兩團暨第一旅第二團，剿辦確山崔二旦、洪德昌兩股。第一旅旅長李鐵軍剿辦豫東南王泰大、小月牙兩股。公念歷來剿匪，或破其大股、或驅之出境、或受其投降收編，皆無異養寇自重，務令窮追剿滅，方得回師。李旅長指揮李文第三團進剿王泰大小月牙，大小月牙匪眾遂東竄徐州各地，公不以越界為嫌，乃命追剿如故。三月，匪又回竄，經豫東竄上蔡縣之蔡溝，遂為李團所圍。蔡溝即古之蔡城，壕深牆堅，公乃命野砲兵一連，擊破其寨，殘匪數百人悉就殲滅。

王泰一股自蘇北逸出，與崔二旦合股，由確山竄往桐柏縣；與縣南洪德昌、古大甲、傅老三、蕭六少等合股，共推洪德昌為首，以抗官軍。洪乃命王、崔二股匪，南竄鄂境，以引官軍南向，而己躡官軍之後，以圖一逞；否則恃險負固以待變。丁旅以為，洪德昌為盤踞桐柏二十年之積匪，東西二百里、南北七十里皆為匪之窟穴，宜先剿除，以絕根株。遂與邑紳謀，以火攻銀洞，而以砲擊銅山寨，乃繪匪區要圖以給各團，雇當地良民為嚮導，令縣組設販賣隊以供軍糈。部署既定，乃命第一旅第二團向洪匪之迴龍寨、銀頭、歪頭山各寨試攻，匪果集數千人拒戰。時迫歲除，大風雪，而匪寨外數十里無人烟，兵須露宿，乃命止攻，以待晴霽。二月初，丁旅全力進逼，一舉蕩平迴龍寨、銀洞、歪頭山諸寨；嗣又連破其二十八寨，匪酋洪德昌逃匿銅山寨，餘眾千餘則遁銀洞洞內，丁旅以火熏灼之，悉皆斃。銅山寨在泌陽、唐河二縣界，西南皆懸崖，僅東南一道，匪設五寨門，皆不易攀登，丁旅長集砲兵，迫擊砲於旁近山巔，佈機槍於通道集中轟擊之，斃匪無算，洪德昌傷斃，餘眾五百餘人皆降，河南各地數十年積匪，遂告肅清。

二、四月，公率師入冀，會同友軍敉平石友三叛變。

石友三於十九年在浦口叛變未成，乃投馮玉祥，嗣復隨之叛亂。迨馮失敗，石又據冀南各縣效順，拒馮部北竄，中央許其戴罪圖功，令所部仍駐冀南。至兩側，重山峻嶺，均有伏兵來襲，幸李旅長鎮定應付，未為所乘，師次袁州；夜半，突奉速開鄭州停止剿共之命，公慮第一旅無法召回，幸命令得由無線電傳達；次日，第一旅由兩河口回袁州，沿途擊破中共赤衛隊之襲擾，並繳槍三十餘枝，俘其男女八十餘人，公大喜，對電台第一所所長蔡明山，第二所所長劉孟瀛各給獎金；至鄭州後，又從王微建議，在鄭州平民村設無線電訓練班，訓練二十九人，是為第一師自設無線電通訊之始。

六、是年，公與河大教授吳造峨等訂交。

公素注意人才，尤喜延攬大學名教授來往討論，增長見聞。河南大學教授郭廷以在東南大學暑期學校已相識，至此往還愈密，因而得與河大教授吳造峨等及地方軍校同學等訂交。

中華民國二十一年，壬申，西曆一九三二年，公三七歲。

一、一二八淞滬戰起，公率第一師進駐龍潭、常州為後繼，並修築澄錫、常溧等地公路。

一二八淞滬戰起，公奉命祕密開京滬線為後繼，改番號為四十三師，每夜深開一列車，分駐棲霞、龍潭各站，準備參加抗戰。未幾，移駐常州、無錫、江陰等地。師部駐常州清涼寺，部隊趕築無錫江陰間、常州溧水間、常州溧陽間公路，及江陰要塞等工事。各公路為抗戰後方交通要道，過去地方士紳梗阻百端，歷年修築未成者，至是日夜趕築，一月而成，以後軍隊調遣，賴以便利。是時，副師長為彭進之，參謀長於達，參謀處長林樹人，副官處長龔紹華，軍需處長汪奇柏；第一旅旅長李鐵軍，第二旅旅長袁樸，獨立旅旅長丁德隆；團長為李正先、廖昂、李文、史銘、羅歷戎、楊德亮、李及南、周士冕及李龐等。

二、五月，淞滬停戰，全師奉命入皖剿共，克復六安、霍山等縣。

民國十九年，共軍徐向前、張國燾、徐海東等踞皖、豫、鄂間之山區，在金家寨成立豫、鄂、皖蘇維埃區，張國燾為主席，徐向前為紅軍三十一師師長，後為紅一軍軍長，徐海東為政委，曾經我軍圍剿，敵勢稍斂。至是，乘我軍淞滬抗戰，猛犯皖中，陳調元部進剿失利，匪連陷六安、霍山，進窺舒桐，其赤衛隊尤到處騷擾，妨害農耕。五月，淞滬停戰，中央決定剿滅大別山區之匪，命公率第一師，由安慶經桐城、舒城向六安、霍山之匪進剿，半月間遂收復六、霍兩縣；公乃派戴濤撫輯流亡，組織民眾，救濟被害人民，修理道路及被匪破壞之村寨；其甚貧者發給耕種資金，令安生業。公嘗諭戴濤曰：「以軍隊剿共，軍隊去則匪又來，若組織民眾使抗匪，則可省軍隊之力，使民眾安居，知有生之可樂，自不願從匪，匪乃無所施其技，而匪患潛消矣。此為根本要圖，汝宜盡心為之」。戴濤遵公命率同幹部十餘人，在三王河磨子潭等地慰問疾苦，買米賑饑，辦民眾診所、民眾夜校，協助安居生產，作輻射式伸向匪區，凡六個月之久，匪遂不敢東擾。其後我友軍遂克復金家寨匪巢，全師西調，戴濤猶被兩縣民眾遮留月餘，舒、霍之間，皆稱第一師為「我們的部隊，我們的胡師長」，其受人民愛戴如此。戴濤在六霍間之措施，後為安徽省府採為收復地區施政之楷範。

按，民國十六年時，公任團長，在南京小營砲標，時正清黨以後，公謂王微、戴濤等曰：「清黨在軍隊容易，問題在青年與農民；今後農民問題如不解決，中國的命運前途，是堪憂的」。故公在反共鬥爭中，一貫堅持組織運用民眾，使為反共壁壘。六霍間之措施，是其初軔；其後陝北之動員指揮部及建議成立豫魯冀挺進軍，皆此旨也。

三、七月，鄂贛告急，公率所部第一、第二兩旅赴武漢，副師長彭進之率獨立旅第一、第二兩團赴南昌增援。

自金家寨匪巢被我第十師攻陷後，匪酋徐向前等逃竄鄂東與鄺繼勛合股，由黃安、麻城犯黃陂，游騎及於新洲，委員長蔣公，亦自贛蒞鄂督剿，乃調第一師急援鄂東，並令指揮第八十七師馮聖法部，與匪戰於黃陂縣之兩河口，擊退犯匪，並斃鄺繼勛之偽政委沈澤民〔註八〕。惟另股徐向前率殘部越過平漢路西竄。

其時，江西由樂安南進之大軍受挫，南昌空虛，十里外有匪赤衛隊竄擾，人心惶駭，牛行車站行李山積。何部長應欽將軍急調第一師援贛，而第一師一、二兩旅已先赴漢；僅獨立旅未發，乃由副師長彭進之率領赴援，南昌聞第一師至，人心大安。半月後，援軍續到，原留在豫西剿共之第三團亦至南昌，約留半個月，全旅方調武漢歸建。

四、公率第一師追剿徐向前，經鄂北豫南入陝，擊斃匪首蔡昇熙，追至川陝交界之大巴山脈。

豫東之匪倏分倏合，不斷竄擾各地，第一師駐武昌右旗部隊，以團為單位，先後調遣進剿，至九月，鄺繼勛匪已大部就殲，僅徐向前部併裹脅民眾，偷過平漢鐵路楊家寨西竄。第一師奉命追剿，歸武漢行營何主任成濬指揮。九月二十六日追至隨縣之安居，全師乃得集結，繼續窮追。時第一師為中路，友軍第五十八師劉茂恩為右翼，第四十四師蕭之楚為左翼，第五十一師范石生為後繼。匪經鄂北隨棗轉光化老河口、新野、鄧縣。新、鄧之間，草高及人，十室九空。嗣匪竄至南陽內鄉附近，以有民團攔阻，折而南竄，經鄖陽、鄖西而入

註八　沈澤民為沈雁冰茅盾之弟，原名德濟，在南京河海工程學校畢業。

漫川關。公先期電呈武漢行營何主任，請飭陝西楊虎城派兵一團守漫川關，會殲徐匪於羣山中。陝兵竟不至，匪遂踞漫川關，冒稱楊部，與我第四團發生激戰，團長羅歷戎負重傷，官兵死傷九十人，匪亦就殲百餘。匪越漫川關、踰秦嶺，公率第一師經七里峽出山陽，我先頭丁旅殲匪於鳳凰嘴、蔡玉窰一帶，擊斃紅四軍軍長蔡昇熙（註九），俘虜百餘人，殘匪北竄秦嶺山中。公電請飭楊虎城派勁旅堵湯峪、大峪之口，公率第一師出湯峪，劉茂恩師出大峪，蹙匪於窮谷中。而楊虎城僅陳兵於引駕迴，去兩口三十里，未戰而去，若有默契者，任匪由渭河南岸大道西竄。我獨立旅急追至盩厔縣陳平墓爐丹村附近時已昏暮，匪不及逃，遂發生激戰，我獨立旅第二團團長李龐身先士卒，撲入村內，中彈陣亡。徐匪乘夜衝出，再由盩厔南入駱谷口，經佛坪進攻南鄭。而我軍則循斜谷包抄南進，經姒石鋪、留壩、馬道驛、褒城追匪。匪攻南鄭未逞，燒掠東關後，南竄大巴山中。我第一旅追至四川南江之兩河口，我獨立旅乃控制大巴山脊，第二旅亦進至天池子。師部則駐漢中待命。

第一師自盛夏在鄂東作戰，嗣即跟蹤追匪自秋徂冬，盤旋羣山中，至是二越秦嶺，山高氣寒，官兵猶著單衣；兼以鄂北豫南彌望荒山，居民稀少，糧食不

註九　蔡昇熙為軍校第一期生，民國十六年公任前第一師第二團長時，蔡曾任營長，旋離職赴漢口。公曾派員勸其反正未達，鳳凰嘴俘供，已被我軍擊斃，二十四年徐匪陷寧羌，改名昇熙縣，知其確已斃命，寧羌今名寧強縣。

生，時見斷糧，枵腹強進；入陝境始見馬鈴薯，視為珍品，蓋自夏至冬，已窮追八千八百四十七華里，徐匪原有萬餘人，沿途激戰逃亡，被我擊斃俘虜約千六百餘人，餓死凍死者又倍之，逃散者尤眾，其入大巴山中者不足三千人。我俘虜之匪，在鄖陽以南，猶派員解送行營，入山以後，日行荒山窮谷，即送至師部者亦無法轉送，縱之而已，收繳武器，亦多就地破壞，不使資匪，無法長途攜行也。

五、是年，公聘魏大銘先生為無線電教官，遂與訂交。

鄭州平民村無線電人員訓練班雖舉辦半年，技仍未成。其駐軍常州清涼寺時，再度訓練，乃聘請金山魏大銘為教官，後又同至安慶。公遂與訂交，其後陝北剿共，大陳作戰，皆深得其助。

中華民國二十二年，癸酉，西曆一九三三年，公三八歲。

一、公率全師由漢中入甘，分駐隴南各縣，並以一團進駐蘭州，為第一次安定甘省。

公率第一師於上年十二月追匪入漢中，第一旅及獨立旅兩旅已追至大巴山中，與匪對峙，時川軍田頌堯、鄧錫侯皆拒我軍入川，紛電中央，自願剿除殘匪，漢口行營主任何成濬，亦以第一師久追兵疲，宜予休息整理。於時，楊虎城部第十七師孫蔚如駐天水，其一個旅魏象賢駐蘭州，孫覬覦甘省主席，唆使魏旅以微故，迫逐甘主席邵力子；搗毀民政、教育兩廳，公開掠劫，邵力子逃京，蘭州秩序大亂；各地回漢部隊，原為地方封建勢力，封域自守，至是更形成割據分崩離析之局。中央於是乃命第一師入甘，公以獨立旅迅開碧口，第一師開天水分駐隴南各地，而以一個團進駐蘭州，維持省垣治安。原駐天水、蘭州之孫蔚如，全部調往漢中。公奉令後，以陝、甘山地路狹，兩方軍隊調動，須有協調，曾疊電孫蔚如詢問行期及行軍路線，皆不復，電詢楊虎城亦如之，不得已於二月二十七日由漢中出發，經馬道驛、留壩、鳳縣、雙石舖、唐莊、馬跑泉至天水，當第一師由唐莊出發之日，孫部方由天水東行；三月三日下午，師至天水，孫部尚有輜重眷屬未盡行也。

自楊虎城部駐甘境後，紀律廢弛，包庇稅收，干涉地方行政；西蘭公路土匪肆劫，郵件已半年不通，商賈絕迹，即天水城內商肆亦僅開門數小時。第一師到後，民心大安，商肆開市，郵政始通，野有耕人，秩序漸復。

師由漢中至天水時，宿營紫柏山下，次日出發，公集師部官長訓話，申論：「張子房、諸葛孔明皆第一流政治家，而能盡其心力輔助劉邦、劉備第二流政治家，戡平禍亂，中興民族，人民蒙其福利；此無他，張子房、諸葛孔明一心為國為民之故也。汪精衛自命為第一流政治家，而不肯與委員長合作，自民國十六年為共產黨利用，造成寧漢分裂後，又搆煽唐生智、馮玉祥叛變；究其心，不過為個人私慾，全不為國為民，亦非真正革命，實行主義；充其私心，不皤然悔悟，必至更造成對國家之不利，吾人必須以全力擁護領袖，完成國民革命，或可免於未來之禍患。今過紫柏山下，緬懷張子房、諸葛孔明之功業，彪炳史冊，而其高風亮節，一片真誠，為國為民之心，尤為吾人所當效法，願各同志深識其意」。

師至天水，時匪已以通南巴為根據地，公乃以獨立旅駐碧口，而以一個營駐昭化之三堆壩，防匪西竄。第一旅駐徽縣，第二旅駐天水，以一個團駐成縣，另於略陽、兩當各置一營，防匪北竄，第五團駐蘭州，而以一個營進駐寧夏定遠營。

二、日犯我熱河、長城各口，公請纓東開抗日，未獲准，仍駐隴南。

前一年一二八淞滬戰役，公率第一師由開封開至常州、無錫、江陰一帶，旋因停戰協定成立，不獲對日作戰。是年一月，日寇陷我山海關，侵熱河、犯長城各口，第二師等正浴血苦戰，公數電請蔣委員長，願率部東開抗日，皆奉電諭：「駐防隴南防匪北竄，其重要不下於長城抗日，宜加緊訓練部隊，暫勿東開」，第一師於是仍駐隴南。

三、四月，馬仲英犯新疆，奉命編一混成團援新，後未果行。

馬仲英原為回族部隊，久踞甘、新邊境，後為河西馬步青所逐逃津，至是得日人之助，支以餉械，偽為駝商，由綏寧進入甘境，收集舊部約千人，遂侵入新疆，已過星星峽，連陷哈密、鎮西等地，與金樹仁部相持，公奉命在蘭州成立一個混成團為入新之計，公以駐蘭州之楊德亮第五團為基礎改編，加強裝備，顧自去年追匪入甘，騎兵騾馬皆留鄭州，打造大車尤須時日，準備未成，而新局已定，遂不果行。

四、六月，公赴蘭州指揮，堵擊孫殿英叛軍，敉平之。

孫殿英原名魁元，為民國七年臨城劫車案匪孫美瑤之弟，其部隊亦為當時匪部所收編者，歷來依附北洋軍閥。十九年馮、閻叛變，投入馮部，踞碭山馬牧集，中原戰事結束，隨閻軍移踞山西，至是又與閻軍猜疑，叛晉西竄，由綏遠伊克昭盟竄至寧夏，連陷磴口、石咀子，將犯平羅。時朱公紹良為甘肅主席，公奉命率天水第四團與駐蘭州第五團之一部進駐中衛，公與副師長彭進之至中衛，協同寧夏軍堵擊；孫殿英聞公至，遂離部逃竄。其叛軍乃為晉寧部隊所收繳遣編，亂事遂平。

五、公呈准在天水設立中央軍官學校西北軍官訓練班，鄭州補充團，並在天水辦師無線電訓練班第二期。

公以連年剿共作戰，長途追匪，官兵亟待充實，而民國二十一、二十二年間，西北交通仍阻，隴海鐵路僅通至靈寶，關中平原雖有公路，實大車道也。東南人士，視西北為畏途，幹部之補充尤為不易，公乃呈准設立「中央軍官學校西北軍官訓練班」，班址設在天水西門外玉泉觀，考選部隊作戰有功、行伍士官、地方優秀學生施以訓練，公兼任主任；下設總隊部第一任總隊長郭釋愚，第二至第四任總隊長周士冕；共辦四期，每期三個大隊，訓練六個月；自第二期起設有俄文、藏文班，工兵科、騎兵科、經理科等。聘請長沙李少陵、李武信兄弟為政治教官，陝人楊爾瑛為俄文教官，時戴笠將軍派江雄風等三人為工兵科教官，教授特種爆破製彈等術。

公以陝、甘人民體弱戀家，吸食鴉片者眾，不宜招補兵額，呈准在鄭州成立「補充團」；調參謀處長林樹人為團長，訂立規格，以重價委託河南省政府招募新兵，施以訓練，分批開甘肅補充，故第一師雖頻年作戰，而員兵充實，士氣旺盛，一如北伐當年。

民國二十年，第一師成立五瓦特無線電三個所，回師鄭州前，在宜春以電訊召回已深入匪區之第一旅後，公始對無線電頗為重視；其年冬，在鄭州平民村成立無線電第一期訓練班，訓練二十九人。在追剿徐向前匪部時，所經皆山谷隘道，全師三旅九個團，行軍長徑有達二百華里以上者，而左右翼劉茂恩、蕭之楚等友軍，雖每隔山水，路徑懸絕，但其追剿命令皆能賴無線電完全傳達；入甘以後，兵力駐地北達寧夏之定遠營，南至四川昭化之三堆壩，東則陝西之略陽；南北二千里以上，東西亦千里，非無線電訊則無法指揮聯絡。公因而更益重視，乃命成立「無線電管理處」，派祕書王微為中校兼主任，續辦「無線電訓練班第二期」，教官有鄞縣林某、常熟陳南琛。

六、公勸禁隴南人民，毋再吸種鴉片。

甘肅人民甚多吸食鴉片煙毒，上自官吏，下逮農民，莫不一榻橫陳，曠時廢業；賓客至者，首就煙榻，已為時尚。凡川水良田，亦多種植鴉片，暮春三月，煙花盈野，故其人體多羸弱，怠於工作，家業日趨凋零，盜賊由此滋生，實為地方之大害。公雖深惡之，第以事關地方政權，且省財源，尚恃此為挹注；故僅在駐軍之地，廣事勸禁，田地亦悉令種植五穀，其有運販鴉片入境者，並皆驅逐。由是隴南各縣風氣丕變，人民無有公開吸食鴉片煙者。

七、公為發展西北交通，修治道路，建築飛機場。

天水地勢為小型盆地，四境多山，尤以東通陝西，關山高峙，險阻難行，蓋即古時所稱之隴坂。頻年以來，數為匪盜之窟穴，行旅戒途，東道之不通，已非一日。而第一師之物資、員兵，每賴此道通行。公念派兵駐守，徒資煩費，乃先清其地散匪，然後選用回民之雄傑有資望者，權委為關山交通司令，設交通站於馬鹿鎮，以司警戒；以後行旅無害，蘭州以西之郵遞，亦經此焉。隴南各縣大都為山陵地區，高山深谷，道路傾圮，人民困於匪患鴉片，村寨亦多殘廢，公乃命駐軍盡力修理營地、道路、村寨。圮者培之，缺者補；民居之無力修復者，助以兵工。道路村落，必整齊清潔，入其境耳目煥然，當日旅行隴南者有「入境即知為第一師部隊駐地，無待問訊」之說，其後各友軍亦效之。

甘肅航空飛行機場，僅有蘭州一處，而與天水距離窵遠，緩急無可恃。公相地城郊，乃在天水縣城東門外東校場之側，地近北山之麓，建築小型機場，利用各營士兵輪番力作，公亦每日親臨荷鍤畚土，示同甘苦，故工鉅而時速，凡二月建成。自此，西北航空多一基地，東通京滬，北達蘭州，天水益為西陲重鎮矣。

八、公收容陝南隴南貧苦兒童，成立軍中童子軍。

陝、甘連年荒旱，重以當局誅徵無厭，民有賣子女、拆房屋求售者。二十一年追匪至漢中，常有童男女流落乞食，為部隊所收容者二十餘人，至天水又收有數十人，公乃命特別黨部，集中成立「童子軍」，給予伙食服裝，由幹事中之諳童子軍教育者管理訓練之。其後長成則大部入中央軍官學校西北軍官訓練班，受訓為軍官，亦有資送中、大學畢業者。

九、協助省、縣政府改進政治教育建設。

公至天水，以甘肅地瘠民貧，文化教育建設各項皆甚落後，漢人百分之四十吸食鴉片；省政府亦恃畝稅〔註一〇〕為政費之大宗，而政治風氣尤窳敗。時朱公紹良來主省政，天水新任縣長溧陽王義訓，自陳願革陋規十一項，公尤善之。乃於師特別黨部中成立「地方行政設計委員會」，指派周士冕、侯聲、王微、顏延康為委員，協助地方政府，推行中央政令，改易風氣；並指定王微負責籌辦隴南印刷所，改進原由縣黨部主辦之油印《民聲日報》，為宣傳政令之用；李少陵、顏延康負責改進天水中、小學教育，捐助書籍。

先是民國十八、十九年陝甘大旱，政府豁免各縣田賦，天水奸吏王惠，勾結縣長張某匿不宣佈，照常徵課，追逋尤不稍假，民多有賣子女以供者。其後事洩，王惠逃庇於省垣禁菸督辦王裕經處，人民累訴不得直，縣民聞公至，爭來告訴；有炷香哭跪營門前者，公乃移牘縣府按驗，而王惠者已由王裕經推介為天水縣府財政科員，駝車五輛，載其眷屬行李，施施來縣，王縣長不得已拘繫之，案懸兩個月未結，忽奉高等法院嚴令開釋，縣民聞之，麕集請願，適值王惠於縣政府前，被擁至南門外擊殺之，侯聲聞變起，向公請示，公曰：貪猾吏

註一〇　畝稅為甘肅收取鴉片煙稅之飾名，藉口寓禁於徵，實際並不按畝課稅，甘肅省財政年收三百二十萬元，畝稅佔百分之六十，藉其總數攤派至縣，縣又攤派至鄉，鄉紳又按戶攤收，不論種與否也。天水年徵畝稅五萬有奇，民間所納又倍之，民間種菸一畝，收菸膏六兩，甘谷縣能收十兩，售一元半至二元，而畝稅已過之，並無所利。然不種鴉片者仍須納稅，其苛虐如此，真甚於虎也。

不誅，何以革命？是宜稍伸民氣，我軍維持治安，應諭之使散，然亦勿宜干涉過當，王惠遂被誅。

王惠原為去職固原道道尹，天水人賈讚緒長隨。賈讚緒罷官後，介紹王惠至天水縣為經徵吏，主管徵收田賦事，故其得與縣長張某勾結，家私巨萬，案發營賄當道。王裕經，為賈讚緒兒女親家，久任禁菸督辦，主持畝稅者也，庇之尤力。王惠被誅，王裕經在蘭州散布謠言，破壞第一師之聲譽；然隴南各縣人民對王惠之誅，乃稱第一師為真正革命軍也。

中華民國二十三年，甲戌，西曆一九三四年，公年三十九歲。

一、公倡導國曆，天水附近數萬人聚會慶祝元旦，父老稱六十年來未有盛況。

第一師移駐天水後，盜賊絕跡，夜不閉戶，兼以全師紀律嚴明，民間糧秣、土產皆以現金購買。每月用於防區者約有二十萬之鉅，於是地方繁榮，百業競舉。顧其民間風氣閉塞，一切皆沿清末陋習，公思有以改革之，乃由師特別黨部聯合地方黨部、教育界，發起慶祝國曆元旦；初僅擬在城鄉聚會，風聲所播，各地民眾皆自動組織參加，元旦日不期而集者三萬餘人，馬跑泉擡閣，為隴南最著名者，已五十年未舉，至是亦全部參與〔註一一〕。

註一一　詳見《令人懷念的胡宗南將軍》一書李少陵文〈駢廬雜憶〉。

二、公為甘谷、天水等縣修復水利古蹟。

甘谷縣原名伏羌，毗鄰天水，民性強悍。民國元年，白狼西竄至伏羌，為縣民四集擊滅之。第一師至天水，公特以一營進駐甘谷，並派師特黨部總幹事侯聲為代表，慰問紳民，訪求疾苦。縣有侯公堤者百餘年未修，堤內農田千二百餘畝，歷年秋潦無收，侯聲以告，修之需費三千餘元，請以兵工從事，縣籌千五百元備物料，一千元酬官兵勞，公曰：「是何言也？為民興利，師當任之」。立斥一千五百元交侯聲，以電話告知營長，以一連守城，二連修堤，限明年春播前完工，毋得受民財物。自二十二年八月興工，如期堤成，縣推士紳兩人謁公致謝。

天水南城藉河，有堤護城，數十年未修，堤圮，水漲齧城，官斯土者皆不問也，公乃與參謀長於達，親督官兵修之，築堤三華里以護城，植柳其上。城南有水月庵，歷年駐軍亦多破壞，時為師軍醫處駐所，公亦斥資令大修葺，並許遊人觀賞，夏日蟬聲，三秋明月，遂為天水附郭遊憩勝地。

李廣墓在南山荒烟蔓草間，已就圮矣。公與李少陵訪得之，乃命工修葺一新，請邑紳賈讚緒作記，李少陵作詩，其後亦為天水附郭遊觀之一。

三、公代省政府設隴南地方自治訓練班，訓練隴南縣治人員七十餘人。

甘肅各地縣政，猶襲遜清六科房舊制，尚無民治氣象。公以為政治改革，宜從組織與人才著手，乃建議省主席朱公紹良，訓練縣治人員；蒙贊可，乃設「隴南地方自治人員訓練班」，代省訓練縣治人員。招收隴南青年七十餘人，朱公任主任，公任代主任，長沙李少陵任教育長兼任教官，顏延康任祕書，講授三民主義、建國方略、建國大綱、地方自治法規、縣政研究、民權初步等。所聘教員及指導人員，皆一時之選。其於畢業前，先在縣政府、鄉公所實習一月；待其畢業後，各縣政府爭相委聘，此對隴南政治與地方自治，至多裨益，後有任至縣長者。各縣紛請續辦第二期，然因出發剿共而未果。

四、開辦隴南小學教師訓練班。

公為改進地方教育，利用暑假期間，集合各縣小學教師三百餘人，在天水舉辦短期訓練一月。公任班主任，李少陵任教務處長，延請專家擔任教授，並由送款飛機在京滬選運教材教具，公每週主持遊藝會宴請老師，訓練期滿，公定遠近酌給回程路費，至是，隴南各縣教育遂有新氣象。

五、公奉命飭獨立旅丁旅長率部移駐昭廣。

徐向前竄川以後，川軍羣請能自力剿滅，拒中央部隊入川，匪遂踞通江、南江及巴中各縣為巢穴，日以孳大。川軍田頌堯部數戰不利，尤以是年秋，六路圍剿失敗後，敵焰愈張，迭電請援，公亦慮敵西竄，阻絕川陝交通，奉令以獨立旅乘匪未至，以一部先守昭廣，而以補充團羅克傳南移，羅團至羊模壩，為匪所乘，損失二百餘人。匪以第一師易與，遂以十倍之眾，覬覦昭廣。

六、是時，甘肅各方進步。公在天水，隱然為軍政重心，四方賓客日眾，公皆以禮款待，迨無虛日。

自公率第一師移駐隴南，朱公紹良復來主甘政，地方安定，交通漸復，中央亦頗注意西陲建設，故四方賓客來天水者日眾，公乃設三個招待所，以禮款待。

是年春，史地學家張其昀曉峯先生、地質專家林文英先生，過天水訪公，相見歡然，流連十餘日，其後陳大慶將軍等，亦至天水相訪。外人之來天水者，是年夏有德國水利專家勞爾滋，查勘渭河含沙量，由參謀長於達陪往秦安一帶查勘葫蘆河。冬又有地質專家林文英陪同德國曼爾‧極，來天水調查石油資源，由祕書王微陪赴西南各鄉調查，經其堪查為無所得，乃送往蘭州。

時各省駐軍如寧夏馬鴻逵、馬鴻賓，青海馬麒，甘肅魯大昌、馬步青，四川田頌堯、鄧錫侯、劉湘，陝西楊虎城、孫蔚如等，皆派有代表常川，住在天水聯絡。公除派胡抱一先生在漢中任接待連絡外，並及時派員報聘，相處極為融洽。

拉卜楞土司黃正清、卓尼草地土司楊積慶，因其兩地皆產馬，對公尤欽敬，每年派員獻馬，公亦派員報聘，餽以禮物，並曾為補充騎兵隊，而重價購其馬匹。其後民國二十四年在川西剿共，黃、楊兩人皆以犛牛數百頭運糧，並其牛以餽公，部隊飢困，賴以少紓。

七、第一師在蘭州成立西北補充旅：轄三團。

第一師入甘以後，僅以一團進駐蘭州，前一年孫殿英由晉寧入侵，公曾增派第四團入駐蘭州，迨孫部解決，第四團仍調回天水。朱公紹良以為蘭州中央軍力仍過薄弱，不足以鎮懾反側，商公增強兵力；於是將鄭州所徵補充兵編成一個步兵團，在天水之新兵編為二個團，合編成為「西北補充旅」。其旅長為廖昂，第一團團長蔣志高，後為羅克傳；第二團團長林樹人，林病故後為康莊；第三團團長胡受謙，於是，公統率有四旅十二個團。

中華民國二十四年，乙亥，西曆一九三五年，公年四〇歲。

一、元月，共軍徐向前、陳昌灝等合股犯廣元，公命獨立旅擊卻之，斃共酋陳昌灝、董麻花。

民國二十二年，公奉命率師移駐隴南後，徐向前股部即踞通江、南江、巴中為巢穴，成立蘇維埃，裹眾十萬人。二十三年夏，川軍合眾六路，圍剿失利，匪勢遂逼昭廣。其年冬，公奉命接替川軍駐守，乃命碧口丁德隆旅，附以第一旅之李正先第一團移守昭廣。丁以甘競生之第二團守昭化，三個團駐廣元，而置重兵於烏龍包，修補工事，儲糧以待，公又命駐天水之補充團羅克傳部，南開協防，元月二十夜，補充團在羊模壩遭匪偷襲，頗有損失，匪勢益張；二十一日起，匪疊探我虛實，丁旅長部署城守，清戶口，收軍器，備糧儲，禁謠諑，申明約束，信賞必罰，軍民咸有固志。時獨立旅第二團甘競生部守昭化，分一營守三堆壩，第一團守廣元城，而以配屬之第一旅第一團李正先，守西門外烏龍包；至二十五日，共軍陳昌灝渡須家河督迴龍之匪攻烏龍包山頂，董麻花率龍王廟共軍攻山斜面，匪政委張琴秋率千佛岩共軍攻城東北，徐向前督九華岩雪峯寺匪攻城東，裹脅民眾，號稱十萬，酉未附城，為我軍拒止，殺傷甚眾。烏龍包俯瞰城西，共軍陳昌灝、董麻花尤號強悍，驅迫匪民冒死衝突，我第一旅第一團李正先守烏龍包浴血苦戰，五包陣地已失其三，艱苦撐持，戰志愈堅；丁旅長撤城中預備隊增援，其獨立旅第三團某連冒彈肉搏，奪回三包。董麻花、陳昌灝被擊斃，共軍之精銳略盡矣。二十六日晨，敵全部退東岸大石板。是役，丁德隆旅以四團兵力，不滿六千人卻禦敵五萬之眾，自元月二十至二十六激戰七日，殲敵數萬，廣元終因丁旅血戰而保全（註一二）。

註一二　按「廣元志」稿載是役甚詳。其言曰：丁旅來當夏曆臘月十五日。丁旅以一團駐昭化，兩團駐廣，重兵屯於烏龍，餘駐城固守。治東金山佈二連，督兵補苴各工事，發現金辦一月糧，匪乘上游無兵，分兩萬餘人渡大攤橫梁沙溪朝天，漫山穿谷，自陳家壩、羊模壩、東山廟，斜瞰烏龍；連日又在須家河假榻作桴，絡繹偷渡，據邱橋監壩準備攻山。下游之匪數千人由皂角鋪五佛岩渡河灣場，上九龍山以亂下西，再下偷渡牛寨壩龍爪灣以牽昭化。二十一日，匪攻天池，探官軍強弱，擊卻之，夜則匪出潦溪沿老鷹咀過石馬壩，蜂湧蟻聚，復攻天池春凸梁，掃以機槍，無一脫者，黎明一望乃草偶耳。二十二日夜，官軍見萬燈下九華岩，遵孔道雁行而進；丁旅長計匪持炬來，其勢必驟，何整然不參差？戒眾勿動，燈至柳林頓滅，翌日偵知，乃一人肩竹燈數十，魚貫進，人實不滿百耳；同日，昭化報匪已佔天雄，分趨寶輪院襲三堆壩，丁旅長分令紳商登記軍用品，囤官倉，清戶口，凡難民查無他異者冊載之；散民難稽者遠移，家有刀矛悉令交出。約束士卒毋得與市民偶語，責收城民鑼鼓置各工事，有警則鳴。日哺南城角，鑼聲鏗然，迹之匪挖城洩水洞數尺，將以地雷轟城，擒斬二人。二十五日未曙，丁旅長偕劉團長超寰，相度烏龍，安置砲位，自獅子山至烏龍頂設五防線，增調兩連增第五線，三連伏山側狙擊。午後開會謂眾曰：『師長以荒城數萬生靈託於我，察匪惡戰，不出今夕，今與諸君約，臨陣畏葸，委卒於危者，斬；守禦不堅擅離陣地者，斬；調遣接應，市途跑步者，斬；父老安舍，呵門求物者，斬；夜深人悄，巡察奸宄，侵入民房者，斬；殺敵致果，捍禦無失者，獎；殲厥渠魁，奪回陣地者，獎』。入夜，匪陳昌灝渡須家河督迴龍之匪攻烏龍山頂，偽師長董麻徐向前攻佔廣元未逞，再陷甯羌縣城，改為昇熙縣，殘殺數千人，以活埋刀殺者為多。陝西省政府主席楊虎城一無措施，公聞訊惻然，乃派李少陵、侯聲、劉時榮攜款一萬元施放急賑，多者二十元，少則五元，並請陝省府以劉時榮為縣長，使辦理善後（註一三）。

二、公率全師並奉命指揮六十師、四十九師、中央第一旅、獨立三十二旅等部剿共，松潘苦戰八月，至十一月始回駐甘谷。

江西之匪，自經二十三年五次圍剿之後，遂自湘、粵交界處竄向貴州，經遵義會議決定北竄，與陝北土共劉子丹合股，遭我軍沿途追擊，乃越大渡河沿大金川、大雪山東麓北竄。川北徐向前亦由通南巴西竄會合。公奉命率所部第一

花，由下西率龍王廟匪攻山斜面，匪偽政委張琴秋，率千佛岩之匪攻城東北，徐向前督九華岩雪峯寺，匪攻城東南。戌初齊發，三面攻城，十面攻山，殺聲砲聲如大海迴瀾怒潮，雜風雨而至；丁旅長巡視四城，官兵更浴血苦戰，殺匪如麻，匪攻城不下，悉偷渡西岸，冀攻下烏龍再圖城。烏龍五線，已失其二，丁旅長調守城精卒兩連增援，親率力士趨西岸，下令奪回工事者獎重金，即有一連奮怒突出，冒彈肉搏，奪回已失工事，董麻花被擊斃，下西之匪略盡，僅陳昌灝山頂之匪，十盪十決，堅持不退，陳匪中砲死，匪氣餒，懼援兵四集，乃於翌晨竄至東岸大石板。

註一三　詳見《令人懷念之胡宗南將軍》一書，李少陵文。

旅李鐵軍，第二旅李文，獨立旅丁德隆，西北補充旅廖昂，共十二團之眾，入川堵剿，軍事委員會並派陸軍第四十九師伍誠仁、第六十師陳沛、中央第一旅鍾松、獨立第三十二旅王耀武等部歸公指揮。三月三日，公率師部由天水出發，經徽、成、略、陽、陽平關至碧口，伍誠仁、陳沛與鍾松各師旅先後來會。時徐部已踞青川，有二十七、二十八、二十九、三十等四個師之眾，而以精銳之匪守摩天嶺〔註一四〕，阻我南進。摩天嶺即古陰平道也，東西百餘里，山高路絕，夏猶寒冽，時匪據刀背梁一帶陣地，憑險固守。公至，初命六十師攻擊西道玄馬關，二日未下，乃命補充旅第二團康莊攻擊正面之匪，佔領刀背梁，奪取摩天嶺，補充旅第三團長胡受謙，向敵陣左翼亞子口迂迴側擊。第二團團長康莊受命後偵察地形，率兩營另尋新道，於四月八日開始夜襲，利用風聲鳥鳴泉流等雜音為掩護，援竹木藤石，猿躍揉進，並戒屬「毋得放槍，雖受創不得還擊，必至敵陣，然後併力前戰」，歷半日一夜，黎明突入敵陣，呼躍奮擊，山鳴谷應，出敵不意，匪遂驚亂潰竄，康團跟踪追擊。其時，獨立旅第

註一四　摩天嶺為甘川界山東西百餘里，即古陰平道，重山疊巘，南北亦數百里，史稱鄧艾伐蜀至劍州，乃改道陰平行無人之地七百里，先發至江油，出劍閣之西，《方輿紀要》宋白曰：「文州為古陰平，魏晉之陰平郡與陰平縣也，宋永初中於益州立南北二陰平郡」，乃知文階以南之摩天嶺至岷江以東、劍閣以西諸山皆古陰平屬也。青川在摩天嶺南麓，居民四百餘家，匪盡燒之而逃，師部至青川，火猶未滅也。

三團劉超寰，亦擊破刀背梁另一隘口之匪，匪遂燒毀青川而逃，玄馬關匪陣，亦由丁旅選鋒數百人苦戰突破之，追擊至平武，匪仍據半壁山頑抗，我第二旅李文之一部與獨立旅丁德隆之第一、三兩團，合力擊破之，徐部乃竄涪江南岸。

四月十四日，我後續第一旅李鐵軍至廣元，時徐部後隊數千人，猶在嘉陵江東岸覘覦廣元空城，適李旅至擊破之，次日循岸清剿，匪遂西竄，廣元危而復安〔註一五〕。

六月，公至青川平武，乃派西北補充旅副旅長劉鴻勳，率百餘人便衣先入松

註一五　「廣元志」稿載：「返東岸駐大石板遲疑畏沮，莫策所向，旬餘聞青川匪眾已潰，乃引全部屯羅漢寺踞蒼廣之交，始謀橫出劍閣，假路松維，與朱賀合。時中央軍調丁旅還碧口，鄧令其師長楊秀春守廣元，刁文俊扼劍閣，劉漢雄駐劍州，何詹如防亭子、黃牛峽、米蘇，王志遠回駐蒼閬，狙擊游寇，楊灑軒橫截江油中壩，以塞奔衝之要，亦星羅棋布矣；徐向前乃指揮其餘眾，乘幽竄隙，紛歧四擾，明進暗退，深入奇突；使我軍覺草木皆兵，守點者莫敢驟發，徐向前遂得從容遁去，後遂萬餘猶沿東岸布疑陣，以牽追兵，四月十三日，防廣之楊秀春疾作，粒食且盡，軍民交惡，患在旦夕，亭午李旅長鐵軍驟至，午餐不具。怒曰：『軍民萬餘，困餓孤城，不因糧於敵，而自餒，非夫也。』立飭兩連搜尋蘇維埃屯粟，川軍願附者隨而運糧，至迴鼻，未及嶺，匪東王廟隊至，據山頂以抗官軍，李旅長急遣勁卒上二郎關繞後截擊，匪敗退；翌日，令各營循岸追剿，肅清餘孽，廣元危而再安」。

潘（註一六）蒐集匪情，查看道路；命第二旅旅長李文率第四團先頭入松潘，未入城，毛共先頭一縱隊亦至，遂迎戰於城東白塔山；殺共軍數百，匪向南回竄。次日，我軍沿岷江東岸追至鎮江關，李旅即駐守岷江大道。公至松潘，部署丁旅守岷江以西，第六十師守漳臘，阻共經南坪竄甘肅，獨立三十二旅守平武，防共回竄，而以第一旅李鐵軍部控制於松潘東北郊機動使用，西北補充旅廖昂部則守備松潘城，而以其一營守毛兒蓋；第四十九師伍誠仁部，控制於漳臘黃勝關之間為預備隊。公慮上下包座為通甘、青要道，建議成都行轅宜置重兵，遏其北竄，奉復無兵可派；公不得已，乃飭補充旅派遣第二團康莊部之一營守之。

毛朱共軍被阻於鎮江關南，徘徊瞻顧，半月以上不得越松潘北進，乃循草地，以三千之眾猛犯毛兒蓋，冀奪徑北竄。毛兒蓋，距松潘西二百餘里，僅三喇嘛廟及一小村落而已，守軍為我西北補充旅第二團第二營營長李日基部，其盡力拒守，困戰十四日，雖三廟已失其二，飲水且盡，仍日夜鏖戰，飢疲萬

註一六　松潘，秦漢為羌戎地，後周始置郡縣，唐宋時陷於吐番，元時內附，明初設松潘衛領千戶所一，長官司十七，安撫司四，清因之。民國改縣，而土官仍沿舊制。《方輿紀要》稱：「松潘舊界，廣六百七十里，袤千六百里」。蓋自岷江以西，皆藏人居之，壘石為碉房，上層供佛，中居人，下蓄牛羊，土地剛鹵，不生五穀，藏人種青稞，歲一熟而已。

狀，迨聞我第一旅援至，乃突圍而歸。事聞，李日基升中校，並蒙委員長召見嘉勉。

共軍既佔毛兒蓋，公慮其必西越草地北進，則上下包座關係重要。唯包座孤懸西北，自出黃勝關，杳無人烟，糧運至艱，故前派至該地守軍僅有康莊團之一營，茲感該營力不足以遏共北竄，至中秋前夕，乃命康團全部北進駐守之，並諭之曰：「若匪萬人，必遏其北竄；逾二萬，我自增援也」。康率兩營至包座，未一週，匪果北竄，公命分兵守求吉寺，並遣四十九師伍誠仁率全師至上包座增援，規定三日到，然伍師行程遲緩，至九月一日方至上包座；師部守大戒寺，匪乘其初至，夜襲之，伍師大亂，康團原守上包座之第三營遂被圍攻，苦戰七日，連長傷亡二人，匪更分兵圍下包座求吉寺，掩護其主力北竄。康團激戰十六天，俘共軍七百餘人，槍數百枝，我亦死傷五百餘人。而匪遂竄入甘肅境內。十月中旬，公率第一師踰弓槓嶺，經南坪、鄧鄧橋、宕昌、西固、禮縣至甘谷縣之三十里舖，窮追千餘里，方停止待命。時匪穿越甘境千餘里，駐軍皆閉門自守，無一堵擊者，故得從容至延安，與劉子丹合股。

松潘草地僅產少量青稞，而岷江以東亦多高山峻谷，水冷氣寒，耕地缺乏，道路崎嶇，糧運尤艱。時剿共部隊例無後勤機構，公指揮數萬之眾，麕集百數十里之間，搜羅既窮，餽運難繼，官兵日不得一飽，公抵松潘即派謝義鋒、李少陵等為代表，招徠阿壩、包座、盧花各地土司，宣揚中央德意，餽以禮物，頗為我軍盡力，乃得以現金購糧。甘肅拉卜楞土司黃正清，卓尼土司楊積慶素敬重公，曾以犛牛四百餘頭餽運濟公，官兵日得一餐，李鐵軍旅遠守草地，糧運不達，賴掘野菽以為活。松潘氣候寒燠不時，夏秋日出，則炙膚苦熱，陰晦可御棉裘；未及中秋已白晝飛雪，官兵餓疲萬狀，病者什九，各地土司既為公效力，悉堅壁清野以待匪，故匪之飢餓尤苦，疾疫大作，死亡枕藉，什百倍於戰死者，公亦以飢苦過甚，補給困難，自匪北竄後，立電請將第四十九、第六十師、中央第一旅、獨立三十二旅等調回歸建，獨肩擔負入甘追剿之任。

公率師回甘後，仍命劉鴻勳率兵一排，無線電一所，備帶哈達等禮物，循大小金沙江間草地北上，撫慰各地土司，傳達中央政情，搜查有無散匪潛匿。劉等由川北，經西康邊境入青海，窮河源，歷兩月餘方回部，邊民至此，始覩漢官儀，而知有國民政府矣。

三、因寒致病，蔣委員長特准赴南京治療。

師至甘谷縣三十里舖，公與參謀長於達住南山一小廟中。廟北向，陰晦，久無人居，公僅蓋軍毯兩床，北方冬日寒冽，因之寖患腹痛，歷旬未癒，旋為蔣委員長所聞，特派第一期同學冷欣偕醫飛陝，時隴南無機場，醫不果來，公病亦小癒。委員長特准病假一月，偕冷欣赴南京療治。在杭與蔣堅忍訂交，其後延任戰幹第四團教育處長，因得任八區專員，陝西省府祕書長。

四、十月，公弟仲卒於蘭州，公託張性白經紀其喪，遂葬蘭州。

公異母弟仲〔註一七〕，素有肺疾，至是卒於蘭州。

五、是年十一月，中國國民黨召開第五屆代表大會，公當選為中央監察委員。

中華民國二十五年，丙子，西曆一九三六年，公四一歲。

一、三月，公率第一師移駐陝西潼關，待命改編未果。

二月間，公自甘回籍省親，在京已奉指示，部隊單位過多，與現行編制不合，應加改編，而甘肅已駐有第三軍王均所部，與第六十一師楊步飛部，第一師無再留甘必要。乃於三月抄全師東移，由甘谷出發，經秦安清水越關山而東，經隴縣至西安，乘隴海鐵路，至潼關小駐，待命改編。時共軍已有一部份侵入山西，陳誠將軍方協助山西剿共，親來潼關洽請第一師派一部入晉，公迎

註一七　公弟仲，亦富才氣，傲兀自喜，頗以依公為恥，與夏丏尊、陳望道在師友之間，嘗與夏丏尊經營畜牧亦無成。張性白北伐時任第一師參謀長，與公兄弟皆莫逆，乃招之赴蘭，教護備至，公託經紀其喪，遂葬蘭州。

送於永濟，並派第二旅第四團至晉西南協剿。改編之事，雖中央委公自決，旅以西南有情況，又奉命暫不改編。公時統轄四旅十二團，人數甚足，公意編成三師之軍，而忌之者逕報中央宜編四團之師二，中央亦未從，旋以兩廣出兵，遂奉命入湘。

二、六月，兩廣異動，奉命移師長沙備禦。

民國二十四年夏，兩廣蠢動，旋以九一八日本侵佔我東北，國內外呼籲國難嚴重，不宜再啟兵端，故兩廣不敢進犯，至是又狡焉思逞，指責中央，稱兵犯順，前鋒已進至全州，公奉命率第一師三個旅進駐長沙，為控制部隊，師部初駐城東朱家花園，後移四十九標營房。

三、七月在長沙實施官佐機會教育，創辦暑期訓練班。

公對官佐短期教育，向極重視，在甘肅之日，部隊駐地分散，在潼關時為期亦短；惟在長沙待命之際，部隊集中，公乃規劃暑期訓練，而師部無線電管理主任王微，已先期在長沙東郊湘雅學校，開辦特種電碼暑期訓練。公見校內設備適合全師官佐訓練之用，遂命擴大為第一師軍官暑期訓練班，公自兼主任，范漢傑為副主任，詹忠言為教育長；軍官編為兩大隊，無線電人員為一獨立區隊，凡辦三期，緣此，第一師戰力之強始終勿替。

四、九月，兩廣事戢，衡湘解嚴，公率第一師回駐陝西咸陽，擴編為軍。

九月，粵空軍飛機二十四架反正，李白通電和平，陳濟棠亦撤回全州前進部隊，衡湘解嚴。公決定乘機進行改編部隊，而中央已部署清剿陝北共軍，命第一師仍回駐關中。九月杪，由長沙開至陝西咸陽、鳳翔一帶，師部駐咸陽打包廠，開始擴編第一師為第一軍。軍轄第一、第七十八兩師；師轄兩旅；旅轄兩團，公被任為第一軍中將軍長兼第一師師長，副軍長范漢傑，參謀長於達；第一師副師長李文，參謀長於達兼；第一旅旅長李正先，團長熊志一、楊定南；第二旅旅長詹忠言，副旅長嚴明，團長劉超寰、李友梅；騎兵團長蔡仲，砲兵營長劉雪非，輜重營長袁杰三，通訊連長戴宗逵。第七十八師師長丁德隆，副師長羅歷戎，參謀長吳允周；第二三二旅旅長廖昂，團長謝義鋒、許良玉；第二三四旅旅長李用章，團長晏儉、徐保；補充旅旅長楊德亮，團長廖鳳運、郭釋愚；騎兵團長馬戰文。第一師自辦無線電臺分配軍部二臺二所，第一、第七十八師各三所，無線電管理處即裁撤，王微去職。

五、十月，公率全軍於隴東剿共。

共軍入陝北延安，與土共劉子丹合股後，收繳各縣團隊武器，裹脅民眾，未及一年，擴至數萬人，奄有陝甘邊境各縣。我中央成立西北剿共總司令部於西安，派張學良任副總司令，指揮中央及陝、甘部隊清剿事宜；原在華北之東北軍，亦悉數調至關中。初期，張曾以兩師之眾北攻延安，皆至大小勞山間敗沒，自兩廣再度事變，匪更乘機竄擾隴東、寧南各地，赤燄大張。公奉命率全軍兩師入甘剿共，由隴縣越關山經清水秦安通渭、會寧前進，而匪已越西蘭公路北側逃入高原地帶；前無攔擊之師，一任匪縱橫馳逐，而高原之地深溝峻谷，不易迂迴，且匪所經，村落為墟，不見人迹，於給養嚮導在在艱虞；追至海原打拉池，我第一師第二團團長楊定南中伏陣亡，其後，匪有回竄陝西企圖，我軍繼續向東進逼，經豫旺進至紅水城。時孔令恂九十七師駐中衛，周祥初第八師在海原，皆歸公指揮，防共回竄，公自率兩師連戰於水晶堡、甜水堡、同心城、山城堡各地，戰況激烈，殲共萬餘，我第七十八師團長晏儉陣亡，第一師第三團團長劉超寰亦負傷；追至環縣，第一師第一旅已繞至大水坑，七十八師一部已繞至雞公嶺，向南壓迫。另以有力之加強營李劍仇部警備預旺堡，匪已全部就圍矣。然於此際，駐固原之東北軍王以哲部，竟與匪通聲氣，洩我軍情，我第七十八師廖旅急攻冒進，反有損失，正調整部署間，突接張學良電令，所有剿共部隊就地停止，聽候後令，於是匪遂從容逸去。

楊定南，湖南湘鄉人。軍校三期，初頗不任事；公任二十二師長時，觀其誠篤靜密，每鼓勵培育之，期以大成，不幸於此役殉職。

晏儉，江西修水人。軍校四期，十六年任二十二師連長，二十四年任補充團長，富於作戰經驗，此役為王以哲洩我軍情於匪，致使其乃中伏殉職。

六、西安雙十二變起，公以主力監視王以哲軍於固原，協同各友軍赴難。

十二月十二日，公接獲張學良所有剿共部隊停止待命之電令，正疑慮間，又接友軍通知楊、張叛逆，蔣委員長被脅之電訊，悲憤萬狀，乃在途中一小屋中召集就近師長、參謀長開會，有主張千里勤王，已屬不及，仍照原定計劃剿滅共軍者；亦有主張就食中衛，與孔令恂部會合者。公最後決定，以主力監視王以哲部，然後東移討逆。蓋公逆知劫持領袖，或非出於張學良之本謀；而張之主力，僅存王以哲一軍，如使其不得東歸，張必有所顧慮，可潛折其逆謀。乃令七十八師繞駐瓦亭、平涼、涇川之線，堵其東南去路；軍部及第一師進駐黑城鎮，取鉗形包圍態勢，王部如有異動，立予殲滅。部署方竟，適奉朱公紹良電，令向固原警戒，轉兵南下。於其時，駐甘中央部隊毛軍長秉文，首先推公統一指揮，駐寧夏之第二十五師關麟徵亦取得聯繫，討逆軍總司令何公應欽先生、前敵總指揮顧公祝同，皆電令公統一指揮在甘中央部隊，迅速東開。於是，各友軍於五日之內到達寶雞，與中央西進之師會合；公領銜與黃埔軍校同學二百餘人，通電討逆，警告張學良、楊虎城：「及早悔禍，泥首請罪於委座之前，俾委座即復自由，……萬一執迷不悟，使委座稍有差池，則吾全軍，勢必不顧一切，悉力以赴，絕不與執事及與執事者有關之任何個人，共戴天日於

此世……。」〔註一八〕

至十二月二十五日，張、楊在中央軍事之強大壓力下，終決定釋放領袖，張且親自護送領袖回京。惟西安事變使我政府剿共之努力功敗垂成，其後中共勢力在抗戰期間迅速坐大，甚至於事變之十三年後佔據大陸，是以該項事件實為中華民國命運之重大轉折點。由於中央決定停止剿共，公亦令部隊分駐隴東各縣，準備東開。

註一八　其文已刊當時全國各報，全文請參見《胡宗南先生文存》。

卷三

1937 － 1945

民國26年至民國34年

中華民國二十六年，丁丑，西曆一九三七年，公四二歲。

一、公率全軍移駐徐州、歸德間，調整人事，積極作抗日訓練。

雙十二事變解決，公命所部分駐平涼、涇川、靜甯各縣就食，並作短期訓練，四月間奉命東移。五月，全軍抵達徐州，軍部及第一師駐徐州近郊，七十八師駐歸德，兼負津浦、隴海兩路警備任務。西北補充旅，仍開駐蘭州，歸綏署主任朱公紹良節制指揮。

前一年第一師擴編為軍，公仍兼任第一師師長，編配未竟，奉命入甘勦共，故未成立軍部，仍就第一師師部原編制為軍部指揮機構；至徐州後，公辭去第一師師長兼職，由李鐵軍繼任，第一旅旅長李正先升副師長，旅長由劉超寰升任。第二旅旅長詹忠言調任為師參謀長，由曹日暉升任旅長，於其時，團長則為王應尊、楊傑、陳鞠旅、李友梅。七十八師師長丁德隆亦調任，由李文升任師長，副師長仍為羅歷戎、參謀長吳允周，周士冕繼廖昂為二三二旅旅長；李用章仍為二三四旅旅長，團長則為許良玉、謝義鋒、文于一、徐保。第一軍軍部成立後，副軍長為范漢傑，參謀長於達，副參謀長羅列，參謀處長胡長青，副官處長袁杰三，軍需處處長蔡翊祺，後改潘廷俊，特別黨部書記長沈上達。

公所部自二十一年秋，追徐向前入甘，除二十四年川西勦共，二十五年短期入湘外，在陝、甘達四年之久，公嘗以不得參與淞滬、長城作戰為憾！至徐州後，官兵習聞日本侵我種種暴行，極為憤慨，對宋哲元冀察中立化，尤為憎惡，敵愾心特強。公念中日必出於一戰，而所部頻年剿共，對日作戰，尚乏經驗，乃接受七十八師參謀長吳允周建議，舉辦「軍官短期訓練」；聘請陸軍大學教官馮龍、曾繼遠等人，及步兵學校教官四人，自旅長、團長至軍士，分別編隊實施戰術戰鬥等研練。以團對抗之實兵演習，為測定訓練之成效，歷時二餘月，全軍訓練完成，遂奠定抗日作戰之基礎。另五月間，蔣委員長特召公參加統一國內各派系軍官愛國思想的暑訓籌備工作〔註一〕。

二、滬戰發生，公奉命率全軍赴淞滬抗日，苦戰三餘月。

日本軍閥七月七日在盧溝橋挑釁，侵略我國，八月十四日又侵我上海，全國軍民乃在蔣委員長指揮之下，奮起抗戰。

公奉命率第一軍參加淞滬抗戰，軍部第一師由師長李鐵軍率領，八月三十日由徐州出發；七十八師由師長李文率領，在歸德上車。

日軍當時有鑒於上海閘北、虹口戰事在市區內進行，各國租界林立，大兵團無法運用自如；且敵我均據守高樓大廈，憑險固守，勢將曠日持久，對其不

註一　見蔣公五月十四日日記。

利；乃另調其本土精銳，改由寶山登陸，挾其現代化武器，及陸海空優勢，以戰車為先導，使用突破迂迴攻擊等戰法，擬將我國軍主力，誘集於野戰方面，一舉擊滅後，再向左迴旋，席捲我大上海，達其速戰速決之目的。

當時委員長命令指定全軍在無錫集中，適逢寶山楊步飛六十一師潰敗，夏楚中軍危急，我第一師至無錫，尚未下車，即由第三戰區前敵總指揮陳誠將軍令改東開，就寶山增援。至則夏楚中陣地已失，第一師遂奮勇應戰。

當時日軍以擊破中央嫡系部隊為目標，其主攻方向乃第一軍及陳誠之第十八軍。九月二日以後，七十八師各旅亦陸續投入戰爭，在毫無工事掩蔽之下，遭日寇陸砲及空軍轟炸，苦戰五晝夜，雖官兵血肉橫飛，然其寸土必爭，愈戰愈勇；尤其在顧家鎮之線，第二團團長楊傑、第四團團長李友梅先後陣亡，負傷者尤眾。

九月四日夜，奉命移守楊行至羅店之線，旋又轉進劉行，續苦戰半月之久，方調至崑山整補。時淞滬陣地寶山為一線；楊行、羅店為一線；張家樓、大場又為一線；蘊藻濱、北新涇等地屬之。九月中旬，公所部編為第十七軍團，公升任軍團長，羅列任軍團部參謀長，仍就第一軍軍部為指揮機構。由於部隊傷亡太大，在劉行時，曾補充陝兵二千一百人。十月上旬，公又奉命率部守大場，並增援蘊藻濱。第一師團長吳俊率兵四連，與敵激戰，毀敵戰車六輛，排列於我陣地前之敵戰車，不敢衝入我軍陣地，我右翼湘省部隊、左翼廣東部隊，均潰離陣地，我軍與敵軍白刃交鋒，雖受傷而堅守不移。

之副，令未下，寇已沿江北岸進犯，又命仍回浦口督戰。五日，公至浦口，日寇已攻南京。十日，分兵掠浦口，公率部擊卻之。十二日，首都陷落，十六日奉命在滁州布防，守一週，在滁北白米山擊退來犯之日軍。迄十二月下旬，奉命西進，年底至壽州，以後經阜陽、固始、潢川，至信陽待命。未幾，調公部駐守關中，於是，在信陽整理後率部入陝。

四、公為爭取陷區青年，沿途收容流亡學生千餘人，挈之西行。

公素重視愛護青年，念陷區學生青年決不願從敵從共，供其利用；第交通艱阻，無以自達革命抗戰之地，或有不得已而從敵從共者，公因電邀湖南青年陳大勳等，至滬囑其負責組織戰地青年。二十五年夏，公駐軍長沙時，湖南教育廳長朱經農先生，曾推介各校有領導才能優秀青年江國棟、陳大勳、彭書隱等二十餘人相見，公曾言「有一天抗日戰爭發生，我一定邀你們參加第一線；並希望青年們投筆報國」，至是招之來滬，遂在上海蘇州等地，動員一批青年與學校童子軍，成立抗日宣傳隊。後又在湖南組織一個青年服務團二百餘人，由

註三　公十一月二十日致電戴雨農云：弟刻又在無錫進入陣地矣，此次前方撤退各軍，秩序紀律毫無。官無鬥志，士多傷亡。吳福線尚不能守，澄錫線更無論矣，黃埔部隊多已打完，無人撐持，其餘當然望風而潰矣。第二期革命已失敗，吾人必須努力，培養第三期革命幹部來完成未來之使命也。

李芳蘭、洪同、陳大勳等率領。時共黨已在延安成立「抗日大學」，分遣黨羽四出宣傳，招致青年，頗有受其熒惑者；青年服務團得預備第七師師長曹日暉、政治部主任汪震之助，至信陽會合。在滁州時，曾收容當地青年，組織隨軍服務團，其後在途中，又收容徐州中學教員趙觀濤率領四百餘人；壽州又遇安徽童子軍教練官徐康民率領之流亡學生五百餘人。公皆優禮收容，隨軍西進，實為次年成立軍分校與戰幹團之基礎。

五、是年，十二月九日，公父際清先生棄養，壽州軍次聞耗，公至漢口請假奔喪未准。

公在軍日，每年皆乞假歸省，留家一、二日而已，自淞滬戰起，家報亦斷，際清先生遂於是年十二月九日，病逝里第，公在壽州方得家報，已踰兩旬矣。公至漢口，乃請假奔喪，奉委員長手諭：「孝豐陷落，道途阻塞，毋庸冒險回籍奔喪！」遂不果行。

六、公於是年與葉霞翟女士訂婚，以抗戰開始乃將婚期延後。

公父際清先生在世時，最關心者為公行年漸長，卻久不成婚，幸於是年春，公由摯友戴雨農先生介紹，與光華大學葉霞翟女士結織，二人一見鍾情，於六月訂情，原計劃於年內結婚，嗣以抗日戰爭既起，乃將婚期延後，公忙於作戰，葉女士則於光華大學結業後赴美進修（註四見次頁）。

中華民國二十七年，戊寅，西曆一九三八年，公四三歲。

一、公率部移駐關中，安定關隴，屏蔽川蜀。

公部自本年元月初到達信陽附近，時政府初遷武漢，原擬令公移駐武漢外圍，整理訓練，準備將來保衛武漢之作戰；而西安行營顧祝同主任，以為關隴居川蜀上游，第十戰區部隊皆新編成，戰力薄弱，如日寇由晉竄入關中；或共黨居心叵測，乘虛南下，皆足動搖抗戰基礎。以公久駐秦隴，尤為共軍所畏憚，人地最宜，乃建議政府令公統十七軍團所部移駐關中，固守河防，兼顧晉隴，屏蔽川蜀。於是公奉命率第一軍暨胡長青、胡受謙兩補充團，自信陽經南陽逐步西移，入陝後公率僚屬與千餘流亡學生進駐鳳翔，以東湖少數房屋為司令部，中央並派公為隴海路警備司令，公辭未就。

二、公健全幕僚機構，組織軍團司令部。

初，公在上海作戰，奉升為第十七軍團軍團長，戰鬥正劇，未嘗另組軍團司

註四　詳見葉霞翟女士著《天地悠悠》一書。

令部，僅報請調升羅列為軍團參謀長以為助；移駐關中後，公解除第一軍軍長兼職，由第一師師長李鐵軍升任，而令指揮友軍部隊固守鄭州亘靈寶之線；公乃在鳳翔另組軍團部，參謀長羅列、副官處長袁杰三、參謀處長傅維藩、軍需處長蔡翊祺、軍法處長洪友蘭、機要組長王育。軍團部初駐鳳翔東湖，後移西安永寧門外薦福禪寺，即俗稱小雁塔者。公初住西安建國公園，後移住東倉門之下馬陵董子祠，乃漢董仲舒墓前祠屋也。屋僅三間，中有塑像，以紙壁障之為會客進膳之所。公居東頭屋，簡陋殊甚，是年冬，乃始賃陵夏新華（註五）君房屋會客辦公。

三、公請於中央成立中央軍官學校第七分校，招收陷區各省青年，訓練軍事幹部。

自淞滬抗日作戰後，軍中幹部之犧牲極大。第一軍連排長存者不及什一，他部亦當相同。公念抗戰將為長期戰爭，軍政幹部必須大量培育，以資補充。其於前一年在無錫時已有此意，自至關中沿途已收容青年一千餘人，亟須先予訓練，於是請於委座奉准在西安成立「中央軍校第七分校」，公乃派羅列、吳允周、羅歷戎、袁杰三、張研田、洪軌等六人為建校籌備委員。先借鳳翔師範為

註五　夏新華為優秀青年軍官科技人才，任公之侍從參謀多年，忠心耿耿，處事精細，晚年定居美國，仍多次撰文懷念公之生平。

校址，至五月始移西安南部四十里之王曲。學生先考選去年收錄之千餘青年，繼又奉令接收康澤在王曲所辦之特種訓練班，顧希平終南山麓之江蘇抗日青年；編為第十五期第二總隊，李正先為總隊長，同時在冀魯豫等地招錄陷區學生數千名，成立第十五期三四五各總隊。自分校成立，中央軍校校務委員會延公為分校主任，顧希平為副主任，曾擴情為政治部主任，後為王超凡，曾乃調辦公處處長，吳允周為教育處長，袁杰三為總務處長，汪維恆為經理處長、趙立羣為軍醫處長，隊職官大部由部隊中副職調充；主任教官有張研田、余紀忠、洪軌、張大同、徐直民、淦克超、蕭思滋、林文淵等；政治教官有崔垂言、周天僇、李潤沂、張光祖等。余紀忠以政治部副主任兼主持《王曲雜誌》等編纂出版事宜，公經常駐宿王曲興隆嶺，主持校務。興隆嶺距王曲校本部約半里，張學良任西北剿共副總司令時所建之別業，有屋數間而已。

自滬戰後，無線電通訊人員奇缺，公命在鳳翔設班訓練為第四期。適前無線電管理主任王微回陝，任四十六師軍需主任，公遂命兼任班主任，後併入七分校第二總隊。

杭州中央警官學校校長趙龍文，抗戰事起，率部游擊，曾選送浙江青年四百餘人，公為爭取陷區青年，乃先後成立江浙皖鄂贛湘各地招生總隊，為成立第十六期之準備，陷區青年，聞訊亦多有遠道間關跋涉，自來投考者。

四、創設戰時工作幹部訓練第四團，收訓流亡青年，培育政工幹部。

共黨自抗戰軍興後，在延安成立「抗日大學」，叫囂宣傳，蠱惑各地青年赴延安受其利用，公以為將成國家之隱憂，必須防止之；而前隨軍西來之青年以體力不合不能入七分校者，亦宜安頓，乃商諸第十戰區司令長官兼省政府主席蔣鼎文，慨然允月撥五千人食糧，公復請於中央奉准於當年九月，在西安成立「戰時工作幹部訓練第四團」，團址借用西安城西南隅前東北大學之遺址；東北大學為張學良任西北剿共副總司令時，為收容東北大學生而建，有屋數十幢，可容二千餘人。男女兼收，凡被誘赴抗大之學生，皆勸導送入訓練，其後並訓練地方幹部，凡軍隊政工幹部皆取給於是。援例恭請委員長任團長，蔣長官鼎文任副團長，公兼任教育長，周士冕任副教育長，負團務實際責任，王大中任政治部主任，洪軌任副主任，袁亮甫任教育處長，汪維恆任經理處長，依克倫任醫務處長，吳錦清任總務處長，吳啓誠為祕書，汪伏生為政治總教官。其政治教官有劉亦常、常文熙、鄭伯豪、吳啓誠、汪伏生、洪軌、徐鎮南、江世義、王撫洲等，皆留學歐美，學有專長者。此外，如周天僇、崔垂言、連震東、徐熙民、厲广樵、翟韶舞、營爾斌、臧勃騄、劉啓坤、馬志鑠、王虞輔等，亦俱績學知名之士，大多為嚮慕公之德業，志願投效，以參加抗戰行列者，前韓國總理，韓國駐華大使李範奭亦曾任學員總隊大隊附。

乃奉委員長指示第一戰區：「應避免與敵在豫東決戰，即將主力向平漢路以西地區轉移，以保爾後之機動。」六月四日公奉第一戰區命令：「指揮第二十七軍、第三十九軍預備第九師、第三十六師、新編三十五師、第一〇九師，騎兵第二旅及第二百師之搜索營，於孫閣榮陽南北之線，佔領既設陣地，拒止敵人西進」。公率十七軍團於六月七日到達榮陽附近，九日開封陷敵，佔領中牟尉氏之日軍，分途進至白沙韓佐附近，企圖進攻鄭州，適黃河趙口花園口河堤潰決，日軍遂四竄。第一軍軍長李鐵軍，九日奉戰區命令兼任鄭州警備司令，指揮一〇九師李樹森，二十師張測民、二十五師鍾祖蔭旅、馬祿之騎兵第二旅等部，固守鄭州。公奉令於七月上旬率第一、第七十八、第三十六各師移駐汜水、鞏縣、孝義鎮集結整訓。

是役，公與六十一師師長鍾松曾獲頒華胄獎章。當面寇酋十四師團長土肥原賢二，原在我國製造東北事件者，自經此役，遂解除軍職，無復昔日顯赫矣。

蔣公另亦派公為青年團組織處長（註六）。

七、九月，日軍進犯武漢，公奉命增援，戰於信羅各地，殲敵五千餘，戰後仍回駐關中。

八月下旬，日軍華中派遣軍，進犯我政府所在地武漢，其第二軍之第三、第

註六　參見蔣公六月十七日日記。

十、第十六師團，由六安、固始、潢川公路遲撲信陽，公奉命增援信羅，阻敵西進。乃率第一、第七十八、第四十六各師南下，時在豫省之十六軍董釗部之二十八師及由四川東開趙錫光之一六七師等，皆歸公指揮。

九月十九日，日軍第十師團陷潢川，二十一日越羅山西進，公率各師迎頭奮擊，收復小羅山，迫敵羅山城下，敵死傷五千餘人。次日敵得第三師團增援，併力反攻，我各師奮勇迎擊，血戰兩晝夜，敵我傷亡俱大，乃命馬戴文以一營守信陽城，主力改守信陽附近，持久抵抗；而敵繞攻柳林及其兩側地區，友軍潰退。公奉命向信陽西北山地轉移，掩護西荊公路，並爭取外線，確保機動之自由，公遂沿桐柏山北麓布防。日軍自經信羅之戰，遂不敢西向。至十月下旬，武漢撤守，公方率各師由西荊公路回駐關中。

八、蘭封與信羅戰後，公奉令整編部隊，至是年終實際指揮節制者共有三個軍，九個師。

蘭封戰後，各部隊皆有損耗，中央為充實戰力，公之十七軍團奉命進駐洛陽整編各部。於其時，二十七軍軍長桂永清調任，四十六師師長李良榮亦去職，公荐范漢傑為二十七軍軍長，黃祖壎為四十六師師長，另編入四十五師劉進，預備第八師陳素農所部，合為三師六旅之軍。九十軍豫東戰後，其一九五師已編入九十八軍，一九六師師長胡伯翰亦去職。公荐升九十軍軍長彭進之為十七軍團副軍團長，而以七十八師師長李文升任軍長，劉超寰升任一九六師師長。

信羅戰後，六十一師隨公移駐關中，乃以該師與關中之二十八師、預備第七師，編為九十軍，守宜川至部陽之河防。第八師陶峙岳部、二十四師李英部，與一九六師，編為七十六軍。陶峙岳升任軍長，守洛陽迄靈寶間河防。一六七師趙錫光部編入第一軍。於是，十七軍團之戰鬥序列雖有第一、第十六、第二十七、第七十六、第九十等五軍，然二十七軍、預八師、七十六軍之一九六師仍在豫西，歸第一戰區直接指揮。關中原有之十六軍，歸第十戰區長官部直接指揮。實際在當時受公指揮節制者為三軍九師之眾。

九、是年冬，中央整理部隊，減少中間指揮機構，裁撤軍團部旅部，惟公之十七軍團部仍暫保留。

抗日戰爭事起倉卒，作戰部隊，率多臨時編組，假以事權，重以責任，故戰區以下有集團軍、有軍團、有軍、有師、有旅，層次既多，指揮運用，轉感遲誤。是年冬，政府遷渝，整理全國部隊，為減少中間指揮層次，裁撤集團軍以下之軍團部，師以下之旅部。公轄各師之旅部即遵令裁撤，原任旅長、副旅長，分調副師長與第七分校隊職。惟公之十七軍團部，因陝甘情形特殊，任務重要，奉令暫為保留。

十、蔣中正委員長以軍校校長之身份，於是年底首次蒞臨第七分校檢閱訓話。

蔣委員長於本年十二月二十四日，第一次蒞臨王曲視察七分校，檢閱後致訓詞，其中有云：「我們同倭寇抗戰已經一年半，死傷的官長、士兵共有一百零五萬人……各地民眾被倭寇在戰場所屠殺，在後方所慘炸，以及轉徙流離傷亡的數目，簡直無法計……你們今日的目的是什麼？本校長告訴各位，就是雪恥復仇，擊退倭寇……死心塌地，為國家民族犧牲奮鬥，使『民族獨立』、『民生自由』、『民權發展』，建立三民主義的新中國……在你們的主任和教育長領導督率之下，以大無畏的精神，打破一切困難……。」〔註七〕

中華民國二十八年，己卯，西曆一九三九年，公四四歲。

一、公大力爭取陷區青壯年，成立長淮招募處。

淪陷區青年不願從寇從共為其利用者甚眾，公曾大力爭取，收容學生一千餘人，並於前一年設江浙皖贛各地招生總隊，共得數千人；然其因道路阻梗，不

註七　全文可參見《王曲文獻》第一部七分校校史。

能自達報效國家者為數不知凡幾，尤其長淮地區，人口稠密，向為兵源所在，時中共正在其間發展，公慮如匪徒脅從，將大為我軍之害。因特設長淮招募處，分在河南、蘇北、皖北各地，多方招致陷區學生青年壯丁，分次送達關中。

二、成立甘肅四十二軍。

甘肅自二十二年第一師入甘後，即以第五團經常駐於蘭州。二十三年，朱公紹良為甘省府主席，以蘭州中央軍力仍過薄弱，不足鎮懾反側，商公成立西北補充旅。抗戰軍興，陝、甘為抗戰基地上游，尤須增加兵力維護後方。適去年冬，軍事委員會准在陝豫成立十個師，分配公成立四個師，乃由長淮招募處在豫皖蘇北招募壯丁外，在陝西多徵一萬人，甘肅三十七補訓處，成立三個團；於是，在天水成立四十八師，調參謀長羅列任四十八師師長，以甘肅保安部隊在甘東成立一九一師，楊德亮為師長，曹日暉之預備第七師已改為五十三師；另成立預備第七師，嚴明為師長，合編成「四十二軍」；旋楊德亮升任軍長，七分校教育處長吳允周，調任為一九一師師長。其後又成立第十八補充旅，由四十二軍參謀長徐汝誠為旅長，統歸朱長官紹良就近節制指揮。

三、開始訓練游擊幹部，成立西北游擊幹部訓練班。

自抗戰以來，失地頗多，而陷區之游擊，不僅能牽制日軍之兵力與行動，而維繫人民愛國之心尤為重要。公每有志經營陷區，組織敵後部隊，配合正規部隊之作戰；而幹部皆受正規軍之訓練，缺乏游擊戰術之素養，乃呈准中央，在西安南七十里之翠華山太乙宮，成立「西北游擊幹部訓練班」。又以湯總司令恩伯有訓練經驗，乃邀請主持訓練事宜，洽定教育由湯派員主持，事務由公派員主持，先成立四個隊受訓，學員亦分由兩集團幹部中逐次抽調參加，報請蔣委員長兼任班主任，白部長崇禧、徐部長永昌為副主任，蔣長官鼎文為教育長、公副之，湯總司令恩伯為總教官，辦公廳主任由羅參謀長列兼任，梁幹喬為政治部主任、總務處長游子青、教育處長熊克念、軍事總教官駱翰選，大隊長先後為曾潛英、夏季屏、熊志一等，政治教官有高承祺，軍事教官有姜禮宏、王異之、孟化一、陳誠之等，每期訓練期限六個月，學員先由豫陝部隊選送，然後及於綏察甘甯各省。

該班自二十九年後，由公任教育長，繼公者為陳大慶，其後為陶峙岳、繆徵流，共辦十二期，至三十四年結束，部份官兵併入第七分校。

四、蔣公關切公之學術進展，指定公之進修課程。

蔣公十一月三十一日之日記顯示，對公之學養進修甚為關切，一般亦以公之武德秉性既深為蔣公器重，蔣公既有心予以培植，將來必更有大用。

中華民國二十九年，庚辰，西曆一九四〇年，公四五歲。

一、夏。五月，第十七軍團擴編為三十四集團軍，公晉任為總司令。

時公所統十七軍團，除原轄有第一軍第十六軍等軍外；另有歸公督訓整補者如第七十一軍，及由河南山西各地作戰殘破之部隊調入關中，歸公整補；如九十八軍劉希程部等單位甚多，公之任務甚重，於是，中央將公所部十七軍團擴編為第三十四集團軍。其時建制為第一軍陶峙岳、第十六軍董釗、第九十軍李文等三個軍，歸公指揮者七十六軍李鐵軍，新十二軍劉元瑭及騎三軍；歸公督訓者四十二軍楊德亮，新七軍曹大中，二十七軍范漢傑，騎兵師馬祿及十九、三十六兩補訓處。集團軍總部仍駐西安永甯門外之薦福禪寺，俗名小雁塔者。總部人員其參謀長羅澤闓，參謀處長李汝和，副官處長游子青，後為李則堯，軍需處長蔡翊祺、軍法處長孫仁山（大陸淪陷後在杭被殺），機要組長王育，後為王微，祕書先後有徐先麟、宋文翰、白心鏡、陳碩。特務營長繆寶琳、通訊連長濮存詳。另設長淮招募處處長劉先臨，副處長謝振華。

二、九十軍援晉，收復侯馬河津稷山汾城等地。

去年冬，日軍進犯晉西，公奉令派隊增援，乃命九十軍渡河東進，至本年六、七月間配合第二戰區反攻，六十一師鍾松部攻克侯馬，一〇九師胡松林部收復河津、稷山，五十三師曹日暉部收復汾城，殲寇甚眾。至是年底，陝北共軍蠢動，佔我馬欄、郇邑，乃請於軍委會將九十軍調回，擔任宜川、違城之河防任務。二十五年，陳誠將軍協助山西剿共時，曾親來潼關第一師請派兵協助，公遣第二旅第四團入晉，收復晉東南各縣，故此次為公部第二次援晉也。

三、日軍犯晉東南，公奉命增援第一戰區之作戰，乃派二十七軍入晉。

六月中旬，日軍已數度進犯晉東南，連陷長子、長治、高平、襄垣等縣，第一戰區長官衛立煌請於中央由關中派隊增援，公乃命二十七軍軍長范漢傑率第四十五師劉進、第四十六師黃祖壎、預八師陳素農部東開，分別由白坡、白浪渡河，經垣曲越王屋山陽城而進入沁水高平太岳山區。九月間連克長治、長子等縣，日軍不能當，乃施放毒氣以止我軍攻勢。是時雖已恢復原態勢，而衛長官企圖消極，未再揮軍前進，而中共朱德十八集團軍亦踞高平晉城各地，與我中央各軍及第二戰區防守之部隊犬牙交錯，共軍每與日寇暗通聲氣，於是我二十七軍遂處於兩面戒備之中，歷二年之久。按此為第三次援晉。

四、公與隱居華山惟心繫國事之天德教涵靜老人李玉階先生訂交

上年十二月，公初會隱居陝西華山的天德教涵靜老人李玉階先生於華麓玉泉院，縱論國事，乃訂交，李先生曾贈詩予公：其一，

「靜裡乾坤會風雲，玄機奧妙初談君，
箇中求得真消息，戡亂扶危許將軍。」

其二，

「華麓識英雄，天人一貫通，憂時心共苦，救世願齊洪，
重寄關中鎮，神奇嶺上功，時來風送曉，靖寇定元戎。」

本年春，公曾致函李先生，強調「先生以方外之人，久棄塵俗，而乃惓懷國家民族，忠藎不渝，非特儕輩所難求，即古今方外史乘中，亦所僅見，宗南與先生道雖不同，情無二致，每瞻華嶽，輒令神馳……。」繼於五月二日率蔣竹三課長及副官二人登臨李所居之懸崖峭壁，極難攀登之「大上方」，就國內外局勢暢談，交換意見，李先生見公所著鞋履山間行走不易，特將其夫人手織之布鞋相贈，俾公穩步下山，一時傳為佳話〔註八〕。

註八　本項參考「李玉階先生年譜長編」。

中華民國三十年，辛巳，西曆一九四一年，公四六歲。

一、戰區變更，公所統三十四集團軍撥歸第八戰區節制指揮。

抗戰初起，西北成立第八、第十兩戰區。第八戰區長官司令部駐蘭州，第十戰區長官司令部駐西安。公部自二十七年入陝後，即隸第十戰區。至是，第十戰區裁撤，白河以西，秦嶺以北，皆歸入第八戰區；公所統第三十四集團軍第一、第十六、第五十七、第七十六、第九十各軍悉隸屬第八戰區，受朱長官紹良節制指揮。公自二十二年統第一師入甘，未幾，朱公來任甘肅省政府主席，兼駐甘綏靖主任，又共同敉平孫魁元入侵之亂，朱公素器重公，愛護依畀尤深，公亦奉命惟謹。公在隴南行政教育建設諸措施，於朱公政治聲威均有助益，故自戰區變更後，關中之事，一以委公，而公之志業遂日益恢宏矣。

二、日軍時有蠢動，公積極訓練部隊，部署關中作戰。

元月十八日，公在小雁塔總部指示準備作戰事項，關於計劃、訓練、通訊及糧食，汽油之儲備等均有規劃。二十日西行視察部隊，十時到耀縣，下午五時到宜君。二十一日檢視二十八師。二十二日七時到中部，偕行政督察專員余致中縣長孟若峒，騎二師師長馬祿同祭黃陵，遊黃帝廟。二十三日到安吳堡，對十六軍長官點名訓話。二月二日，公策劃秦嶺根據地及晉南、隴東工作方案。五月四日，公調二十八師增加河防，守大慶關，而將七十八師調部陽為戰略預備隊。五日調整暫五十二師、暫十五師陣地，由總部墊款五十萬元，構築各地城防工事，為固守西安、咸陽、三原之準備。二十四日公至潼關視察工事。二十五日至朝邑看老黃河第三陣地及朝邑外城工事。二十七日至部陽，對七十八師長官訓話後，至韓城之禹門上帽子山視察工事。二十八日視察南麓陣地後回至大荔，二十九日在大荔與部隊僚屬研究殲滅日軍傘兵部隊之對策。三十日在總部檢討河防部署及南山準備事項，三十一日視察咸陽工事位置，在茂陵講評。七月間，公再度東行，二十二日檢查潼關老牛頭工事。二十七日檢閱獨立渡河工兵第三團。二十八日檢查朝邑城防工事及大慶關平民縣陣地。二十九日在朝邑講評。八月十九日公再度視察咸陽工事。九月二十三日，公第三次視察朝邑大慶關工事，令工兵第三團舉行架橋演習。二十四日視察潼關砲兵陣地。十一月十三日，公督僚屬積極進行南山屯糧屯彈，及臨潼滻橋南山等地接合部與西安巷戰工事，並令南山屯糧。先是六月間公電請中央撥款八千萬元，一次屯糧二百萬包，未成事實。

公平生每以「生於憂患，長於戰鬥，成以艱苦，終以道義」自勵，亦以此教育部屬，其對軍校第七分校學生精神教育戰鬥教育，特別加強注意。元月十日在王曲會報指示：一、大隊附以及帶隊官長，軍政主任教官、教育隊附，副主任以上，每週須給工作檢討一篇，二、校部每週應有講演會，造成每一兵種、每一科目均有幾個以上權威專家，三、大隊以上教育處應提出應讀書籍。三月四日公在學員總隊講「戰場之創造和戰術之運用」〔註九〕，十七日，在集合總隊升旗講「人生最可怕二十一條」及「當你為難時」十條〔註一〇〕。茲依公日記中原稱，以存當日之實況。十八日講評七分校學生講演比賽會，會餐後，講「自殺十一條」。五月六日豫南吃緊時，公曾決定以第九總隊、軍官總隊、教導第一、第二兩團守西安城防。十一月，七分校〔註一一〕各總隊在王曲附近賈里村演習城砦攻防戰，公親在河西大操場講評〔註一二〕。

註九　公於三月二日日記曾記云「戰場之創造和戰術之運用」一文完成。

註一〇　按「文存」載有「人生最可怕的缺點」二十一條，以及「當你在最困難的時候」十條，可能為後來改正者。

註一一　按，公對七分校教育極為注意，平時亦以宿七分校所在地王曲之興隆嶺時為多。編修者按，有關中央陸軍軍官學校王曲第七分校資料，王曲分校在臺師生已於民國八十年出版七冊《王曲文獻》，詳細記載王曲分校師生對國家的貢獻，包括第一冊《第七分校校史》、別冊《師生名錄》，第二冊和第三冊為師生專集、第四冊《胡宗南上將專集》、第五冊和第六冊為《抗日戰史》、第七冊為《戡亂戰史》。

註一二　陸軍軍官學校校史分為廣州草創的黃埔時期、北伐成功後的南京時期、對日抗戰的成都時期、以及遷臺後的鳳山時期。王曲第七分校是對日抗戰時，民國二十七年成立的（請參閱本書民國二十七年）。據《王曲文獻》劉安祺上將序，淞滬戰後，胡宗南將軍奉命撤離淞滬前線，開赴後方整補，沿途收容愛國青年予以訓

三、動員總指揮部之成立與裁撤。

本年初，關隴僅公一個集團軍，轄有三個軍，而作戰地境東起陝州，沿黃河西進，直北至宜川，計長一千一百華里，為抗日河防戰線，自宜川沿黃龍山北麓，經洛川囊形地帶至甘肅之環縣，為陝北隴東封鎖線。最初沿線僅各有少數守軍盤查招待過往軍民，自前年新四軍叛變後，加強戒備，始有封鎖線之名。計長一千三百華里；而戰區西境接河西走廊，南沿秦階漢沔秦嶺而至伏牛山，東西三千里，南北七百里，中包蘭州、西安兩市，與岷、洮、武、都、天水、平涼、寶雞、雒南、龍駒寨等戰略要地。頻年以來，東則警訊頻傳，時有增援之命；北則共軍狡頑，更煩鎮懾之勞，而地居戰時首都之上游，動關抗戰之成敗，而公以一個集團軍擔撐其間，每感防廣兵單，左支右絀，苟不能阻敵之西犯，匪之南侵，關中一有動搖，西北遂至糜爛，此豈尋常軍事得失之所能計哉？公深思焦慮，尤以抗戰以來，名為全民抗戰，而民眾亦未動員，甚至軍隊苦戰於前，民眾逃散於後；例如淞滬戰役，難民塞途，反礙軍隊行動，敵間謠

練，「二十七年三月將已經受訓之兩千餘愛國青年集中於陝西鳳翔，成為中央軍校第十五期二總隊，接受黃埔怒潮的革命洗禮，是為創校之肇始。」後來七分校本部移遷王曲，歷經十六期、十七期、十八期、十九期等班次，到二十一期抗戰勝利、民國三十五年王曲分校奉命結束（請參考本書民國三十五年）。

言一起，村民逃亡一空，軍隊不得民眾支援，轉以影響士氣，如能善用民力以配合軍隊作戰，既乏後顧之慮，更得支持之力。二十一年在霍山三王河剿共，組訓民眾抗匪自衛，成績至佳，可為例證。緣此迭與僚屬梁幹喬、蔣堅忍、顧希平、羅澤闓等籌商組訓民眾，協助守備辦法，轉請於蔣鼎文長官，亦准辦理。自元月十四日得第三戰區解決新四軍之訊，更慮陝北有所蠢動，戒備不能不嚴，乃於二月上旬開始組織動員指揮部於西安市崇廉路；蔣長官兼任總指揮，下設四處及邠洛商同兩區指揮部；邠洛區指揮部設耀縣，訓練動員封鎖線以南各縣民眾，梁幹喬任指揮官；商同區指揮部設大荔，訓練動員河防以西各縣民眾，蔣堅忍為指揮官。邠洛區境既遼闊，關山隘口，皆與陝北共軍共之，匪隨時可以度越，需兵尤眾，梁幹喬苦心擘劃，先訓練沿線保甲長以束伍、盤查、清諜、交通運輸諸法，依次及於當地之壯丁；由北而南，由急而緩，數月之間，成效大著，中共大不便之，遂縱反間播為謠言，或捏造姓名，控訴梁指揮官，譸張為幻，無所不至，而蔣長官不為所動也。六月下旬，蔣、熊對調任職，蔣長官交卸陝西省政府主席改兼西安軍令部辦公廳主任，而熊斌由西安辦公廳主任調任陝西省政府主席；熊於接事之初，即以動員指揮部妨礙陝政之統一為言，公數詣熊邸解釋之。至九月，熊調蔣堅忍為大荔第三區行政督察專員，暗示停止動員訓練之事；如必需者，亦須以專員名義行之。旋重慶來電，亦以為言。十二月二十日，公尊重熊主席之意，準備撤銷動員總指揮部。二十一日，軍政部派駐西安辦事處主任猶國材，八十軍軍長王文彥等，皆以民眾動員工作不宜中斷，猶主任更力言兩區動員工作成績甚佳；二十五日，公令參謀長盛文，建議邠洛區動員指揮部裁撤後，仿商同區例派梁幹喬為耀縣第四區行政督察專員，熊亦不允，堅持動員指揮部與區指揮部一律裁撤，陝北民眾動員工作，遂於是年年底結束。訊至延安，中共領導人等舉酒相慶，謂：「比之打一勝仗更有價值」云。

四、日軍在豫晉蠢動，公兩度派軍東援。

五月十日，公得晉南中條山之役，新二十七師潰敗，師長王俊陣亡，孔令恂已率隊過河之訊，慮日軍乘機南犯，乃派七十六軍李鐵軍部，當晚東開至潼關附近，為增援第一戰區之作戰〔註一三〕。

至十月上旬，日軍犯豫，鄭州失守，公命七十六軍軍長李鐵軍率部開豫；七日又令一六七師開陝州，交李軍長指揮；九日李軍至靈寶，日軍未西進；十一月一日奉蔣委員長電諭：「鄭州之敵後退，李軍回防，密令警備陝北共軍之蠢動」。七十六軍乃於十一月上旬回駐關中，至此已為第三次援豫矣〔註一四〕。

註一三　一九六師自民國二十七年久守孟津河防，此次日軍蠢動，全師東開張茅，由副師長葉成率五八六、五八八兩團至茅津渡，與日軍遭遇，損失甚重，乃退守黃河南岸。旋令往關中整理。

五、公擬將陝甘及河南部份部隊編為三個集團軍，公統其一，一再呈報，本年未能定案。

四月以後，晉豫各地戰後須整理之部隊陸續開入關中，交公整補者如新七軍、二十七軍、八十軍，及四川調關中歸公督訓者如新十二軍等；一時由公統率者有十二個軍之眾，而三十四集團軍建制則為第一、第十六、第九十等三軍，已超建制兩倍，軍委會以為言，忌之者尤眾，於是公於六月二十七日呈請編為三個集團軍，以第二十七、第三十六、第七十六、第九十三（九十三軍駐洛陽附近，屬第一戰區）等編為一集團，以宋希濂為總司令，劉戡、李鐵軍副之，以第四十二軍駐蘭州歸八戰區長官部直屬，第五十七軍駐甘肅東部。第八十軍及新十二軍為一集團，以王敬久為總司令，李延年、董釗副之；以第一、第十六、第九十軍及騎兵第三軍為一集團，公繼任總司令，陶峙岳、范漢傑副之。

七月十七日，公奉委員長銑電，對於六月二十七日所呈編組三個集團軍計劃認為未妥，公研討再三乃以巧電呈復，以第三十六、第七十六軍及新七軍編為一集團，宋希濂任總司令，李鐵軍副之；以第三、第四十二、第五十七軍為一集團，曾萬鍾任總司令、陳鐵、范漢傑副之，以第一、第十六、第九十軍為一

註一四　二十七年五月，有豫東蘭封之戰，九月有豫南信羅之戰，此次雖未與日軍交綏，但師至豫西待命，亦增援之舉也。

集團，公仍任總司令，陶峙岳、董釗副之。同時請以一九一師師長吳允周調任騎兵第三軍副軍長，總司令部參謀長羅澤闓調任一九一師師長，預備第三師師長周開勳為第五十七軍副軍長，王繼祥為第三師師長，王之宇為第十九補訓處處長；至是年冬，各軍、師長皆已奉准，而各集團軍編組仍未決定。

六、延安毛澤東致電予公，甘言合作。

六月七日延安毛澤東致電予公及衛立煌（時任第一戰區司令長官），甘言合作與解決國共過去糾紛（註一五），衛長官於八日來電話，告以委座之復示；九日，衛與公復通電話談該電善後事。

七、日軍進犯晉西東龍門山失陷，公積極備戰，日軍聞其有備遂未西渡。

十月二十五日，日軍在河津增兵。二十七日進犯東龍門山，經我守軍激烈苦戰，東山、船窩、史家灘，仍告陷落。二十八日下午二時，帽子山、夏嶺亦失陷；但至三十日，東龍門禹廟、龍門山西端及斜面陣地，尚為我軍所保有，渡口亦為我軍所控制；我軍反攻獲捷，至三十一日，我軍已確保禹廟，控制渡

註一五　參見蔣公日記中曾提及此事。

口。

十一月上旬，日軍仍不斷增援西犯，守軍預備第一師第二團團長夏姚村不遵指示，擅自變更陣地；十一日，東禹門遂全部陷落，公慮日軍將由韓城渡河，乃調預備第三師接替河防，九十軍集中集義鎮附近；十二日，派陶峙岳為河防總指揮，令其於一個月內完成戰場一切準備；十三日晚，公召河防總指揮陶峙岳，河防總指揮部參謀長曾克毅，總部參謀長盛文、參謀處長李汝和指示東龍門失守後，應盡一切力量鞏固河防工事，確保戰略據點；韓、郃、集義鎮等處由陶總指揮負責，限一月內完成工事及戰鬥準備，並令將夏姚村槍決，為喪師失地戒，河防益為肅然，日軍聞公有備，遂不敢西犯。

十一月二十三日，日美談判破裂。十二月七日，日本海其空軍偷襲珍珠港；八日，美英同時對日本宣戰。九日，中國對德義日宣戰。

八、成立本集團軍將校訓練班於王曲。

公以各軍羣集關中或戍守河防陝北或補充整訓，其團長以上軍官，久缺訓練，而思想意志尤須統一，乃擬於王曲成立第三十四集團軍將校訓練班，每期集訓十五日，並請朱紹良長官蒞陝主持。第一期自十月二十五日開始，十一月七日結業。第二期自十一月十七日開學，十二月一日結業。公每日清晨參加升旗訓話，下午參加各項戰鬥演習。二日，朱長官回蘭州，公迎送至咸陽。公十二月二日日記：「五時三十分同車送至咸陽以西高原，承示數事：『㈠黨國前途，決於本集團軍建軍能否成功為準。在建軍未成以前，應避免一切之磨擦，現事功未成而各方皆已畏懼，甚為不當。㈡在軍事上，應有共肺腑肝膽之人；而在政治上尤為需要，應竭力物色。現在所有之人，大都招搖，招搖之人決不能共患難。㈢經濟人才，一無所有。辦大事而無經濟之人，如何能成。㈣本地人極力存貯而寶貴之。㈤應有師友，方能有成。㈥山西情況如何，不宜派兵過河。一過河而敗，敵人隨之過河，關中坐敗矣，且過河不能消滅敵人，亦不能拔一據點也。㈦異黨南下之時機，在河防失敗以後。不失敗不致南下，現時收復囊形帶，亦殊不當』。」

是年，公命七分校三十四集團軍總司令部舉辦之短期訓練，尚有第一期、第二期砲兵訓練組，戰術研究班（在王曲黃埔村），集訓總隊，邊區語文班，第五、六期通訊訓練班，重武器訓練班，第三期參謀補習班等，公皆不時點名訓話，主持開學或結業式典禮。

九、是年，長官朋舊之蒞臨關中者，公皆熱誠禮接。

長官有何總長應欽、朱長官紹良，三月八日偕孫連仲、蔣緯國來陝，公迎於車站；十六日，侍何總長至華縣檢閱第一師，臨時變更檢閱科目，伏兵戰及士兵問答小動作等；十七日在華陰送何總長東行；十八日迎朱長官至常甯宮，並檢視河西大操場，對學生訓話，九時偕王宗山、蔣緯國陪朱長官遊大臺；十九日至咸陽送別。八月一日，軍令部徐永昌部長蒞陝，公謁於臨潼。元老有張繼先生，五月十四日蒞陝。于右任先生，十一月二十四日回陝。公皆至車站迎送。

外賓方面，美國新聞界羅斯夫婦五月十六日由董顯光副部長陪同來陝，公偕往赤水參觀部隊演習，由戰幹第四團招待，並至車站送別。

公私友誼相見宴集者為數殊眾，計有賈景德、朱家驊、虞洽卿、辛樹幟、江一平、谷正倫、劉廷芳、衛立煌、魯蕩平、滕書同、秦啓榮、郗恩綏、高一涵、李嗣聰、楊思誠、陳牧農、馬毅、劉真、葛覃恩、白濡青、黃臚初、凌鴻勳、孫連仲、李人士、徐世等。同學常住西安經常相見者則有潘佑強、俞墉等。

公於本年元月十五日，曾到西峽口會晤湯恩伯總司令，午後同謁別廷芳（註一六）墓。六月二日，為調回二十七軍軍長范漢傑事，親赴洛陽見衛長官立煌；三日四時相見於金谷園，七時衛介見共黨代表郭人軒。元月二十五日曾在大興善寺（註一七）晤朱慶瀾將軍。九月二十六日曾參加張

註一六　別廷芳（一八八三－一九四〇），字香齊。時為南陽抗敵自衛團司令。

註一七　大興善寺，其寺距西安永甯門二華里，距小雁塔總部半里，密宗名剎，為唐僧玄奘翻經處。

季鸞之追悼會。公與張季鸞氏二十五年訂交，張每對人言胡師長為中國最有希望之新軍人。

十、經略西北各地，籌劃策反與敵後工作。

二十七年夏，公由豫西進駐關中，僅一軍之眾，旋增編成九十軍、十六軍、七十六軍，共轄有四個軍，至本年調至關中歸公整補督訓之軍，及原有四軍，共達十二個軍，隱然為一方重鎮。公以國事為己任，尤以經營淪陷區策反偽軍，與共黨爭取青年及邊遠地區之防衛皆有所擘劃。元月十二日，公派郝鵬舉赴包頭，策動偽軍反正；三月二日，公曾致函孫殿英勉以大義，並派魏惜言赴綏遠聯絡，二月二十五日適七分校主任教官洪軌、戰幹第四團辦公廳主任邱是膺報告，選定學生五百人經營淪陷區工作。二十六日約見蕭湘、楊永年、陶峙岳、劉仲逖、楊爾瑛、羅澤闓等，討論淪陷區內工作問題，旋以糧餉無法解決，事不果行，而公仍計劃晉南、晉東南戰幹四團學生敵後工作隊編組，亦因晉、豫兩方不同意而止，惟對秦啓榮之回山東，公仍力予資助；對定遠營事，公亦派譚輔烈主持，曾與羅歷戎、劉林等多所籌議。榆林孤懸陝北，時為中共所覬覦，公慮之尤深，乃派董釗前往長期聯絡，雖當時未有顯效，而後皆得其力也。

中華民國三十一年，壬午，西曆一九四二年，公四七歲。

一、公奉命赴山西克難坡見閻錫山長官，傳達中央意旨。

民國二十九年三月，汪精衛政權在南京成立後，山西之閻錫山由於其親信薄一波率部投共，乃有意與汪政權及日方妥協合作，以共同剿共，蔣委員長為此甚感憂慮，除於民國三十年十一月派賈景德前往力勸，並親自嚴詞申戒外，亦令公派九十軍（軍長嚴明）之六十一師自陝東渡黃河，在東岸建立據點，以監視閻之行動（註一八）。

元月十五日，公經部陽至韓城查看西禹門工事，十七日奉委員長電話諭：「閻長官要你過河，你可去也！如日寇壓迫二戰區，我可多派部隊過河」。十九日下午四時至宜川，決定偕陶峙岳、許用修、馮龍、李汝和、賈貴英等同行。二十日啟程赴克難坡，經十里坪秋林至桑柏，閻派騾馬下山來接，過鐵索橋經龍王廟、壺口、馬糞堆而至克難坡；克難坡者，閻長官經營兩年之據點也，依山為窰，多不可計，約可容數千人。至山口，門顏曰「鐵崗」，騎馬上山，馬力不勝，乃步行，時克難坡上數千人在山遙望，王靖國、郭載揚、孫萃

註一八　以上可參考前總統蔣中正先生之日記。

崖、趙承綬及軍樂隊，皆在砦門口迎候，同至招待所，下午六時閻長官召宴，宴畢談話一小時半〔註一九〕。二十一日見梁化之、王之傑。十時閻再約談一小時半，十二時見趙戴文，下午三時談話兩小時，六時應趙戴文之宴，座有各總司令及梁化之，八時洪爐演劇。二十二日六時離克難坡，王靖國、孫楚、趙承綬、郭仰汾、楚溪春、梁化之等先來寓送行，至砦外，中途趙戴文以七十六高齡，有病之身，亦來送別〔註二〇〕。至砦外時軍樂悠揚，乃與送者握別，馬燈前導，緩步下山，天明乃就道，騎馬至壺口〔註二一〕。十時，至桑柏午餐，乘汽車回宜川，二十三日回韓城，令九十軍軍長李文乘河凍時期準備一師或二師之眾，收復師家灘及船窩〔註二二〕。

註一九　公日記：「閻長官態度從容，言辭謙下，精神旺盛而動作適當」。

註二〇　公日記：「其熱烈忠誠與對中央熱望之忱，現於顏色，見於行動，真有『桃花潭水深千尺』之感」。

註二一　公日記：「飛沫如霧，萬馬奔騰，真偉觀也，黃河雖屈冬眠，亦在怒吼，吾輩軍人，能不興起！」。

註二二　按，閻錫山長官在與公談話時，一再對中共勢力的長大表示憂慮，認為八路軍不停止發展，會從漸變到突變；中國如赤化，加上蘇聯的技術，將可統一世界；他強調別人不反共，只有他反共。對付日本不能靠軍隊，而要在政略上求出路；另，對公寄予厚望：「我知道，我相信，宗南是國家繼續的人。」公則在談話中對閻之寵愛深表感謝，認為「中國是在戰鬥中成長，是在艱苦中復興，為任何力量……所不能摧毀」，並以克難坡地近前線，盼閻遷到黃河西岸。

二十六日，公在韓城自撰電文，呈報河東情形，強調克難坡距師家灘前線僅九十里，環境艱苦，器材缺乏，敵人一夕之間可以到達，故懇請蔣委員長指令二戰區長官部遷入關中，移鎮宜川，致力軍政，並及經濟，並責以收復華北之任，近戰退守，皆極從容。

二、三月，公兼任西安辦公廳代主任。

二十八年調整抗戰軍事部署，除原設戰區外，另有各地軍事委員會委員長行營，在西北者為天水行營，設在西安，原定設在甘肅天水，故名天水行營；後因其地偏遠，乃設在西安市，統轄第一、第二、第八、第十及冀察蘇魯等六個戰區；至二十九年六月裁撤，改設軍令部西安辦公廳，主任初為熊斌，至本年三月，熊調陝西省政府主席，中央任命朱長官兼任西安辦公廳主任，公兼任代主任，三月二十三日，谷正鼎等迎公至五岳廟門街西安辦公廳代行廳事。

三、八月，公奉召赴蘭，隨侍蔣委員長視察河西等地，並籌備西安會議。

公於八月十三日接獲侍從室通知，十五日在寶雞候機飛蘭，十六日上午九時晉謁，十七日陪侍蔣委員長至西北訓練團訓話，十八日至興隆山見及夫人，十九日陪侍遊棲雲山，宿興隆山廟中受寒患病，至二十五日方能起行，二十七日隨朱長官先飛酒泉宿嘉峪關招待所，二十八日在酒泉迎候委座與夫人，晚奉指示鞏固邊疆及推進新疆工作之要點；並訓示：「蘭州為吾國政治中心，張掖為地理中心，汝等不可視為邊疆而言辛苦」。二十九日侍委座視察嘉峪關新編第十八旅徐汝誠部、邊疆青年訓練班、行政單位、甘肅油礦。

三十日侍委座飛張掖。委座在休息室中指示：西北部隊第一件事即為經營地方，辦理交通。有志氣有魄力之人，才能按部就班，實事求是。三十一日侍委座校閱譚輔烈騎兵第十師，騎兵分校。又自張掖飛武威視察葉成之五十八師，召集韓錫侯、葉成、范誦堯等開會，指示建設嘉峪關猩猩峽肅州酒泉等地，九月一日自武威飛蘭州，隨飛寶雞，專車回西安，籌備西安會議。

西安會議於九月六日開幕，十日上午閉幕。其中特於九月七日蒞臨王曲七分校主持紀念週並致訓詞。

委座在開幕時訓示，西北不僅可作抗戰的基礎，而且是建立國家最主要的重心。現在幹部缺少，除了軍事幹部以外，其他政治交通幹部太少，所以現在各高級將領自己還要學作經濟政治幹部，上面無指示，我自己來幹……有了土地，物產，人民、士兵統由高級將領統率來幹，我們不會失敗的，以勤儉兩字作最後勝利的基礎。

其後每日親臨主持，聽取各戰區各軍師長報告，會餐訓話指出，現在軍隊的紀律、士氣皆低落，不如從前，訓練亦不如敵人，故我們必須每日自省，將領要視士兵如子弟。

十三日隨侍委座遊翠華山，祭張季鸞墓，十四日傳見，在常甯宮望遠亭門攝影，下午恭送委座飛渝〔註二三〕。十五日招待西安會議人員參觀七分校演習，十八日陪李宗仁、張治中、劉士毅、何柱國、劉茂恩至赤水七十八師閱兵，參觀幕營及各種演習，甚獲各方好評。

另，蔣公日記八月十四日記載，軍訓部長白崇禧校閱各部隊，以公之第一軍最佳，且超過第五軍，蔣公深以為慰。此種心情，蔣公於前述在九月七日第二次蒞臨七分校致訓詞時，亦明確表達：「……這次軍訓部白部長視察各軍事學校以後，曾經打電話給我，說七分校成績最好……我聽到了，比打了勝仗都高興，都快活……大家無論在什麼時候，都要確實要勵行我們『親愛精誠』的校訓，不僅官長學生要『親愛精誠』，團結一致；還要拿我們官長學生『親愛精誠』的精神作中心，團結我們全國軍隊以及全國民眾的力量，使成為一獨立自由平等的國家」〔註二四〕。

四、十一月，公騎馬傷足，月餘方癒。

十一月二日，七分校軍官總隊集訓開始。六時，公由興隆嶺騎馬至河西大操場主持升旗點名講話，中途馬驚跳躍，公墜地傷足，公未之顧，升旗點名訓

註二三　按蔣公日記記載，山西閻錫山未敢應召前來參加西安會議，卻派其曾受命赴太原與日方接洽之代表趙承綬將軍，赴西安見蔣公。另共黨之林彪亦未參加。

註二四　訓詞全文錄於《王曲文獻》第一部七分校校史。

話，測驗學生；至八時方畢，十時又至政工訓練班訓話，久立數小時，左足傷因而腫大加劇，午，又召宴丁樹中談話至三時，方延醫治療，遲誤已久，遂不能行動。次日蔣鼎文長官聞之，推介洛陽傷科名醫郭燦若來治半月，室中勉可步行，而腫未退，後改西醫，又經電療，至十二月中旬方癒。

五、是年，公所部及督訓部隊分編為三個集團軍，人事調動特多。

元月八日起，公繼續研報關中部隊，分編三個集團軍之人事配當事宜，至三月間始，奉核定擴編為三個集團軍，公以第八戰區副司令長官兼三十四集團軍總司令駐關中，轄第一、第十六、第九十等三軍；陶峙岳為第三十七集團軍總司令，駐三原，轄第三十六、五十七、八十等三軍；范漢傑為第三十八集團軍總司令（范自三月間由晉東南調回後，任三十四集團軍副總司令）駐平涼，轄第三、第十七、第四十二等三軍。公任陝東河防，陝北關中隴東封鎖任務。九月，公解除三十四集團總司令職，由副總司令李延年升任，因之各軍師長亦有調動，第一軍軍長韓錫侯調河西，由張卓繼任；七十六軍軍長李鐵軍調甘肅第三集團軍總司令，警備河西走廊，準備入新疆，軍長由廖昂繼任；新七軍軍長彭杰如調渝，由曹大中繼任，王文彥升任八十軍軍長，劉英調升新編二十五師師長，李夢筆調升十六軍副軍長，王應尊調二十八師師長。西安會議後，馮龍調預一師師長，嚴映皋為一〇九師師長，韓增棟新編三十四師師長。

七分校副主任，公請由邱清泉繼任，甚為倚重，政治部主任由王大中繼任，教育處長由彭克定繼任。

六、公初見經國先生。

本年四月一日，公初見蔣經國先生，當晚即邀同范漢傑、盛文等共同晚餐。經國先生於十四日離陝赴蘭州，期間曾建議公：1. 陝北（中共）問題應先解決，從政治、地方入手。2. 軍隊革命作風之養成，要嚴懲貪污，加強政訓。3. 幹部問題，吸收新的，訓練舊的。4. 青年團、戰幹團、勞動營，應予統一，而以青年團運用之。5. 文化工作，最重要為報紙，文化工作為最大的武器，因可使一般人知道我們的作風及言論（註二五）。

七、是年，中外賓友至西安者甚眾。

美國總統羅斯福的特使威爾基（Wendell Wilkie）（註二六）十月七日到西安，公陪住常寧宮，下午七時陝西省府公宴，十時乘火車東行；八日坐搖車赴潼關五

註二五　其後，經國先生即與胡公訂交成為好友，稱呼公「老兄」。

註二六　威爾基（Wendell Wilkie, 1892–1944），一九四〇年共和黨總統候選人，與民主黨之羅斯福總統競選失敗後，一九四二年奉羅斯福命擔任特使訪問中國。

虎嶂參觀工事，遙望日軍佔領區。十二時回至赤水，七十八師閱兵、講話、參觀幕營。下午二時半西行，十七日飛回成都。十一月英國議員訪華團至西安，公以足疾未癒，由朱長官蒞陝主持〔註二七〕。

本年五月十日，中央在西安開軍需獨立會議，九月西安會議經理會議及程天放率領慰勞團等中央及各戰區來陝人員特多。

一般賓友有王季喬、彭俊彥、郗恩綏、曹世英、張撫萬、胡公冕、翁文灝、劉廷芳、別光漢、熊彙荃、王德崇、成谷泉、樂景濤、錢公來、席新民、哈達生、哈德成、建甫生、高樹勳、蕭孝嶸、郃爽秋、吳豐農、吳景超、趙丕廉等。

八、本年公與林彪見面四次

林彪乃黃埔四期畢業生，雖為共軍將領，亦公之學弟，渠自國外歸來，經過西安，乃訪公於西安。公於一月三十一日、二月二日、九月二十二日及二十三日四次與之見面或共餐。其中一月三十一日談話四小時，公日記：「……中有轉告校長，林彪不是並無希望之人。而對毛澤東、朱德，則直呼其名，並有訾

註二七　威爾基返美後，將赴中國、俄國、伊朗等地觀感撰成一暢銷書《西行漫記》（*One World*），惟渠於一九四四年即因心臟病去世。另，威爾基於訪華期間，曾對公盛讚七分校乃全世界最大的軍官養成所，受著最卓越的訓練，中國的抗戰必勝無疑。以上亦可參考陳大勳所著《沈默的巨人：胡宗南先生》一書。

議之處。林……思想似有轉變之勢。」惟九月二十二日之談話，公日記：「林彪所談，與前次似有差別。」二十三日談話則側重軍隊政工之重要。另，公款宴林彪時，當時參與宴會之余紀忠先生事後告稱，林彪臉色甚白，而席間談話不多。

中華民國三十二年，癸未，西曆一九四三年，公四八歲。

一、時因法幣貶值影響官兵生活，公接受眾議，創設生產事業。

法幣自三十年起逐漸貶值，物價上騰，雖改發關金券，仍未能遏止；而官兵薪餉副食未加，影響生活甚鉅，部隊虧累日大，困難日多，去年西安會議，委座指示：「前方問題，前方解決；部隊問題，部隊解決，不能全賴中央」，各部隊長與地方人士數以為言，以為關中平原，可資以生產開發之事尚多，如能利用經營，不無助益。公乃於元月八日在下馬陵集商，師長以上師管區司令皆到，遂成立生產事業委員會機構，制定章則，呈報委員長核備，三月二十九日派馬志超、田毅安（皆陝人，軍校第一期）為洴山、渭河兩農場管理處副處長，負實際生產責任，十二月一日，又派汪伏生為戰幹第四團總教官兼任軍毯廠廠長。

中央軍校第七分校元月十六日亦成立生產事業機構〔註二八〕，資金一百五十萬元，分校副主任兼任董事長，魏予珍為總經理。

二、共產第三國際宣布解散。

莫斯科共產國際第三國際執行委員會，突於五月二十二日宣布解散其已成立二十四年之組織。由於此事關係重大，公之日記詳記中央對此事之指示，包括政府今後處理中共問題時，可減少投鼠忌器之顧慮，對官兵民眾宜強調中共已失去國際靠山，今後對之可完全視為國內問題處理；而對青年可指出，蘇聯既呼籲各國共黨參加民族國家解放戰爭，顯示中共已完全失敗，共黨青年應覺悟來歸，左傾青年應迷途知返。

三、甘肅匪回叛亂，公派暫編五十九師師長盛文入甘剿辦，四十天肅清，安定西北。

去年春，甘肅失意軍人劉羽，僭稱西北各民族抗日救國聯軍總司令；土豪張英傑，僭稱西北農民義勇抗日救國集團軍總司令；聯合河西回匪馬福善，番匪勒巴佛，川北悍匪唐倫聚眾五、六萬人倡亂隴南，蹂躪二十餘縣，口號「甘人

註二八　公十一月二十八日之記，考慮下週必須做成之事第六項，有云「生產事業人事部門之確定」，據此，生產事業已進行一年，而諸事似未就緒，亦始終未見有若何成果之紀錄，其成績似未佳也。

治甘，反對徵兵徵糧，殺盡南蠻子」。初由地方團隊剿辦，皆為所敗，而地方仕紳，復多為匪張目，甚至聯絡勾結，故匪所至無不獲逞。本年四月，公曾調李煥南團至岷縣剿匪，旋又派暫編十五師康莊所部入甘；朱長官亦令駐甘之第三軍及青海騎兵旅等派隊會剿，匪公然抗拒，我軍或為所敗，或遷延觀望，致匪燄益熾；至四月中旬，匪主力竄至榆中，企圖劫奪厝在榆中之成吉思汗靈柩。西蘭公路電話中斷數日，蘭州空虛城門晝閉，南門外遂有匪所寫「甘人治甘殺盡南蠻子」之標語，朱長官因此命公另派勁旅，重行部署進剿。於是，公決定由河防抽調暫編五十九師盛文所部星夜西開，公並與朱長官商定，派第三十七集團軍范漢傑為隴南剿共總司令，盛文兼任剿共前敵總指揮，第三軍暫十五師青海騎兵旅等，悉歸節制。盛率部至邠州，建議必須向匪主力攻擊，犁庭掃穴，一鼓殲滅之，方可奠定西北大後方，否則養癰貽患，倘日寇汪逆或共軍從而勾結利用，則我西北大後方如動亂，影響抗戰前途至鉅，當蒙朱長官及公嘉可，盛遂率部西進。公亦命范漢傑移駐天水，就近指揮。匪聞盛將至，斂兵於西禮之間以待之。盛總指揮率部至天水，乃命原剿部隊第三軍之第七第十二師及暫編十五師、交警總隊、甘青保安團，分別安置於天水、成縣、武都、西固、岷縣、臨洮、榆中、靜甯各線，專任堵擊，防匪流竄；而將暫編五十九師區分為三縱隊，以林馥團為右縱隊，由天水、甘谷至武山，向南搜索；溫宗良團為左縱隊，由天水、經成縣、武都向北搜索；自率盛鐘岳團為中央縱隊，由天水向禮縣、西和，搜索前進。六月五日，中央縱隊遇匪主力於西禮間之馬烏、洮坪、閭井地區，發生激戰。左右兩縱隊亦先後馳至，遂三面圍擊之，至九日始將匪軍擊潰，斃傷匪偽官兵六千餘人，俘一萬三千餘人，擊潰北竄者仍有二萬人左右，然已氣奪。追擊於岷縣隴西之間，又斃傷其千餘人。餘匪在柏林口，得岷河西岸回匪之策應，遂竄回其洮西老巢，我軍追至洮河東岸喇嘛里。時洮北悍匪唐倫三千餘人，圖踞良恭附近之蔣家山頑抗，乃設計誘降之，令其隨軍效力，於是匪軍戰志漸解。喇嘛里瀕洮河東岸，水深流急，不能徒涉，又乏渡河器材，盛乃命臨洮專員何世瑛在臨洮設舟橋二以待。六月二十五日，盛總指揮以第三軍之第七師為右縱隊，暫編五十九師為左縱隊，拂曉過洮河西進，至潘家集張家集之線集結。時匪則已集中在康樂以南朱家山、白玉山、蓮花山之線，築工事企圖頑抗。二十六日拂曉，大雨，第七師行十五里而止，未就攻擊位置。匪偵知暫五十九師獨進，右翼無依託，遂向其正面及右側包圍攻擊，在喇叭山鬼笑坡等地展開激戰。回番匪眾突鑽隙攻近指揮陣地，盛以重機槍十六挺薙射之，匪死亡枕藉。至午後五時，許林馥之團由左翼攻至，匪不意腹背受敵，遂不支潰退。我軍乘機追擊，生擒偽總司令張英傑，偽總指揮張英魁，擊斃回匪首領馬福善、馬占倉、楊華如，番匪首領勒巴佛。喇叭山鬼笑坡間匪死傷遍地，我盛團王錫禮營亦傷亡殆盡。盛總指揮率部搜索東至卓尼土司楊復興境，西至拉卜楞寺，誘擒漏網匪偽總司令劉羽，至是全部逆首擒殺殆盡，徹底肅清。是役始於六月五日至七月十五日僅四十日，大小十一戰，斃匪首馬福善、勒巴佛以下一萬四千餘人，俘降匪首張英傑、劉羽、張英魁、常喇嘛、唐倫等以下官兵一萬八千餘人，解散脅從二萬餘人，得騾馬三千餘匹，軍事委員會獎盛師二十萬元，盛以十萬元分賞官兵，十萬元賑濟災黎。朱長官則謂「自有剿共以來，無有如此之徹底者」，洮河各縣仕紳改康樂縣之線家灘為蕩寇崖，勒石紀勳焉（註二九）。

四、公與共軍爭取山東壯丁，派周保黎前往募兵。

時中共與偽軍勾結，在山東大量發展，裹脅壯丁參加共軍。公素注意經營陷區，招募青年為國家效力；或在陷區祕密成立抗日抗共組織，前曾與山東軍校同學朱榮寶（三十三年為匪殺害）、黃庸夫等有所規劃；並曾招來壯丁數百人素質甚佳，於是公派西北游擊幹部訓練班政治部主任周保黎，赴山東募兵五萬名，兼調查冀魯各地中共發展情況，頗有成就。

註二九　甘省回番各族雜處，素不相能，民間有「五年一小亂，十年一大亂」之謠。民國二十二年，陝軍魏象賢旅無故搗毀省府，逼走主席邵力子，其時擁兵者蠢蠢欲動，幾有崩析割據之勢，幸公率第一師迅速入甘，鎮懾反側，甘省危而復安。二十五年，雙十二事變，王以哲軍勾聯共軍，其勢叵測，公以所部包圍監視，王終不敢動，亦不能東去，甘局再安。至是公命盛師入甘，迅速剿滅叛匪，可謂三定甘局矣。

五、籌設中正中學：在元月八日下馬陵會議中解決了籌款問題。

為了照顧受到日本發動對華戰爭而流離失所的青年學子，及為國家栽培人才，公於民國三十年開始籌備設立中正中學，三十一年正式成立。

中正中學設在距離西安三十公里的翠華山太乙宮，背倚秦嶺，面向小河，四周是農田，過去是「戰幹團」的駐地，有操場、有房子，正好用來辦學。元月八日在下馬陵會議中解決了籌款問題，公決定從七分校的經費中勻出一部分經費，開辦「中正中學」。

三十一年中正中學正式開學，招收了一千三百多名學生，按士兵待遇，每人每月配發一袋麵粉食用。教師列入七分校教官編制，薪水是每人每月四至七袋麵粉，待遇微薄，但是師生教學精神都很高昂。

中正中學最初的校長是林文淵，民國三十三年王九思接任校長，聘請留學日本帝國大學法學部的高化臣擔任訓導。三十四年夏天，張家範接掌校務，不久去職，高化臣接任校長。

抗戰勝利後，中正中學對外公開招生，三十七年學校搬到西安的東縣門大街。三十八年春天，西安形勢緊張，五月十八日，公率軍從西安撤退，轉戰四川等地。高化臣則率領部分師生遷移到四川灌縣，運用當地的「空軍幼年學校」，再創辦「中正中學」，六七月間招生，可惜後來時勢轉變，學校在十二月間解散，高化臣帶領一批師生輾轉回到臺灣。

西安的中正中學則在三十八年五月二十日淪陷後被解散〔註三〇〕。

六、續辦將校訓練班，迎請朱紹良長官蒞陝主持。

將校班之續辦，十二月二十日迎朱長官東來主持。二十一日，將校班第一期開學，周雨寰任教戰車肉搏班演習，公認為新穎確實；自是，公每日主持升旗精神講話，術課有工兵阻絕戰鬥、輕重兵器射擊教育、故障排除、據點攻擊、砲兵對戰車射擊、步砲協同、村落戰演習、伏兵戰演習等。

是年，七分校第十七期第十、第十二兩總隊學生畢業，西北游擊幹部訓練班學員第七、第八期於三月十二日開學；另有戰術研究班、政工班、通訊訓練班等各辦兩期。

公命第一、第十六、第三十六、第四十二、第五十七及第九十等，六個軍，仿前第一師例增設准尉副排長。

註三〇　有關中正中學的事蹟，可參閱中正中學師生二〇〇五年編印的《春秋歌》。另，本書民國三十五年記事中亦有補充。

七、對中共所佔囊形地帶及陝北延安作法之商榷。

本年六月二十五日決定以第八、第一六五、第一六七、第二十八、第七十八各師，於七月十日攻取囊形地帶；至七月九日蔣委員長電話：「對陝北暫不動作」。十一日在西安與周恩來、林彪談話時，建議中共將其軍校交諸黃埔學生，以建立互信。

九月赴重慶參加國民黨五屆十一中全會，前後蔣總裁三次單獨召見，三次共同餐敘，認為現時不宜攻佔延安，因對方有備。十二月，蔣委員長復電諭抽調一軍赴渝並「緩和陝北局勢」。

八、是年，重要人事調動。

二月六日奉總長支祕電實行一人專任一職，公於是辭去一切兼職，專任第八戰區副司令長官。但教育訓練方面則兼職，中央仍命公兼如故，僅解除三十四集團軍總司令之職，由李延年繼任，副總司令李文，韓錫侯董釗等皆免除兼職。八十軍軍長王文彥調副總司令，由袁樸升任軍長，周士冕為二十七軍軍長，李正先為十六軍軍長，王晉為九十一軍軍長，韓錫侯為第九軍軍長，杲春湧為第一師師長，吳俊為第八師師長，繆徵流為西北游擊幹部訓練班教育長，文朝籍為西安警備司令。

九、本年社會知名人士至西安訪公，款接游宴者甚眾。

張元夫（盛世才代表）、章行嚴、杜月笙、周恩來、鄧穎超、林彪、李潔、劉治州、萬耀煌、杜建時、魯蕩平、俞飛鵬、李明灝、劉震清、鄧寶珊、孫蔚如、胡維藩、沈成章、朱張嘉蕊、薛篤弼、陸士基、張含英、焦易堂、朱光綬、王正廷、王東原、沈鴻烈、張蔭梧、白海風、谷正鼎、高桂滋、馬鴻賓等，或因公來陝，或慕名來訪，公皆款接以禮。

公素喜與學者教授等往返，慕其言論風采，為自修之助，是年公與往還者有羅家倫、李季谷、郭廷以、沈兼士、徐佛觀、錢昌照、陶孟和、萬家寶、林語堂、李伯恂等。沈兼士、林語堂留陝尤久，公皆相陪在副長官部、七分校、幹四團、游幹班等地演講。

中華民國三十三年，甲申，西曆一九四四年，公四九歲。

一、關中各部隊將校繼續集訓。元月份，集訓第四、第五兩期。

將校班第四期元月六日開學，十二日結業；第五期十五日開學，二十一日結業。時朱長官紹良在陝，凡開學結業典禮皆請朱長官蒞臨主持；公每日參加升旗點名訓話，下午主持各項戰鬥演習，尤注意各項戰鬥動作之改進；如七日參加山地戰鬥演習作講評，十一日講述何總長對常德會戰之講評，伏兵戰改為村落戰等，蒐討甚力，並在七分校二十二總隊分次講述「今日之戰士」。

二、陝西省政府、陝西省黨部改組。奉中央命令，組織黨政軍聯合會議，由公主持。

元月二十九日，陝西省政府改組，熊主席斌調渝軍令部，省主席由祝紹周繼任，林樹恩任秘書長，蔣堅忍任民政廳長，陝西省黨部委員亦奉中央改派高文源、張光祖、王德崇、楊大乾；高兼組訓，張兼宣傳。二月二十九日，祝主席到陝，三月三日接省府事。時奉中央命令，組織黨政軍聯席會議，十五日下午七時，在東倉門首次開會，與會者有祝紹周、林樹恩、谷正鼎、章兆直、楊爾瑛、羅澤闓等六人；公恭讀委員長訓詞後，並致勗詞。提出：「㈠組訓民眾，加強保甲，造成戰鬥的社會，以應付抗戰剿共兩大任務，在本年十二月前完成。㈡清除奸盜，限十二月完成，達到夜不閉戶，野無盜匪氣象。㈢平定物價，應先從日常生活中之煤糧布等著手，竭全力以赴之，限四月底以前造成西北第一，六月底以前造成全國第一。㈣肅清貪污，樹立中央威信，以利用民意機關檢舉而運用政治力殺戮，做一二件事，即可弊絕風清，吾輩遵奉委員長命令，切實奉行，預定於十二月前以政治的攻勢，不用一兵一卒，使集中在陝北的二十七萬匪軍無條件投降，使毛澤東土匪頭子跪在我們領袖之前懺悔乞饒，這是我們的任務，尚望大家努力！」〔註三一〕

三、爭取對日本作戰以勝利為優先。

公摯友戴雨農、湯恩伯多次懇談，告以蔣委員長決定對共黨挑釁儘量忍耐，而以爭取對日本作戰以勝利為優先。湯恩伯另告稱共黨官兵投誠至榆林者甚多。

四、公於三月中旬，第二次入晉謁閻長官錫山，留一宿而還。

公於三月十五日下午十一時偕李崑崗、王化興乘火車至華陰，十六日由華陰乘汽車經朝邑，至郃陽，下午，由郃陽至韓城，車壞，步行十里。十七日由韓城經大嶺至孫家溝門午餐，四時至宜川。十八日經秋林、桑柏至克難坡，見楊愛源、郭宗汾，同祭趙戴文墓（公三十一年第一次至晉時，趙戴文扶病走送，公極感動）。飯後東行，中途車壞；於下午八時至吉縣，九時見閻長官晚餐後談話。閻百川先生認為共黨絕不願與本黨妥協，在中日戰爭結束一年內，將為其發動戰爭之時機。十九日又談話兩小時，攝影而別，經克難坡、壺口、桑柏、秋林，下午六時半至宜川，八時又集合專員余致中、總司令陶峙岳、師長鄧鍾

註三一　公於四月四日曾電蔣委員長，建議將中共投誠士兵九百五十人，配合囊形地帶所訓練之三千餘人，編成保安師或別動總隊，以梁幹喬為師長，必有大效。

梅、劉英等開會，二十日經韓城與九十軍軍長李文，同行至郃陽與專員蔣堅忍、總司令李延年、軍長李正先、師長王應尊等開會，乘夜南行至華陰，二十一日晨回西安。

五、公為爭取淪陷區壯丁免為中共利用，兼以充實我軍缺員計，又成立蘇魯豫皖招募總處，派李漢章為處長。

頻年以來，直魯豫晉作戰部隊，戰後悉調關中交公整補督訓，兵額每多不足，如八十軍、新七軍、新十二軍等，雖名為一軍，兵力僅及六成，其時徵兵之制尤無實際，即所徵集者亦都購買頂替，朝補夕逃。公念淪陷區之壯丁宜先爭取，庶不為敵偽共黨所利用，二十七年曾成立長淮招募處，頗有成效；自新四軍盤踞後，遂難為繼。本年三月委託山東籍軍校同學黃庸夫，在魯西招募六千人，公慮及去年雖已派周保黎赴魯爭取陷區壯丁，仍緩不濟急，如有較大規模組織分地招募，必有成效。乃於三月中旬成立蘇魯豫皖邊區招募總處，其下設四個分處，招募二十個團，每團三千人，共六萬人；其第一期五個團限三個月內募足，派李漢章為處長，李顏華、呂延璧、張子正、賴暉為團長，總處分處人員先在七分校集訓一週，嚴禁舞弊滋擾，公在軍需局借款五百萬元，在糧秣處撥糧一萬五千人份，各處招募人員遂於三月下旬絡繹出發。

六、四月，公檢視關中各部隊，查看隴山秦嶺各地工事屯糧情形。

公素注意關中各戰略要地之屯糧工事等項，歷年皆有加強，本年二月二十三日幕僚會議，公指示岷縣天水一帶應留一個軍，並開闢川甘公路；寶雞虢鎮築碉，秦嶺屯糧。三月六日擴大會報中又規定，洛川電話月底須架設，平寶路加緊完成，令當地憲警取締軍人賭博。四月七日，公至隴縣檢視騎兵第三軍，點名訓話，並在騎三軍開幹部會議幕僚會議，查問倉庫存糧及軍糧補給情形。八日至寶雞查看本部軍械倉庫，下午過渭河至姬家店視察新造營房。在寶雞令專員溫崇信逮捕通匪有據之麟游趙伯經，令韓軍長逮捕東河橋行動不軌之李九斯。九日至華陰，十五日由大華公路至部陽馬家莊視察預備第三師，對官兵訓話勗勉。十六日至韓城錦村，對一〇九師、二十五師訓話，視察禹門守備情形，仍回韓城開會。十七日約見總司令李延年、九十軍長李文，告以西涷山速築水泥鋼筋掩體數座，宜川加強掩體，屹針灘加兵一營，並築水泥掩體，祕密屯糧屯鹽。又自韓城出發經大嶺佟子梁至石堡，十八日至白水縣訪地方紳耆待留二小時，再至蒲城，地方紳耆聞公至皆來相迎，留一小時，轉赴大荔回華陰。而黃河北岸日軍，亦於此時南侵矣。

七、五月，日軍陷洛陽，遂圖關中，公率部戰於靈寶虢略鎮間拒卻之。

本年四月間，黃河北岸之日軍蠢動，十八日由中牟越黃泛區到鄭州北三十里之北店，約四、五千人；自新鄉南下到達邙山頭者約三、四萬人，漢王城失守，其從溫孟來者亦二、三萬人。二十日敵機分批襲陝，二十二日鄭州再度陷敵，信陽之敵萬餘人，主力向明港推進（偽軍張嵐峯向公報告，敵將用十個師團對我，企圖先攻洛陽，再向南打通平漢線，另由同蒲路攻潼關，由南陽攻紫荊關）。五月一日，日軍陷許昌，二日公命在潼關設立難民傷兵收容所，不使流民散兵入關。三日日軍西犯，先頭到臨汝。九日，孟溫之敵在白浪渡河。十日，第一戰區所轄第四集團軍孫蔚如擅棄黑石關，日軍坦克車三連騎兵二百遂在黑石關渡過伊水，主力遂由偃師進犯龍門，一部繞攻宜陽（註三二）。白浪渡河之日軍與我預八師林偉宏戰於澠池車站，預八師之覃團損失甚重，十一日，公決定在靈寶虢略鎮之線佈防，以陝州為前進據點。令第八師、第一六七師佔領靈虢之線。十二日，八師以一個團推進張茅鎮掩護部隊集中。十三日，隴海路觀音堂

註三二　公五月十日日記：「湯總司令電話，日寇專打中央軍隊，而不打孫蔚如、李家鈺等」，又六月一日日記：「蔣長官將赴盧氏，余十一時四十五分到宦莊與蔣見面，蔣精神甚佳，獨對第四集團軍孫蔚如在虎牢之戰，自動撤退而後再報；及幾次令其回防，而惡聲相向非常憤激」。

之日軍，約八百人西犯硤石。十五日遂與我第八師張茅之團激戰，南面由偃師西竄之寇，亦經洛甯西進。十八日至長水鎮。二十一日公至靈號視察陣地，多所改正。二十四日，三十四集團軍總司令李延年赴第一線部署作戰，公令一〇九師調靈寶，四十六師移三要司。二十五日洛陽陷敵，三十日軍委會辦公廳林主任蔚文傳達委座指示：「陝州攻取，頗有可能，令第八師先攻大營，大營下後，看情況決進止」，公轉令李總司令遵辦。公五月十日日記：「九時，林主任電話，八師可作搜索通訊開赴陝州附近」，答以「靈寶地形較便」。二十三日日記又云：「林主任電令四十軍攻陝州」。六月一日第八師攻陝州，二日攻佔五原窰後，仍被迫撤退至董家莊。四十軍之一〇六師攻陰山廟，二十六集團軍攻安家凹，連戰兩日，皆未得手，而八師孤軍深入，遭敵迫戰，遂於三日放棄原陣地，撤至韓家凹露井之線，陝州掃蕩之戰遂無結果。先是五月二十三日朱長官電話與公討論戰局，朱長官電話指示：「潼關重於閿鄉，閿鄉重於靈寶，敵人在大營構築工事，並非消極的，大營有小路可通號鎮以南之高原，此高原有路可通閿鄉。向來守潼關者，吃虧皆在此路也。敵如攻靈寶，吸取兵力於正面，而抄襲閿鄉；如攻潼關，吸取兵力於正面，而由右翼渡黃河，攻朝邑平民，此戰史實例，不能不知者。至於我軍作戰，只許勝不許敗，如何在此時運用一切力量來使人民觀感，不似河南一樣。又假如進攻，必須用空軍將敵陣地炸燬之後前進，方可保全，如果硬攻，則兵力消耗，第二步無辦法矣。」二日，公召集政工總隊長邱是膺車之林〔註三三〕。汪勇剛及軍事首長李延年、劉戳等發動助民割麥，嚴禁軍人扶夫拉畜，犯者就地槍決。

七日岔道口敵以戰車八十輛向我攻擊，公令預八師攻擊敵後。八日全線展開激戰，九日牛莊、墻里、案里各據點激戰，至午被突破，而秦嶺南夫婦峪亦發現敵人千餘，預三師陳鞠旅率部阻擊，敵未得逞，遂退回陝州（註三四）。十日，敵向我靈號主陣地全面攻擊，我軍浴血苦戰，寸土必爭，戰況至為慘烈。十一日，我四十軍佔領南故縣盤頭鎮，預三師在平陽鎮閿鄉縣阻擊敵人，敵連日攻擊，均遭我軍強力抗拒，損失甚重。而我軍一六五師七日已到蘆靈關、我五十三師袁杰三部十二日亦到達巡檢司，七十八師則守備潼關，部署嚴密，無隙可乘。當面之寇，遂於十三日退卻，公命三十九師司元愷部向靈寶，預三師陳鞠旅部向號略鎮追擊前進，十五日收復兩地。公再部署以靈寶號略鎮之線為決戰區。

陝州之役，日軍戰車九十輛連同裝甲車等約有二百五十輛，我戰防砲甚少，僅能擊毀其三十輛，第八師攻擊陝州，敵戰車衝到，無以禦之，然求功心切，始終未離戰場，故死傷甚大，上校副師長王劍岳陣亡，勤務兵負屍而逃，亦遭擊斃。九十七師師長傅維藩失牛莊，自動移至常家灣致中央陣地被寇突破；

註三三　湖北人，二十三年來第一師任政工，四十二年病逝臺灣。

註三四　「預三師周士瀛部於一五〇〇高地，狙擊敵於山腹隘道，斃其少將支隊長以下千餘人，騾馬二百餘匹，敵以為中伏，遂放棄西進，退回陝州」。

一〇九師三二五團長劉明，縱敵入夫婦峪，使預三師陷於苦戰，無法調至前方，影響戰局；一六七師團長賀一持擅自撤退，於是劉明、賀一持皆按連坐法槍決，一〇九師長戴慕真革職查辦。傅維藩自行後退，公初以己酉亥電呈，曾有「作戰不力自行後退罪有應得，然初任師長，到差不久，情有可原，請押解鈞會訊辦。」同日又電呈「查九十七師初期戰鬥頗為精彩，其後失陷陣地，在牛莊、老虎頭等亦有多次反擊；且函谷關自始至終，兀然存在，則其戰鬥精神並不低劣，其責任問題，應自上負之。」時用法較嚴，故仍不免一死。九十七師傷亡亦大，其殘餘官兵，遂被撥補第八、第一〇九、第一六七各師。當日有功人員一〇六師師長李振清掩護戰防砲，不受損失，三十九師師長司元愷收復靈寶〔註三五〕。

王劍岳：原名師，軍政部為改名，湖南桃源人。軍校五期，誠篤寡言，兩次負傷不退，遂以身殉國，論者惜之。

以下並附服務於公麾下任營長之蔣緯國上尉，預期參加此役，曾於五月六日晚在河南閿地鎮營部函公略稱：

「自服務於將軍麾下，迄今悠忽已將三年，……今倭賊又再度來犯，職雖僅

註三五　一〇六師、三十九師皆屬四十軍為一戰區部隊，豫戰起後，逐步西移，遂歸公指揮，故亦由八戰區敘功，預三師師長陳鞠旅擊退夫婦峪之敵，穩定戰局，皆給武功狀。

長一營，亦必固守陣地，戰至最後一卒一彈，仍當以白刃赤拳，爭取勝利。職一生無虛心事，亦無遺囑之必要……中國之命運由先總理與領袖救起，望將軍極力完成此神聖之使命，務使中國成為富強康樂之國，此乃全國人民對將軍之慇望也。領袖已將六十，抗戰勝利後亦應覓機休養，祈將軍與一般賢明先進多盡救國救民之大責，職據河邊，決與陣地共存亡。……敬祝將軍保重！將軍勝利！中華民國萬歲！領袖萬歲萬歲！萬萬歲！職上尉蔣緯國敬上三三、五、六、十九時三十分河南閿地鎮營部。」

八、洛陽失守後戰區變更，公調第一戰區副長官，請辭未准。

靈寶戰後，陝州之役，我軍力戰數日，拒止敵人入關。顧中樞以洛陽既陷，戰區宜有變更，乃將關中併入第一戰區，陳誠來任長官，公與郭寄嶠副之。第八戰區副長官部於八月三十一日裁撤，改為第一戰區西安指揮所，由前副長官部參謀長羅澤闓任指揮所主任（註三六）。

七月四日，公奉召赴渝，五日晉謁委員長，頗受呵責，訓示此次戰役中，公之軍師長作戰，指導幼稚無能，軍隊紀律廢弛，公之用人態度不妥等。公曰：

註三六　洛陽之役，於五月上旬開始，其時前六戰區長官陳誠將軍適偕熊斌來，遊華山。十八日到陝，二十二日回渝，正公部署靈號戰線與第八師攻擊陝州血戰之時也。

「此次靈寶作戰，檢討錯誤，僅預備隊使用不當，如能加上兩個師，必獲大勝；九十七師擅自退卻，乃出意外，至於用人，實為最公平而又考核最正確者，全國優秀份子，多在西北，故軍隊自團長以上皆甚優秀，此在人事考績上可證明者也。第九軍五十四師並未換動一人，戰績尚不如二十四師，二十四師團長年齡有至五十歲以上者，出發令下，自己不願帶隊而請長假。此等團長如不撤換，將何以戰？此兩點實不敢自承錯誤」。嗣問對中原戰役之感想，公指出湯恩伯軍之軍官如石覺、陳大慶等均極優秀，湯本人為幹練忠實之將領，受挫乃因日軍裝甲師團之故，盼委座一力承挑，代他負責。委座表同意，繼問關中併入第一戰區之意見，對曰：「關中本來僅河防、陝北兩正面，併入第一戰區後，加上盧氏、西坪、漢中三正面，以現有兵力欲參加五個不同正面之作戰，殊非易事。」五日臨別，囑看蔣夫人，另囑先看何總長應欽，再看陳誠長官，六日謁何總長，態度親和，不異疇昔；下午謁蔣夫人於山洞主席官邸，在會客室時孔二小姐令偉先出相見。其後見陳長官，陳認為整個有辦法，局部才有辦法。七日再謁委員長，請辭戰區副長官，希專任七分校，奉諭仍兼副長官，幫助陳長官處理訓練指揮等事，但對經理人事可以不管。

七月十四日，公陪陳誠長官至漢中就職，十五日回西安，十七日陳長官來西安，公陪陳出席副長官部紀念週，繼陪陳主持會報。十八、十九日陪陳談話，二十日送陳赴西坪，二十九日陳回西安，公至杜公祠迎陳住王曲興隆嶺。八月六日，陪陳在王曲七分校閱兵訓話，繼陪陳往杜公祠開經理統籌事宜討論會。

九月十七日，陳至邠州閱兵來西安，公又迎於咸陽。九月十九日，陳長官湯總司令與公在東倉門開小組會議，分配工作與軍隊部署。公主張湯赴大別山，公赴山東，無結果，二十一日，公在杜公祠參加陳之小組會談，是日，陳決定任山東省主席牟中珩，黨部何思源（註三七），挺進軍李延年，蘇北挺進軍王仲廉、李明揚，蘇魯豫皖邊區指揮官何柱國，冀察戰區總司令高樹勳。除山東外皆無調動。十月五日公赴下營候陳閱兵，十六日送陳誠回漢中。

自戰區變更後，公於八月二十五日電呈辭去副長官職，旋奉委員長申東侍參電：「未有機電悉，當此整軍雪恥之時，正應積極負責，力圖自強，報效黨國，豈可有此消極養病之表示乎？所請不准。」九月四日，公第二次電呈續申前請，仍未獲准，公雖時懷去志，然兩個月以來追陪陳長官外，對七分校教育與部隊訓練諸事，仍積極領導。八月十日籌劃送少工總隊入新，二十四日親赴谷正鼎宅，請其主持勞動營，九月十八日乃在七分校講靈寶會戰之缺點，二十七日至潼關檢閱第一師，十月四日至赤水檢閱一六七師，對官長訓話，二十二日討論利用餘糧補充騾馬問題等，固仍未一日安也。

註三七　何思源勝利後即投共。

九、九月，西南戰況緊急，公遣三十六軍開渝，五十七軍援桂。

九月上旬，兩廣與湖南之日軍十五萬人分三路，向柳州、桂林進犯，軍委會電調關中部隊南下；十二日，公承命遣三十六軍軍長鍾松率部赴渝，旋又派劉安祺五十七軍之全部空運桂林增援。時中樞對關中軍事，仍逕電公承辦；而漢中長官部，凡涉關中之事，皆電西安指揮所，未嘗關白公。然重大者，羅澤闓主任固無不就近請示也。

十、陳長官調軍政部長，內定由公代理司令長官，公奉召赴渝，數辭未准。

十一月二十二日，陳誠長官至西安，約同赴渝，二十七日晉謁委員長，先垂詢敵情及徵兵情形，繼問：「陳長官調長軍政部後，代理或另派人如何？」答：「資歷學識皆淺薄，不能負此重任，請另派人為妥。」又問：「如代理時比較容易行使職權，是否？」答：「以現時環境如由職代理，不僅不能達成任務，且必累及鈞座，仍請另行派人。」問：「有人提及劉經扶？如何？」答：「鈞座無論派定何人，職等極端服從。」十八日公赴蓉治牙，次月十二日再謁委員長，陪侍午餐，又問：「一戰區事由你代如何？」公答：「如此適足為鈞座之累，以另行派人為妥。」諭曰：「藉此可以造就資望，並可培植新起人物。將來政治黨務皆各有中心，各負責任，有為份子團結在一起，則將來政權不致被異黨篡竊。你的毛病似乎放手不開，格局嫌小……獨當一面責任之人，器局膽量必須相合，聽說你的軍師長安分守己有餘，開創有為不足；並非安分守己不是，而是在此局面，必須有敢作敢為之人，才能打開局面，何況你將來所負責任，恐不僅如今日之二三倍，如無此種幹部培養，將何以打開局面乎？這一年來恥辱極了，你們一定要洗雪這個恥辱才是。」十九日晉謁委員長垂詢：「士兵生活情形，經此項改革，是否能得解決？」答曰：「不能，必須發給實物，才能解決。此後如能在燃料、鞋襪方面注意而解決之，即能解決士兵生活之大半；假如民間每家製多少鞋襪，而發多少錢以補助之，則軍需局對各軍即可發實物矣。」蒙諭：「現時國軍精華集中一戰區，如一戰區失敗，國本動搖，真不可為人矣。現時中心工作為補兵問題，大家應集中全力為之。在陝加徵五萬人，速令祝紹周辦理；新兵十萬人，要明年三月前運到重慶，方能應急濟難。」二十一日晉謁辭行，奉諭：「漢中長官部去接收，此後要負起責任努力去做，此外要盡各種手段招募補充士兵，在三個月內，盡力在陝由祝紹周加徵五萬人，在豫徵募十萬人。」是日下午三時半，偕范漢傑、羅列、楊彬、趙雲飛，乘機飛返西安。

十一、新疆哈薩克族奸民叛亂，公舊部李鐵軍率二十九集團軍入新平亂，苦戰於伊甯精河等地。

本年春，中央有意經營西陲，將命朱公紹良入新主政，乃先調公部第三集團軍兼河西警備總司令李鐵軍，為第二十九集團軍總司令；命率所部新二軍謝義鋒之新四十五師，徐汝誠之新四十六師，葉成之暫編五十八師及四十二軍李禹祥之預備第七師，先行入新；惟俄帝覬覦新疆已久，乃於是年十一月誘脅伊甯親俄份子哈薩克人之阿合馬提江、頗里諾夫等人（白俄時代曾任中將）發動叛亂；與我駐伊甯預七師杜德孚部發生激戰，連續苦戰三個月。我新二軍軍長謝義鋒，率隊馳援，沿途達坂城、果子溝、精河烏蘇等地，遭叛軍阻擊，不斷戰鬥；時方寒冬，官兵禦寒之具未備，糧彈兩缺，步騎異勢，在冰雪中與敵搏戰，前後苦戰一年又一個月之久，軍民死傷三萬人以上。高級將領成仁者，預七師有少將副師長杜德孚，少將參謀長曹日靈，上校團長姜宣詮、彭俊業、方聽彝，新四十五師少將參謀長丘健民，上校代團長滕伯雄，四十二軍上校團長趙沐如，代團長李樹堂、韓方琚等；其戰鬥之艱苦，死亡之慘烈，乃為上海戰役以後所罕見，論者以為皆不負公之培育訓練云（註三八）。

註三八　按，俄帝侵略新疆，已有百年歷史，盛世才主新期間曾與赤俄協定，由俄取得哈密駐兵權，烏蘇油礦開採權。第二次世界大戰時，我中央為維護國家主權領土之完整，調盛離新。當二十九集團軍入新之後，俄駐哈密紅八團裝甲部隊名雖撤離，實則轉入地下，利用盛朱交接之際，策動伊甯哈民叛亂，而紅八團實為叛亂之基幹，故其戰力較強，我中央支援不足，遂使二十九集團軍諸部，陷入犧牲困苦之境，然於公「臨難不避，被俘不屈」諸訓，亦可庶幾無愧焉。

杜德孚，浙江東陽縣人。軍校三期，預備第七師少將副師長，志慮忠純，勇敢善戰，伊甯事變時臨危授命，空降圍城中，擔任伊甯守備指揮官，統籌戰守，與俄軍苦戰九十餘日，終因糧盡援絕，與軍民萬餘全部壯烈犧牲。

曹日靈，湖南永興人。軍校六期，預七師參謀長兼伊甯守備參謀長，於伊甯戰役中殉國。

姜宣詮，貴州錦屏人。軍校八期，預七師十九團上校團長，於伊甯城郊艾林巴克機場作戰而陣亡殉國。

彭俊業，湖南漵浦人。軍校八期，預七師二十一團上校團長，在伊甯城郊歸王廟陣亡殉國。

方聽彝，湖北孝感人。軍校七期，預七師上校團長，在烏蘇作戰而陣亡殉國。

丘健民，江西雩都人。陸大及軍校七期，新四十五師少將參謀長，於精河之役殉國。

滕伯雄，浙江衢縣人。新四十五師三團代團長，於精河作戰陣亡而殉國。

趙沐如，四十二軍一九一師五七一團上校團長，在精河陣亡而殉國。

李樹堂，陝西扶風人。軍校八期，四十二軍一九一師五七一團上校代團長，於精河戰役殉國。

韓方琚，湖北宜昌人。軍校七期，補充團上校團長，在塔城作戰殉國。

十二、檢討缺失，聽取建議。

公日記顯示，公常誠實虛心檢討部隊缺點，亦自各友人及幹部、同學處聽取建議，對他人對其本人之批評，亦如實記載；總盼能誠實面對問題，致力作各種改進。

十三、是年部隊有重要人事調動。

三十七集團軍總司令由丁德隆升任，第一軍軍長張卓他調，遺缺由羅列繼任，劉安祺升五十七軍軍長，陳金城升第九軍軍長，第三軍軍長周體仁調第三十四集團軍副總司令，李世龍升第三軍軍長，呂繼周升副軍長，陳子幹升十二師師長，李用章調第七師師長。第三十四集團軍總司令李延年調山東挺進軍總司令，由副總司令李文升任總司令。楊彬接任天水師管區司令。

十四、是年，公接待中外賓友甚眾，凡至關中者無不訪公，公皆接待以禮。

元月二十八日，韓國光復軍李承晚來陝，公設宴歡迎。夏季，俄顧問回國，設宴送別。五月間接待英美記者團。十二月二十五日邀宴美國軍事考察團，及陳納德將軍、拜倫上校、空運指揮官司各特，百里及美大使館芮祕書等；同日，公宴英美空軍陸軍人員二百五十人於中正堂，公致歡迎詞。

國內友人至西安訪問及招待飲宴者元老有張繼先生，部長有張文白、曾養甫、俞飛鵬、徐源泉、沈鴻烈，前輩有葛敬恩、陳誠，友人有韓德勤、李家鈺、熊哲民、何思源、張延齡、莊智煥、趙尺子、周燕蓀、蕭孝嶸、臧啓芳、陸京士、陸翰芹、張寶樹、周心萬、郭紫峻、李鳴鐘、劉建羣、皮宗敢等。公因公務赴重慶時亦曾與宋子文、羅卓英、錢大鈞、宋希濂等暢談。

五月間，我政府代表王世杰、張治中、雷震、程澤潤、曾善甫與共黨代表林伯渠等，在西安商談各項問題，公以地主身份招待於王曲附近，達一週之久。

十五、復函贈詩予未婚妻葉霞翟教授。

十一月間，公復函予未婚妻葉霞翟教授（註三九），贈詩：

「八年歲月艱難甚，錦繡紹華寂寞思，猶見天涯奇女子，相逢依舊未婚時，縱無健翮飛雲漢，常有柔情越太華，我亦思君情不勝，為君居處尚無家。」

並以英文互勉等待適當婚期。

註三九　按，葉教授於本年五月自美國威斯康辛大學取得政治學博士學位後，即刻返國任教於西遷於成都之母校——上海光華大學。詳請參考葉教授所著《天地悠悠》一書。

中華民國三十四年，乙酉，西曆一九四五年，公五〇歲。

一、公任第一戰區司令長官，元月十二日在漢中就職後，即赴各地視察聯繫。

公自去年奉委員長令繼陳誠為第一戰區司令長官，乃於元月十二日飛漢中長官部就職視事。十三日傳見長官部各首長，西北大學校長劉季洪及主要教授二十餘人來訪致賀，公欣然款待，賓主歡洽。十四日出席紀念週致訓，出席漢中各界歡迎茶會。十六日飛回西安。二十日出席西安士紳歡迎會。二十七日飛老河口，李長官宗仁親至機場迎候，河南省主席劉茂恩自丹水，郭副長官寄嶠自龍駒寨來會；在日機空襲中會談，研究第一及第五兩個戰區如何經濟使用兵力等問題。二十八日公至南陽，李長官親至相迎並派車隨行。劉總司令汝明郊迎設宴。二十九日至鎮平縣冀察總部，見鎮平各界人士。三十日在丹水討論員兵補充，地方團隊整補，招致陷區青年，黨政配合，防止奸偽發展等問題，河南黨政團首長皆被邀參加。三十一日經西峽口至西坪。二月一日，在九十八軍賴汝雄軍部開會討論士兵伙食與各級部隊公費不足問題，赴青油鎮三十集團軍王仲廉部午餐，下午視察新編第一師，二日回西安。九日飛榆林，經過延安上空，感慨殊深，十日十時祭高立卿軍長（註四〇）。

註四〇　高立卿為二十二軍長，名雙成，字立卿，戍守榆林最久，於本年元月病逝。該年二月十日十一時，公因天候不佳，繞甯夏飛回西安。

漢中長官部在元月中旬遷至西安，與西安指揮所合併編成。其時副長官曾萬鍾、總參議龔浩、參謀長范漢傑、副參謀長李崑崗、第一處長曾祥廷、第二處長金樹雲、第三處長賈貴英、第四處長王企光、軍務處長林為周、黨政處長李毓九、經理處長趙掄元、特種會報處長沈貴德、外事處長張大同、機要室主任王微。其時第一戰區共統率四個集團軍，計十六個軍，四十二個師，及五個特種兵團。

是時，最困難者為法幣貶值，物價昂貴；官兵薪餉，部隊公費與物價不能平衡。二月一日公在九十八軍，二月七日公在四十軍開會，據報告，二等兵月餉五十元，一等兵六十元，上士一百元，草鞋費五十元；陝豫士兵不習穿草鞋，而布鞋每雙最低三百五十元，士兵須積七月之餉方能購布鞋一雙。副食每月三百五十元，每日平均不足十二元，而白菜一斤三十元，豆腐萊服每斤各二十元，士兵伙食經常無菜，官長自營長以下，亦皆與士兵同伙，眷糧未發，有眷官長每不能存活。各級部隊辦公費尤感不足，連月需五千元，僅發一千五百元；營需六千元，僅發二千元；團需二萬五千元，僅發八千八百元（賴汝雄軍團公費又少八百元，不知何故）；師需十萬元（此乃四十軍提出數目，賴軍只提出五萬元），僅發二萬元；軍部需二十萬元，僅發八萬元；因此全軍月必虧公費一百三十萬元以上。第一師官長亦言：「二等兵月餉五十元，買線補衣，猶嫌不足。士兵社會地位，同於乞丐，兵源何自充裕？」公於去年在渝呈明士兵生活未解決，就任第一戰區司令長官後，數度請於中央，而軍政部竟無以解倒懸也。

二、三月下旬，日軍犯五戰進區，別部進攻西峽官道口。公每日作戰會報，指揮豫西各軍逐次殲滅，為抗戰勝利前對日作戰最重大之勝利。

三月下旬，平漢鐵路日軍約五師團之眾，七萬餘人，分向南陽、老河口、襄、樊西峽口進犯。二十四日，五戰區長官部移均縣。二十五日，老河口美軍亦撤退，公於二十四日得報，即命三十一集團軍之八十五師吳紹周推進西峽口，一部向內鄉前進，阻擊犯日軍，支援第五戰區之作戰，適遇犯淅川西峽口之敵數倍於我，西進甚銳。四月二日，我吳師以西峽口地形寬平，利於敵軍戰車之運動，乃退出西峽口在魁門關之線，繼續抗拒，日軍數次增援猛攻，飛機戰車日夜攻擊，我軍於四日由丁河店撤至重陽店以西之馬鞍橋，引敵深入，王總司令仲廉集中優勢兵力，設伏以待，敵軍二千餘、戰車十五輛，遂陷入重陽店附近陣中，激戰竟日，毀其戰車三輛，殺敵八百餘，我遂恢復重陽店以東一切陣地。其時公為防寇西犯，乃命第一軍之一六七師推進至西坪、紫荊關間，暫四師至武關附近，九十軍之六十一師於七日前進至雒南，又撥輕戰車五輛交王總司令指揮，五日至七日，敵我仍在重陽寺、范家溝、丁河店、槐樹營各地激戰，十日我攻克鳳凰嘴及其附近高地，又殲寇甚眾，公遂命貫澈主張，殲滅西峽口之敵，惟時踞洛陽之寇，已向洛甯移動，故十九日西峽口之寇向我反撲，公嚴令固守陣地，電令新四師譚毓麟如退至中蒲塘以西，必受槍決；如失霸王砦，亦必嚴究，於是各師奮勇血戰，繼續擊潰敵軍。經四月二十七日反攻，遂在西峽口砦外成對峙之局；五月七日，公決定作戰指導，以鞏固丁河店現陣地。南翼豆腐店及一一八〇高地，北翼則新一旅集中使用，歸謝輔三軍長指揮；六十五師歸王總司令指揮，用以攻擊，使南取龐家店霸王砦，北翼則包圍土地嶺之寇；並請第二集團軍劉汝明部不得後撤或南移，以牽制敵軍。八日午前，我一一〇師新編四十二師遂克復豆腐店及一一八〇、一一四〇高地，完成殲滅戰。自四月三十日以來，已連戰八晝夜，敵在豆腐店、丁河店一帶遺屍一千三百四十七具，擄獲日軍二名，驢馬六百二十九匹、山砲一門、迫擊砲二門、觀測鏡一具、步槍二百四十一枝、輕機槍二十二挺、重機槍十挺。其時洛甯之敵步騎兵八千餘、砲二十門已進至長水鎮，企圖攻我官道口、盧氏，策應西峽口之敵。十日，公判定丁河店敗退之寇，自四月二十七日反攻迄今已十三日，所攜糧彈必盡，以撤退之公算為多，有殲滅之機會，令謝輔三軍攻取二六五一高地，完成包圍圈，協同空軍殲滅之。南翼則續攻龐家砦、霸王砦。對長水方面之敵，令第四集團軍李興中部先包圍龍頭砦，徹底炸燬奪取之，阻其西進，並部署武關之防守陣地。五月十日，西峽口第三次大捷，我九十軍反斜面戰術成功，迫使大橫嶺釣絲崖之日軍在樹林中集團自殺〔註四一〕。亦使日軍自

註四一　參見五月十一日《重廣大公報》頭版新聞。

此被迫採取守勢。至十九日由官道口進犯之寇，已為我四十軍拒止於雲臺山、大南嶺、馬家山之線；甕關村以北高地，由第四集團軍固守，李興中總部亦推進至杜關指揮，公命九十軍附以第七師向官道口前進；二十四日晨，我軍攻擊官道口之寇，迅即佔領火山關、石大山、馬家山、四莊、老虎頭、興隆砦、印家山等地。二十五日連克孟家河、牛心店、寺後街，敵之攻勢遂挫，與我成對峙之勢（註四二）。

伏牛山中共軍韓鈞部五千餘人，五月底起為策應日軍作戰，由嵩縣竄向伏牛山區之腐店、太山廟、兩河口、車村，續向黑峪苗子前進，攻擊我暫編六十六師，至六月上旬西峽口，官道口之寇，仍與我對戰中，我軍因受共軍韓鈞部之牽制，亦未能進展。伏牛山區之共軍，公以交通運輸困難，乃派九十軍之五十三師袁杰三所部，配一地方團隊，組為勝利兵團，向匪搜索堵擊，匪則化整為零，東西竄伏，避免與我作戰，伏牛山區嶺巒迴亘，搜捕不易，而交通運輸均極困難，遂決定勝利兵團主力，停止深入，盡量利用地方團隊擔任警戒、搜索、連絡，迂迴側擊、包圍破壞等任務，主力則隱蔽集結，有機可乘時，即以十倍之眾，殲滅其一部或佔領一地。所幸其時，官道口長水之日軍已被我擊

註四二　西峽口戰役詳情，請參閱親身參與該戰役之黃潤生所著〈八年抗戰最後一役——西峽口之戰〉，《河南文史資料》二〇〇七年總第一〇二輯，頁四九。黃君於七十七年夏，曾自臺轉赴當地訪問，當地民眾均稱我軍為「抗日英雄」。

破而東竄，西峽口雖仍在對峙中，已無激烈戰鬥，公於八月五日偕龔總參議浩、李副參謀長崑崗等，赴西坪之西管莊，六日偕三十一集團軍總司令王仲廉及李崑崗、沈策等，共赴丁河店西側山頭，眺望敵陣龐家砦、光華砦形勢，不禁對在場諸人高呼：「我們終於打了一場大勝仗！」，回西坪後，約見軍師長吳紹周、謝輔三、賴汝雄、張文正、黃子華、廖運周、李達、李守正、馬雄飛等，開檢討會議；七日約見李奇亭、李紀雲、曾文思、王應尊、沈文明、黃國書、袁杰三、鄧鍾梅、陳舜德、蘇炳靈、楊保甲等，在娘娘廟講評，十二時離敷水關西行，越十八盤，午夜宿於廟溝口民家，八日至華陰，距日皇廣播無條件投降，僅三日也。

三、共軍侵入囊形地帶以南地區，公命盛師驅逐之，因而加強陝北封鎖線兵力。

所謂陝北封鎖線，在抗戰初期，原不過是少數陝西省保安部隊，在有限之交通隘口，清查行人，照料食宿，共方亦復如是（據傳雙十二事變前，即是如此）。自二十九年，中共誘我山區新軍及三十年新四軍在蘇皖叛變後，繼之又在陝西侵入囊形地帶，集結相當兵力，於是我方亦酌派正規部隊協同團隊戍守，防其侵軼，而於侵佔之囊形地帶，亦成為懸案，始終為匪所佔有。頻年以來，時以武裝走私鴉片，去年三月，公派胡公冕前往勸止仍無結果，公乃決定於七月上旬以五師之眾，攻取囊形地帶，因未奉准，不果舉兵。至是，豫西之韓鈞部隊竟公然攻擊我暫編六十六師抗戰部隊。七月十二日，囊形地帶之共軍，又突破封鎖線，攻佔方里鎮，十五日續佔通潤鎮，守軍陝西保安第二、第三兩團潰散，至十六日自通潤至方里鎮七十公里之碉線，全部被佔。公於十九日嚴電朱德，一面責令撤回南犯之共軍，一面令第一二三師盛文所部恢復囊形地帶；二十一日，盛師收復方里鎮，進攻淳化城外高地；二十七日收復爺台山，而擊破其陣地，共軍遂北竄，恢復原態勢。

盛師攻佔爺台山後，中共乃由延安增調兩旅反撲，公亦適時調預三師陳鞠旅部增援，激戰三日，共軍仍被我擊破逃竄。爺台山為囊形地帶，戰略要點，可以瞰制關中，盛師乘勝收復該山，既可瞰制囊形地帶，復可節約封鎖兵力。毛共則大肆叫囂，謂盛文破壞停戰協定，請我軍委會撤懲，公未置理。毛酋堅謂該山原為共軍所有，非要回不可，遂由北平協調會派三人小組實地察看。八月上旬，美國調處委員二人，我與共方委員各一人至淳化前線，軍委會乃電公轉飭盛文放棄該山，退守山之南麓原封鎖線，我軍仍處於原來不利之態勢矣。七月一日委員長蒞臨西安，公以中共居心叵測，封鎖線必須加強，否則關中一有動搖，勢必影響整個戰局，於是奉准將三十六軍編為特種軍，軍轄盛文一二三師、王應尊二十八師、何奇四十八師、李日基一六五師、康莊暫十五師，師各四團，其守備線西起甘肅之固原，經慶陽、平涼、榆林、洛川、至宜川一線，長一千三百餘里，三十六軍擴編後遂長期擔任封鎖線之戍守。

委員長七月一日蒞臨西安，二日八時五十分主持七分校十九期畢業典禮，招待美記者團於興隆嶺，十四時東行至赤水，檢視第一師，二十時四十分回西安，二十一時赴曹村新營房與學生會餐訓話，勉以仁愛及助人與人合作，並介紹美軍藍道爾（Lloyd Fredendall, 1883–1963）將軍對學生講話。三日夜間，公赴七分校禮堂觀皮以書主持之兒童保育院之舞蹈表演，四日八時，蒞長官部傳見各處主管與省黨部委員，九時四十分至省政府接見地方仕紳，十時十分起飛回渝。

四、公與美方將領合作，訓練戰區部隊，以勝利來臨，共辦二期。

四月間，軍政部陳誠部長蒞陝，允裝備第一戰區九個師，公已決定裝備第一軍羅列部三個師，十六軍李正先部、八十五軍劉戡部、九十軍嚴明部各兩個師，美軍將派五十人來陝協助訓練，四月二十一日在王曲主持幹部訓練班籌備會議；自後，美軍將領接觸頻繁。二十四日，公接見藍道爾少將、梯索思冒上校、米爾斯少校、克勞克中尉。二十八日，以茶會方式招待美軍官包瑞德上校等三十員。五月十三日，主持戰區幹部訓練班，在留村舉辦開學典禮，到美軍官四十人，譯員十餘人。此訓練班，第一期六月二十五日畢業，第二期八月二十日開學，九月下旬畢業。十月二日，威特上校、勞祿中校、威爾遜中校離陝；五日，包瑞德（David Dean Barrett, 1892–1977）上校離陝；六月二十五日上午，中國戰區參謀長魏德邁將軍（Gen. Albert C. Wedemeyer）飛陝；十二時半，公午宴招待，下午二時陪赴苗村幹部訓練班參觀營之攻擊演習。二十六日七時，偕赴王曲河西大操場閱兵，魏德邁將軍講話稱七分校之訓練成績，足與海外任何軍校相媲美，話中對蔣中正校長推崇備至；十時，參加幹訓班畢業典禮，魏致詞，十一時半參加七分校軍官團會餐，公致歡迎詞。下午四時，魏正式訪公，茶會招待，隨即舉行軍事會報。二十七日八時，魏至潼關參觀河防工事，適中條山游擊部隊解到日俘兩人，魏親作詢問；十時至五虎嶂參觀第一師據點攻擊演習，十二時參觀窰洞兵舍，下午四時至赤水，在第一師閱兵，時大風揚塵，咫尺外即不見人，繼降大雨，閱兵分列式在暴風雨下進行，魏講話謂：「第一師有光榮歷史與傳統，今日表現，足證不虛，甚可驕傲與滿意。」是夜十時，至長官部再度舉行軍事會報。二十八日十二時半送別。

五、蔣中正委員長以軍校校長身份，第三次蒞臨第七分校主持第十九期學生畢業典禮。

蔣委員長於本年七月二日至西安王曲主持七分校第十九期學生畢業典禮，是為其第三次蒞校，其後至赤水檢閱第一師，再回到王曲，於晚上十一時與畢業生會餐。在畢業典禮上，蔣公勉學生「要親愛精誠，團結一致，打倒日本帝國主義，完成抗戰建國大業」，在夜間會餐時，勉學生要「對國以忠」、「對人以仁」〔註四三〕。

註四三　兩篇訓詞全文均收錄於《王曲文獻》第一部校史〈中央陸軍軍官學校第七分校校史〉。

六、勝利後，公奉命在鄭州受降，接收豫北豫西等地日軍。

三十四年八月十日，日本正式宣佈無條件投降。九月九日，日本駐華總指揮官岡村寧次大將，在南京無條件投降正式簽字。公奉命在鄭州受降，接收豫北豫西日軍，並以有力之一部向河北挺進，歸十一戰區指揮，擔任華北地區之接收與防務。其時我軍第四、第三十一集團軍位於豫西；第三十四集團軍擔任韓城迄潼關之河防；第三十七、第三十八集團軍位於關中及隴東陝北封鎖線上，公奉命後，即命第三十八軍軍長張耀明率第十七、第一七七師，由豫西向開封附近挺進，以第一七七師擔任蘭封與開封地區；第十七師擔任開封與鄭州地區之接收與警備。第二十七軍軍長王應尊率四十七師、四十九師向鄭州附近挺進，四十七師擔任鄭州附近之接收與警備。第四十九師則到達鄭州後，繼續向武涉挺進，擔任武涉方面之接收及清剿共軍的任務。第九十軍軍長嚴明率五十三師六十一師由豫西向洛陽挺進，到達後，以五十三師擔任鞏縣至洛陽地區；六十一師擔任洛陽附近地區之接收與防務。第三十一集團軍總司令王仲廉則率所部八十五軍，由豫西向河北岸之新鄉、汲縣地區挺進，擔任豫北地區之接收與防務。八月二十五日，我九十軍進入洛陽，豫西各部隊開始分別東進；九月中旬，各軍到達指定位置，公於十八日偕參謀長范漢傑副參謀長李崑崗等，乘小飛機至鄭州，為使各將領參加受降典禮，乃改期於二十二日舉行。

二十二日，受降典禮於上午九時在鄭州指揮部大禮堂舉行，公自臨時官邸乘車至禮堂。入場，全體肅立致敬，就坐後，紛紛攝影。九時，正引導官黃正成引導日軍代表第十二軍軍長中將鷹森孝、參謀長少將中山源夫、高參折田、參謀中澤少校、神木少校、翻譯官小山田等六人，魚貫入場，在一定線上排列整齊，向公鞠躬致敬；公起立點頭答禮後，命之坐。當時范參謀長漢傑宣告攝影，約三分鐘畢。日軍代表鷹森孝中將起立報告謂：「余是接受命令來的。」公問有無證明文件？答：「有」，當即呈出證明文件，公略審視，即交范參謀長，范參謀長隨出命令兩紙，公簽字蓋章後，即以一紙交范參謀長轉遞日軍中山參謀長，轉交日軍代表。公曰：「此為本長官交付貴官第一號命令」，日軍代表鷹森孝檢閱後，簽字於受令證，蓋章，交其參謀長轉遞范參謀長轉呈公，公審閱無誤後，隨交范參謀長收存。日軍代表起立報告：「命令已確實奉到。」公曰：「請貴官此後執行本長官命令！」日軍代表答曰：「是。」公曰：「日軍代表退席。」鷹森孝中將即起立，退後三步，向公一鞠躬，公起立答禮。鷹森孝一行五人，即按操典動作退出。典禮完成，約為時八分鐘，日軍代表退後，公即向參加典禮官長來賓記者發表談話：「鄭州、洛陽、開封、新鄉日軍到今天才正式接受命令，開始繳械，本戰區當面任務，得以順利完成，甚為愉快。回想八年以來，賴我們最高領袖蔣委員長英明的領導，卓越的指揮，堅定的意志，喚起全國軍民共同奮鬥，出兵、出糧、出力、出錢，流血、流汗，支撐抗戰，擁護國策；經過八年的血戰，乃能換得友邦的同情與援助，尤其美國朋友密切的合作，密切提攜之下，乃能得到最偉大的勝利。這勝利，一洗中國歷史上的恥辱；一洗中國地理上的污點；一洗中國人民憤恨與不平的心理，我們臨此勝利與光輝的一天，我們對於我們的領袖以及抗戰的軍民，以及我們的友邦——尤其美國朋友，應致其崇高的敬意。今天我們遙祝領袖萬歲，並祝各位勝利！」講畢，譯成英文。前後約六分鐘，在院內攝影。其後，以簡單茶接待日方人員。鷹森孝表示對中華文化崇敬，而自己亦熱愛中國古典小說如《三國演義》、《水滸傳》等。公當時即答以，這些名著固有文學價值，但亦有反面看法，因《三國演義》明顯的有分裂國土、破壞統一之意，而《水滸傳》更是佔山為寇，製造社會不安。所以對它們只能作文藝佳作看（以上為在場之侍從參謀夏新華民國八十五年八月之回憶）。十時四十分，公率全體官兵來賓赴廣場升旗，是日參加觀禮者有王仲廉、李興中、裴昌會、劉茂恩、馬法五、張耀明、高樹勳、吳士恩等軍長以上之高級將領，及隴海鐵路局及河南黨政人員等來賓百餘人。十二時，公赴河南黨政人員聯合歡宴，下午四時在指揮所大禮堂招待來賓，舉行茶會。二十三日九時，公派李副參謀長崑崗訪問鷹森孝中將，下午四時在臨時官邸接見鷹森孝等五人，三十一集團軍總司令王仲廉等人陪見，於五時三十分辭去。鷹森孝於談話中曾詢及月前西峽口戰役中，國軍某年輕軍官在大橫嶺，以卓越的反斜面戰術殲滅日軍甚眾，希能一見。公交查獲悉乃七分校十五期畢業之孔令晟營長，惟當時已調往甘肅而未能如其願〔註四四〕。是夜八時招待黎友民、王文德、鄭學玄、童震、宋凱河、梁鳳、孫動夫等記者。二十四日，日軍中山源夫參謀長來見，代表鷹森孝中將致謝昨日之敘，並贈畫一幅，藝術女像一件。二十五日下午四時，公在大雨中飛抵開封，驅車入城，人民皆燃爆竹，擺香案迎接。公於日記中記載：「何敢當此，何敢當此。」〔註四五〕

二十六日訪龐炳勳、劉茂恩，夜則延見豫籍同學溫其亮、吳長怡、劉藝舟等。二十七日接見張嵐峯、孫良誠代表；十一時到新鄉晤馬法五，高樹勳、孫連仲及日軍飯田少將。三十日派沈克赴石家莊，陳子堅赴彰德，收集情報。十月一日，為美軍威特上校，勞磙中校，威爾遜中校餞行。五日，包瑞德少將辭行，公同午餐，並送之機場。七日上午，鷹森孝派其參謀長中山源夫來奉獻軍刀〔註四六〕，范漢傑參謀長及李崑崗副參謀長在場。晨十一時孫殿英自新鄉來謁，同進午餐。公於下午三時離鄭到西安。

公奉令調有力之一部向河北挺進，撥歸十一戰區指揮。公派三十四集團軍總司令李文，率十六軍軍長李正先部之兩個師，由朝邑之大慶關渡河，至運城集

註四四　請參考國史館之出版：「孔令晟先生訪問紀錄」。

註四五　公於民十九年任第一師師長時，駐節開封，二十年駐節鄭州，二十七年率十七軍團苦戰於開封蘭封間，紀律嚴明，剿滅積匪，助民耕稼，故當地之民對公極其崇敬。

註四六　該項日本武士刀現陳展於高雄鳳山陸軍官校校史館。

結，然後沿同蒲鐵路線向北躍進，至太原後再乘正太鐵路至石家莊，轉入平津歸孫連仲指揮。其後十六軍在張家口懷來各地，戰績甚著，為華北之主力部隊。迨十一戰區改為華北剿共總部後，復歸傅逆作義指揮，仍不時轉戰華北，為共軍所嚴憚。

七、勝利後中共叛亂，阻撓受降，公劃區清剿，並擊潰圍攻彰德、湯陰等地共軍。

三十四年八月十日，日本宣佈投降後，中共毛澤東、朱德連下七次命令，指示各地共軍搶先接收或阻撓我軍前進。本戰區共軍在豫西者有陝洛區韓鈞部，伏牛山土共王樹聲部，嵩嶽區皮定軍部，共約三萬餘人；分踞陝縣、洛陽、登封、嵩縣、禹縣、宜陽、伊川各地。本年四月間韓鈞一股在澠洛、新安一帶，經常襲擊我軍，王樹聲亦曾於五、六月間襲擾我宜陽縣屬之東西趙堡九間房等地，皆為我軍擊潰；而皮定軍股萬餘人，曾同時擊破我登封密縣城鎮，亦經擊潰而南竄。自日本投降後，王樹聲、皮定軍、韓鈞等股，即分向洛陽南北區挺進，企圖先我佔領洛陽，搶先接收，並阻止我軍東進，使陳毅、劉伯誠兩股得以佔領華中，遂其擴展地盤之目的。公洞燭機先，乃令原在豫西之第四、第三十一集團軍確保現態勢，而令九十軍軍長嚴明率五十三師袁杰三、六十一師鄧鍾梅、二十七軍王應尊等部，迅速東進；遂於八月二十五日入駐洛陽，並於九月八日開始劃定各清剿區，以二十八師指揮第十六縱隊，清剿第一區陝州澠池新安之共軍，並維護隴海鐵路修復任務；宜洛盧抗日自衛軍王希仲部清剿第二區洛寧之匪；第九挺進隊清剿第三區宜陽之匪；第六十六師清剿第四區伊川、伊陽、嵩縣之匪；第九十軍指揮王遂慶團清剿第五區洛陽、偃師、孟津各地散匪，並掩護隴海鐵路修復任務；四十九師清剿鞏縣附近之匪；第十五軍清剿登封密縣臨汝一帶之匪。公為徹底肅清豫西登封密縣之大股共軍，乃令沿隴海鐵路附近部隊，以一部封鎖黃河渡口，阻共軍南犯；另以有力部隊迅速東進南進，分別佔領嵩山、北萼、領口、賈峪、崔廟、朱河、鎮山、小關、夾津各隘口，阻止登封密鎮之共軍向各地逃竄，而令十五軍指揮地方團，迅由南向北對登封密縣之共軍包圍攻擊，依隴海鐵路南進東進部隊之協力，期圍殲於嵩山南麓。十月五日，我六十一師一八三團與王遂慶團，分別克復沿村、聖水、駕店，向南攻擊前進。我十五軍六十五師擊滅唐莊、焦店之共軍後，於十月七日收復登封，殲共甚眾。殘共利用暗夜，化整為零，鑽隙南竄長埠、大營、南召方向。十月二十日，奉委座甬皓令一充電「匪軍主力已竄南召附近，清剿任務，改由第五戰區劉長官峙負責，第十五軍即暫改歸第五戰區指揮，該戰區應飭第九十軍派必要兵力於豫西嵩縣一帶防堵。」豫西清剿工作，至此遂告一段落。

豫北方面共軍，劉伯承軍約五萬人九月二十九日襲佔我湯陰縣城，會合魯西楊勇、冀南聶榮臻共軍，自十月初起圍攻我安陽據點，截斷平漢鐵路。公乃命新編第四路軍總司令孫殿英督率所部反攻湯陰；十月四日，孫部七、八兩師由淇縣公路北進，先後擊潰西岡、棗莊、上莊東犯之共軍；十四日攻佔大青山、宜陽鎮、五老屯、白家營、韓家莊等據點；十五日收復湯陰城。即令以主力沿平漢鐵路繼續攻擊前進。共軍攻安陽之時，公於八日呈請派機運兵解圍，並派三十八軍副軍長陳子堅，以豫北交通警備指揮官名義，統一指揮游擊部隊與地方團隊；電勉安陽團員趙質宸固守；十日由空運七十八師一個團至安陽增援，共軍自十三至十六日四日夜猛烈總攻，我軍陣地屹然未動，而我孫殿英部十六日攻佔寶蓮寺、連江村等據點，迫近安陽，共軍遂乘夜北竄，安陽圍解，是役傷斃共方八千餘人。

十月上旬，為策應湯陰安陽之作戰，及擴大黃河北岸橋頭陣地，曾令北進之第三十一集團八十五軍迅向黃河北岸擴張，我八十五軍一一〇師於十月五日收復原武，十三日收復獲嘉，十七日收復輝縣，自此，鄭州與安陽段平漢鐵路，已完全打通。

十月中旬，奉何總長西元午工電令本戰區派隊掩護平漢鐵路黃河以北至漳河段搶修任務，至十月十七日，平漢鐵路安陽至鄭州沿線之殘共雖已肅清；而楊勇共軍仍在淇縣湯陰以東，劉伯誠主力集結於山西潞城、長治一帶，隨時可能竄擾。公遂制定分區清剿計劃：第三十一集團軍總司令王仲廉指揮八十五軍及二十七軍之四十七師，剿辦第一區輝縣薄壁焦作之共軍；新編第一路軍總司令龐炳勳部配杜淑部，剿辦第二區滑縣道口之共軍；新編第四路軍孫殿英部，剿辦第三區湯陰東側故縣之共軍；豫北交通警備指揮官陳子堅，指揮十四縱隊與七十八師之一團剿辦第四區臨漳、觀台之共軍。皆於十月二十日開始行動，第一區之一一〇師及四十七師之一部向輝縣薄壁清剿，十一月五日先後攻克修武、武涉及再克輝縣。十一月二十六日，第二十三師由汲縣向淇縣附近之共軍，一一〇師、四十九師分沿道清鐵路兩側向焦作清剿，第二區龐炳勳部擊破延津以東地區之共軍。適奉令整編，至十二月初始以第二師主力經王樓向牛市屯聶花砦進剿，第三區孫殿英部於十月二十一日擊破向湯陰反撲之共軍後，二十七日以第八師之二十三團擊潰盤踞鶴壁千餘之共軍，佔領鶴壁。其時，第十一戰區北進兵團四十軍、三十軍、新八軍在邯鄲馬頭鎮地區被共軍圍擊，公於二十九日電令第四路軍孫殿英主力迅速進出漳河增援。十一月又令其主力掩護第三十二軍進出漳河。第四區七十八師之一團及李英部，分向臨漳、觀台之共軍清剿，十月二十八日皆已佔領。是役雖曾收復修武、武涉、輝縣、鶴壁、臨漳、觀台等地，然因馬頭鎮之變，未能如原定於十一月十日之期完成任務；而各地之共軍，一遇我軍進剿，即逃竄避戰，故亦甚少聚殲之機會。至三十五年一月，第一次停戰令頒佈，豫北之共軍，遂得喘息整補之機，而養癰貽患。

八、十一月，公奉召赴渝參加復員整軍會議，藉機面呈滅共意見。

公奉召於十一月八日赴渝，十一日參加復員整軍會議，十五日在山洞官邸開會訓話，夜八時傳見，公請假一個月回浙省故居掃墓，准假二十天。公因言：

「連日恭聆訓示，對現時剿共頗有憂疑，如以管見：㈠官兵副食如能維持三千六百元而不減至一千八百元則逃兵減少，士氣旺盛，成功極易；㈡請親臨西安或太原，則軍心士氣必振。補給、交通、通訊、衛生等解決，陸空聯絡解決，軍民配合解決，一年工作，半年決可完成，時間縮短，蘇俄雖欲援助共軍，亦不易也；閻長官今日報告山西控制七條鐵路、五個省，而匪之力量，晉西北二十萬，晉東十五萬，山西形勢如此，如能先解決此一問題，則其餘皆可迎刃而解。」日本投降後，中央命派部隊入晉。八月十五日閻長官電以糧食困難，拒絕本軍入太原，而中央仍催不已；九月十六日，公決以一六七師開晉南，十六軍開太谷附近，乃派曹日暉先赴太原聯繫，仍無結果。時，晉閻已組織亞洲民族革命同志會，積極組織日軍，給太原日軍司令官登田東四郎等顧問名義，並派梁上椿等與日高級人員拉攏。同月十八日，三十四集團軍李文總司令報告：「㈠山西新編之省防軍及各縣保安隊，除護路外，更無實力。㈡兵農合一政策，人民畏服兵役及各種攤派，尚未還鄉，各縣鄉村大半屬於共軍，頗有演成過去江西情勢。㈢官吏人民麕集城市，存糧有限；鄉間之糧，又為共軍搜括統制，倘不打開現狀，三個月後糧食將成問題。倘中央無五個軍以上兵力援晉，不但長治難保，太原亦岌岌可危。」

九、是年十月，公晉上將銜，並受勝利勳章及當選為本黨中央委員。

是年五月中旬，本黨召開第六次全國代表人會，公因西峽口、官道口戰事請假；二十二日執監委選舉名單發表，公名列第十九執行委員，在馮玉祥之上，朱家驊之下。「其重要性較多於往日。」八年抗戰結束，十月三日，公奉國民政府之命令，晉加上將銜。十日國慶，公又奉頒勝利勳章。

十、是年，公部空運重慶五萬餘人，支援西南作戰。

本年春，美軍在西南編訓機械化部隊，公奉令挑選官兵支援西南，自三月下旬起，第一期空運二萬一千五百八十六名，第二期空運學生九千三百〇五人，士兵二萬四千九百四十九名，時由美軍醫務人員逐名實施體格檢查，極為嚴格；雖陝西、河南士兵，身體魁偉，然由於昔日給養不足，影響健康，被淘汰者甚多，公最後乃令在七十八師挑選千餘人，至四月四日因西峽口戰事激烈，方停止空運支援。而公部精練之兵，已去其人半矣。

十一、蔣緯國先生於元旦報告將訂婚，嗣於二月六日在西安王曲結婚，蔣經國先生飛西安參加，二人均曾與公多次深入談話。

十二、美國杜魯門總統於本年十二月二十二日以指揮官級大勳章（Legion of Merit, Degree of Commander）授公，以彰顯公於本年四月至九月致力協助第一戰區內之美軍，促進中美合作，在華北對日偽作戰，功績卓著。

十三、本年接待中外賓友亦眾，包括傅作義、宋希濂、胡公冕、郭寄嶠、劉仲逖、王叔銘、美國陳納德（Claire Lee Chennault, 1893－1958）將軍、美國辛普森（William Hood Simpson, 1888－1980）二級上將、英國司徒博上校、劉文島、周至柔、美國空軍斯特拉特梅耶將軍、孫連仲、何總長應欽，不久，出任美駐中國之大使司徒雷登、美空軍 Col. Springer、美友人魯斯、英國駱克睦上校、郭廷以、呂文真、蕭一山、張蔭梧諸教授、李宗仁長官、曾琦、劉東巖、張寶樹、美軍包瑞德（David Dean Barrett, 1892－1977）上校、威特上校、鄧寶珊、于右任院長、劉茂恩主席。

卷四

1946 — 1950

民國35年至民國39年

中華民國三十五年，丙戌，西曆一九四六年，公五一歲。

一、抗戰勝利，中央軍校第七分校奉令停辦，改為軍校西安督訓處。

西安戰時，公所領導各軍事訓練機構，如游幹班、戰幹團等，勝利後皆奉令結束，第七分校亦為其中最要者，游幹班則在抗戰勝利將臨時已裁撤。第七分校於民國二十七年創立，至此已訓練自第十五期起至第二十二期，共七期，畢業軍校正規學生共二萬五、〇一四人，百分之九十五皆分發充任軍事幹部。歷年以來兼辦各種班隊計有三十三個單位，共畢業學員生一萬二、三〇三名，共計三萬七、三一七人。其中二十二期未畢業者，奉令併入成都本校，另在校尚有十九期、二十一期步兵補訓大隊六個，以及代訓之騎砲工通輜重各一大隊，近四千人，大多為淪陷區搶救而來，投訓分校者，公乃呈請准在西安訓練完成，俾就近分發；於是奉准在七分校原址成立「陸軍軍官學校西安督訓處」，由袁樸、吳允周先後任處長，處部組織有祕書張青光，教育組陳延生，政治組江雄風，總務組張丙炎，經理科韓岳天，軍醫科劉輔仁。

西安督訓處軍校第二十一期學生畢業時，蔣中正委員長以校長身分頒訓詞，由關麟徵教育長轉，以政府已下令戡亂，勉畢業生效法先烈，於最短期間，撲滅中共，完成救國救民之歷史任務，並與士卒處處同生死，共患難〔註一見次頁〕。

二、勝利後部隊整編，公部整編為三個軍，十個師，二十五個旅，共有官兵二十五萬六千人。

第一戰區勝利後，共轄有五個集團軍十三個軍，三十五個步兵師，一個騎兵師，三個獨立砲兵團，一個裝甲兵團，一個獨立渡河工兵團，一個野戰工兵團，一個通訊兵團，及長官部直屬一個特務團。勝利後第三十四集團軍奉委座電令，命所屬第十六軍轄二十二、九十四、一〇九三個師，第三軍轄第七、第三十二兩個師入冀，歸入十一戰區序列。前一年九至十二月，又奉令裁撤八十九軍軍部，及將暫六十二師、六十五師、六十六師撥歸十五軍建制。故本年整編前，公僅統率第四、第三十一、第三十七、第三十八四個集團軍、十個軍、二十五個步兵師、一個騎兵師、七個特種兵團。三月十六日，奉委座寅銑電令，本戰區十個軍列為第一期整編，四月一日，公召開整編會議，決定十日內整編完畢，第一軍抽出三個團，撥補一四四、三十一、四十八師各一團，以期戰力之平衡。每一步兵師裁一個團，以補足其原來之缺額，計共裁撤二十六個步兵團。編餘軍官成立西安、鄭州兩軍官總隊收容之，編餘軍文官佐與士兵共二萬七千五百餘人，大部份資遣回籍。整編後原來之軍改稱為整編師，師改稱

註一　全文錄於《王曲文獻》第一部七分校校史。

為整編旅，三十一集團軍時在豫北，三十軍時在晉南剿共，皆在戰鬥中整編，士氣甚受影響。四月底第一期整編完成。本戰區計有四個集團軍統率十個整編師，其中有七個甲種旅，每旅轄二個步兵團，三個乙種加強旅，旅轄三個步兵團，合計為十個整編師，二十個整編旅，五十五個步兵團，連同各種特種部隊，總兵力為二十五萬六千人〔註二〕。

前三十八軍整編時其所屬五十五師師長孔從周〔註三〕，調升為整編三十八師副師長，遲不離部；突於五月十五日率部叛變，由鞏縣竄向南方山地，自稱民主同盟軍，反對內戰，反對不合理整編。公派一七七旅李振西部追捕，封鎖登封密縣山口，至十九日投降及俘虜三千餘人，生擒附逆旅長孫子坤，僅孔從周脫逃投共。毛共授以五十五軍軍長伏牛山區司令員偽職。

鄭州綏靖公署成立後，第三十一集團軍王仲廉部所整編之二十六軍三個師、六個旅，十月初撥歸綏署直接指揮。第四集團軍之四十師兩個旅，亦經撥出，故本戰區實有兵力已減少百分之四十，不足十六萬人矣。公五月二十三日赴國府時，委座駕臨召見，公報告現時徵兵，對政府威信有關，不如以民眾組訓方式，預期陝境可訓練壯丁三十萬人，需軍官五千人；河南可訓練壯丁五十萬

註二　公三月三十日日記：「委座偕夫人到西安，七時三十分在六谷、莊行轅召見，問整編情形，報告尚有二十五萬六千人。諭曰：『大有可為』。」

註三　孔從周本係楊虎臣之甥，自幼即隨楊為匪。

人，需軍官九千人，則兵源補充等問題即可解決。奉諭：「擬一辦法來」。按此計若行，對其後剿共兵源，自可解決，然不知何竟未行也。

三、公因抗戰有功，獲頒軍人最高榮譽青天白日勳章：

本年三月七日，政府以庸字第一四六號勳章證書，特頒予公軍人之最高榮譽——青天白日勳章，證書全文為：

「國民政府為第一戰區司令長官胡宗南具有陸海空軍勳賞條例第四條之勳績，給予青天白日勳章壹座此證。國民政府主席蔣中正 中華民國三十五年三月七日。」

四、公計劃清剿豫北之共軍，以奉停戰命令，遂不果行。

去年共軍侵犯豫北彰德、新鄉、淇縣各地，阻我接收，嗣後在沙河、馬頭鎮襲擊北上之四十軍，經我各清剿部隊擊退，並遵令掩護修復平漢鐵路北段鐵道，公於十二月下旬親往豫北視察，擬定作戰計劃，先收復焦作、博愛、滑縣等地，已定於一月十日前行動，先將劉子奇之一六六師於一月五日開至新鄉，鄭州指揮所亦將於一月十五日推進至新鄉，情報所則移至彰德；不意，美國杜魯門總統卻於上年十二月發表對華政策聲明，馬歇爾特使亦於其時來華擔任調處；元月十日發佈第一次停戰令，停止一切軍事行動，公對焦作等地剿共部署，雖已先期完成，亦不停止攻擊，改取監視矣。

公深知中共受俄帝豢養，陰謀奪取政權，決非美國所能調處，更不能相安於共存，如不剷除，將為中國之大患；而剷除之道，首宜搗其延安巢穴，於是密擬進攻陝北計劃，五月八日，公聽取參謀人員報告立案內容，批准甲乙兩案，並諭在十五日以前準備完畢，其時陝北共軍已大部抽調東渡，向晉、綏、河北、東北挺進，軍力處於劣勢；然共黨藉我停戰之機，在延安大肆擴軍，公原期於第一次停戰令在五月底屆滿之期，呈請中央突擊延安，傾其巢穴；而六月七日，我政府繼又頒佈第二次停戰令，其事遂無以進行。然中共則乘我停戰之時，六月上旬，偽晉南太岳軍區陳賡部九旅之眾，向晉南發動全面攻擊；六月二十九日，偽中原軍區李先念軍，向鄂、豫、陝邊區進犯；八月間，劉伯承軍十五萬之眾，更肆擾於魯西、豫北，共軍勢力因調處停戰而益張矣。

五、李先念部進犯陝南，企圖建立根據地，公飭部堵擊殲滅之。

中共中原軍區李先念，於六月二十六日率部向湖北之宣化店附近祕密集中；二十九日突破我友軍防線，由廣水花園竄抵隨縣、棗陽，其一部由王樹聲率領者，經南漳、房縣，竄擾於漢水南岸竹谿附近，其主力約一萬六千人，由李先念親率，經鄖縣西竄豫、陝邊境；七月十二日竄抵淅川附近，企圖經荊紫關入陝，建立秦嶺根據地，與陝北之共軍並圖關中。

當李先念部尚未到達陝邊之時，陳賡晉南共軍九個旅之眾，已向晉南各地發動攻勢，連陷絳縣、聞喜各據點，同浦鐵路為共軍截斷，本戰區奉命以有力部隊協力第二戰區行南北夾擊，於時，關中用以堵剿之部隊，僅為整編第一旅、第二十四旅、第一四四旅，及在洛陽附近整九十師之六十一旅。公念無法分兩面作戰，為確保秦嶺，鞏固關中，遠較收復晉南為重要，乃抽調有力部隊，以高度機動迅速圍殲西犯之共軍於豫、陝邊境；於是，於七月八日，公決意將九十師之六十一旅車運西坪，二十四旅車運至安康，一四四旅輸送至漫川關；九日，李部竄白牛鎮、太白廟；十日，共軍主力竄厚坡、獅岡；十一日竄馬磴，公命赤水整一旅運送龍駒寨；十二日共軍竄大石橋；十五日渡丹江竄太華山附近，時我六十一旅已在南化塘、本彎、狐狸、鮑魚嶺佈防，第一旅之第二團亦開到荊紫關西南；十六日，共軍挾其優勢兵力，分向我六十一旅及第一旅之第二團猛撲，企圖突破包圍圈西竄，十七日，共軍仍被我阻擊於南北塘、鮑魚嶺、狐狸之線；經十八、十九激戰兩日，斃傷共軍三千五百餘人，俘獲五百餘人，逃散者亦達千人。二十日，共軍乃利用暗夜鑽隙西竄東川娘娘廟，其時王震共軍三五九旅亦由豫西竄至，併力西竄，公乃命主力六十一旅及第一旅之第二團，車運商縣，而以六十一旅之一個團行超越追擊；二十一日，共軍竄口頭坪、西趙川與我激戰，而我一四四旅已於高壩店與漫川關之間建立陣地；二十三日，共軍主力竄至漫川關、兩岔口、黃柏樓、竹林關、妖魔洞、罩川街，被我軍第二次包圍聚殲，是役，俘虜共軍八百餘人，傷斃四千餘人，逃散者約千人。二十四日拂曉，共軍竄長溝口、土地嶺而突破黃柏樓、馬家店之線，經一夜之堵截激戰。二十五日，共軍王震之三五九旅回竄南化塘未逞，一部二千多人突圍至山陽以北地區，李先念主力則竄龍駒寨南四十里之寺坪；二十八日，公命整二十八旅之敖明權團，佈防於蔡玉窰、鳳凰嘴等地，李部果由黑山鎮竄抵鳳凰嘴，被我第三次圍擊。自七月二十九日至八月一日之間，在豈家河，蔡玉窰、鳳凰嘴以東地區連日截擊，殲共甚眾。八月二日，共軍經鎮安西竄雲蓋寺，公乃命八十四旅於五日到拂坪，二十四旅之一部向寧陝前進，二十八旅徐保到蔡家莊，一到洵陽壩，十七師何文鼎到盩厔。其時，豫共黃開誠股竄抵江家河，黃林股竄抵長安嶺附近，各有二千餘人，竹林關東北龍洞溝有敵兩個幹部團共千餘人，王大珍股八百人亦竄至茅河鎮，圖策應李部作戰，皆被我阻擊，徘徊於原地山區；七日，李部主力被圍於雲蓋寺賈家營、洵陽壩、火池塘等地，王震部三五九旅被我阻擊於洵陽鎮附近，主力竄三官廟，李部則向北竄，兩支共軍遂被隔絕；十三日，李部一部竄南山山口至馬召鎮，王部主力則竄華陽鎮。自八月十四日至二十日間，經我何文鼎十七師，廖昂七十六師逐地包圍、堵截、尾追，每股僅存數百人，李先念率二百餘人越川陝公路竄入甘境，王震股八月二十五日竄過寶平公路以南地區時，復經我軍圍剿，殘共不足二百人，竄入陝西共區。

李先念、王震股竄犯陝南，經五十三日，七百餘公里之追剿，俘虜共軍二千餘人，傷斃萬餘人，擊散者近四千人。俘共中有偽主席楊經元及偽營長、科員二十餘員，擄獲輕機槍五十餘挺，步槍千餘枝，騾馬一百三十餘匹。我亦傷亡官兵九百六十一員，公以主要共軍首領未獲，又未能迅速擊滅於豫、陝邊境，認為失敗〔註四〕。然李部初入陝境一萬六千餘人，王部三五九旅三千餘人，迭經圍剿堵擊，竄入共窟者兩股不過五百人，亦幾於全殲矣。

六、公奉命援晉打通同蒲路，收復晉南各縣。

山西中共太岳軍區陳賡所部，乘政府六月上旬發佈第二次停戰令之機，親率九個旅之眾約五萬人，於七月下旬向晉南各地發動攻勢，連陷絳縣、聞喜各地，截斷同蒲鐵路南段，並沿鐵路向南北分犯；八月二日，陳賡自踞侯馬、聞喜、夏邑，有匪第十、第十一、第十二、第三等四個旅及五十五、五十六、五十七、五十八等四個團；三日，共軍又在長治一帶強徵人民六萬餘人，至冀城、絳縣補充。公初意命整編第一軍軍長董釗率整一師羅列部、整二十七師王應尊部渡河北進為第一線兵團，向北攻擊前進，整九十師嚴明部及由豫北西調之整三十師魯崇義部為第二線兵團為後繼，嗣因李先念竄犯秦嶺，不得不抽調部份兵力進剿；四日，我整一師及第一六七旅在安邑、運城間集結，七十八旅在朝邑渡河，整二十七師之四十七旅在茅津渡附近集結，整三十師則由豫北轉

註四　公八月二十九日日記：「王震率二百餘人竄過公路渡過涇河北竄，此次剿共完全失敗」。

至隴海路，向西急進，並以晉南政治情況特殊，民心背向可慮，迭與顧希平、趙龍文、王大中、陳建中等研討，及晉閻之同意，遂組織第一戰區晉南政工督導組，由顧希平負總責，王大中率高承麟、孫適石等十餘員赴晉，隨同前線最高指揮部整編第一軍；負責地方黨政聯絡，強化部隊政工，爭取地方優秀份子及情報調查等工作。七日，我軍第四十七旅擊破張店鎮之敵，打通張茅大道。八日拂曉，我軍在夏邑附近之三十一旅，安邑、運城附近之一六七旅，併列北進，一六七旅於當日攻佔水頭鎮；十一日，三十一旅亦佔領堰掌鎮，一六七旅遂收復聞喜。其時，原伏於中條山區稷山山區之共軍三萬人，分向我三十一旅、一六七旅包圍反撲，我三十一旅因地形不利，當晚由堰掌鎮向聞喜轉進時，復被敵包圍於沙留、宋店附近，激戰澈夜，三十一旅傷亡慘重，旅長劉釗銘被俘。十二日，整一師羅列師長乃以甫經到達之七十八旅及第一師甫經裝備之人力輸送團，由漪氏沿同蒲路兩側，向聞喜之敵行反包圍攻擊；張店、夏邑附近之四十七旅，亦向同蒲路東側攻擊聞喜共軍之側背，一六七旅則由聞喜派隊向南夾擊，激戰至十五日，共軍乃向東北潰退。十七日，公飛臨運城，抵聞喜整二十七師師部，與羅列、王應尊、魯崇義、許良玉、沈策、李崑岡等將領，研討當面敵情及攻略侯馬、曲沃、絳縣之作戰計劃，並命砲兵指揮官王觀州以戰車、重砲、工兵各一連及步兵一營，編成突擊隊，必要時使用之。先是本月九日公派宋質堅飛臨汾，約晉軍王靖國同攻侯馬，尚未得復，而潰退之共軍第十、第十一、第十二各旅已回竄侯馬，公乃決定以獨力取之。十八日拂曉，我整一師之七十八旅、一六七旅、與整三十師之三十旅，併列北進，整一師羅列部佔領東鎮及其以北之蘭德鎮，整三十師魯崇義部亦攻佔柳泉附近地區；十九日乘勝前進，三十師佔橫水鎮，七十八旅遂力戰收復侯馬。二十日，公至裴村檢閱突擊隊，遂至三十師橫水鎮，前線士兵聞之皆雀躍，遂克絳縣。二十二日，公回西安，二十七日，我整三十師之二十七旅、整九十師之五十三旅會克垣曲。是日得閻長官未宥參電：「陳總長來電，擬將韓侯嶺以南劃歸貴戰區，以便此間集中兵力」云云。按自抗戰以來，此已第四次援晉。晉一有事，即須拮據以從之，真成東西奔命矣。九月一日，公策定日內進接臨汾之防；三日，我整一師、三十師繼續北攻，整二十七師之四十七旅亦沿同蒲路北進；四日，整三十師之二十七旅攻佔大交鎮，整第一師之七十八旅攻克冀城，整二十七師之四十七旅攻佔趙曲鎮，殘共均向太岳山區逃竄，七十八旅遂於六日進駐臨汾，本戰區奉命打通同蒲路南段，收復晉南各縣之任務，至此已告完成。九月十日，公決定以軍官總隊開入晉南擔任城防，組訓民眾，及諸善後事宜，而晉方之要求無已。先是我在同蒲路南段聞喜各地進展之時，北竄之敵已向第二戰區洪洞、趙城、霍縣、靈石各地進犯；晉軍第三十四軍退守靈石以北，暫三十九師退守臨汾，無力收復；二十二日，公又奉委座電諭，限本月底打通同蒲路，收復各縣後，將曲沃以北地區交第二戰區守備。公於是又揮軍北進，二十三日在攻佔浮山途中，我整一旅第二團在官雀村中伏，第一旅部亦在陳偃村赴援途中被圍，損失甚重，然整一師之一六七旅及二十七師之四十七旅，佔領浮山翼城。二十八日公到三原召集官佐訓話，痛責三六八團雖有三次殲滅王震共軍之機會卻皆失去良機，該團軍紀亦太差，是以其團長即撤職查辦。二十九日，在邠州奉委座電話飭赴太原見閻錫山長官，商夾擊同蒲路之敵，公以閻出兵不可能，距離洪、趙、霍、靈四縣策應亦難，願以四師之眾親赴臨汾指揮作戰，公遂於十月三日飛抵臨汾，五日以整九十師為主攻，沿同蒲路北進，整一師之一六七旅與二十四師之四十七旅，各別在鐵路左側分向蘇堡洪洞攻擊，併列前進；三十師則任右側掩護，是日，一六七旅攻佔喬李莊；六日，又攻佔曲亭鎮；七日，三十師之二十七旅亦攻佔韓略鎮，二十七師之四十七旅攻佔蘇堡，九十師之五十三旅遂克洪洞。九日，我九十三師之六十一旅收復趙城；十五日繼續攻佔霍縣，公於十六日及十八日均召集第一旅官長訓話，要求「在三個月內要以鐵面、石心、鋼膽來重整紀律，要臥薪嚐膽來報仇雪恥，並要擒賊擒王來洗雪軍人恥辱」。二十一日，公與第二戰區南進之三十四軍會師於南關鎮，殘敵在南關鎮附近渡過汾河向晉西逃竄。同蒲路至此已全部打通，沿路所失縣城大部收復，公於二十二日主持會報，決議重建四三一團與八四團，及晉南部隊兵員補充，統限於十一月二十日前完成。繼於二十七、二十八日規劃，將於十一月攻擊安澤及古縣鎮；但十月二十九日，忽奉國防部令停止安澤、古縣鎮之攻擊。晉南戰役，至此遂告一段落。

晉南戰役，自八月上旬至十月二十一日晉軍會師止，共歷二個月又十六日，計斃共軍旅團長以下二萬六千餘人，俘擄千餘人，收繳輕重武器千餘具，收復失地五萬二千二百方公里，縣城八座，並策動共軍雷文清反正；然我三十一旅、第一旅亦傷亡甚重。我整一及整二十七兩師對逃竄晉西山區之共軍，則於是年十二月十七日開始清剿；十九日第七十八旅收復蒲縣；二十一日第一六七旅收復午城鎮；二十四日第一旅收復大寧，六十一旅在午城鎮激戰後大捷；二十七日四十七旅收復馬蘭關，皆交晉軍駐守；然晉省之敵，圍攻大同者約六萬一千人，太原約三萬九千人，正太鐵路沿線一萬九千人，同蒲路沿線約四萬一千人，共十六萬人。我軍一撤，未及三個月，晉南、晉西各地又復糜爛矣。

七、公遣所部剿禦各地犯匪，議取延安事不果行。

自美國遣馬歇爾（George Marshall）來華調處國共問題，分遣三人執行小組，我政府通令停戰以後，晉豫各地之匪四出進犯，以疲敝我軍。自七月間陳賡共軍進犯晉南被我擊退後，八月初，豫北之匪又犯孟縣，我整三十八師力戰卻之。八月中旬，劉伯承策應蘇北共軍作戰，連陷碭山、虞城、蘭封。時王仲廉之三十一集團軍已整編為二十六軍，力戰遏止。八月二十二日，豫北之匪約十六團之眾二萬餘人，三路犯我輝縣，我守軍整一七七旅李振西部，兩度在城苦戰方擊敗之。七月中旬，李先念侵擾陝南之時，豫共王樹聲竄湖北竹山，南召之匪迫近盧氏。其餘豫西土共有黃林、王士珍、毛凱、翟得芳等，據挑坪蠻莊一帶裹脅人民，擴大共軍。公念各匪盤據伏牛熊耳各山，日益壯大，必將危害陝豫邊境，擾亂本戰區之後，乃令商縣指揮所主任文朝籍指揮八十四旅、十七旅、一三五旅、二十四旅，分路清剿；自九月上旬至十一月中旬，經數十次戰鬥，斃敵五千餘人，然其裹脅民眾，至十一月下旬，又擴展至萬人，輕裝流竄，出沒無常。十一月下旬，奉委座戌防戰詳電本戰區即向漢水北岸清剿，公預定先行肅清秦嶺中部及西荊公路以北之敵；逐次縮小包圍圈；最後集中精力肅清西荊公路以南之敵，於是區分兵力：西荊路北清剿區，由整十七師師長何文鼎負責，指揮十七師之十七旅王作棟部及李韋峨部、徐吉生部，指揮所設雒南；西荊路南清剿區，由十五師師長武庭麟負責，指揮整十五師之旅，陝西保安第七團，豫西民軍陳舜德、劉顧三、王金聲、丁叔恆各部，指揮所設龍駒寨。秦嶺中部清剿區，由整二十四旅旅長張新負責，指揮整二十四旅及一三五旅之四〇四團、四〇五團各一個營，指揮所設柞水；直轄追剿部隊為整一三五旅、一四四旅，均受命於戰區商縣指揮所主任文朝籍。自十二月二十五日開始行動，至次年二月上旬乃將陝、豫邊境肅清，殘敵化整為零，進入伏牛山區，已由鄭州指揮所負責清剿矣。

自共軍竄擾晉南，侵入秦嶺山區以及豫北、豫西各處騷動，皆為我軍所擊潰後，共軍乃於十月上旬乘我軍在晉攻略洪、趙、靈、霍之際，祕密集中兵力，於十二日夜開始向陝北榆林外圍據點進犯，企圖解除其北面之威脅。榆林守軍為二十二軍所轄之八十六師及新十一旅，突遭共軍之襲擊，外圍據點逐漸淪失。十月二十三、二十四兩日，共軍在同蒲路趙、霍各縣被我擊退之餘敵，亦由隰縣渡河西竄，連同民兵共二萬餘人，向我榆林猛撲，我魚河堡守軍已退守距榆林二十公里之歸德堡。公於十一月四日奉命救榆林，乃於七日空運整三十七師二十八旅之八十三團至榆林，並令旅長徐保親往指揮，寧夏馬鴻逵部八十師及騎兵十旅，亦於十五日由靈武東進，共軍見我增援部隊到達，乃紛向延安及晉西逃竄。

公於五月間擬定攻略延安作戰計劃，即向中央建議，時美國特使馬歇爾正沉迷於調處國共糾紛，各地派有三人執行小組，中央拘於國際形勢，未能決然實施，至十月上旬，共軍侵犯榆林，公以為時不可失，時空軍王副總司令叔銘在陝，託再向中央建議，十三日，王叔銘由京電復「暫緩，將來如何，尚不一定。」十七日，空軍駐西安劉國運司令轉來周至柔空軍司令電，謂空軍四三八報告，延安機場已予破壞。十八日，延安成立自衛動員會，並改編各縣機構，但在東北方面蘇聯將大連移交予中共，蘇軍撤至旅順。二十一日公奉召赴京，對蔣委員長力言進攻延安之時機，逾此，天候限制、地形限制、補給限制，不可為矣。時國防部頗主張鞏固同蒲路而攻取長治，夾擊劉伯承，消滅其主力為目的。蔣委員長亦在官邸早餐中以此指示公。旋，陳誠總長亦來官邸談延安問題，公云現攻延安，僅二十日時間，過此二十日，則天寒地凍，不能用兵；即匪攻榆林，亦不能攻延安。蔣當即強調，不攻延安，已為定策，公之提議因以不行。

嗣陳總長私下談話謂劉伯承不容輕視，不僅某先生非他敵手，即某先生亦非敵手，必須公至鄭州主持；公則認為關中重要，不能分身至鄭州，而主張陳總長自行出馬。嗣陳復謂現時將領除公及傳作義外，餘皆忙於文化、經濟及不相干之事，而不能竭全力於軍事，實為最大危機。

十一月二十六日晨，蔣委員長再傳見公，問軍隊調動情形，嗣邀公同車赴國民大會，請公同入會場「進去看看」，公答謂「不看」，即辭回寓所。

八、重要人事調動。

是年重要人事調動。高桂滋、於達為戰區副司令長官，盛文調任長官部副參謀長。三月，參謀長范漢傑調任國防部次長，盛文晉任參謀長。八月十二日佈達李崑岡調第一六七旅旅長，劉子奇代一二三旅旅長，許良玉兼代第一旅旅長。中央軍校西北督訓處人事亦有調動，教育處長吳允周，騎兵科長陳延生、輜重科長張子衡、步兵科長李潛修、少將大隊長吳方正、郭釋愚、張祖正，上校楊維錦，亦皆調職。

是年元月八日下午二時，梁幹喬逝世，九日公祭，公親送葬翠華山。九月十八日，趙祕書長龍文為其撰寫「火啖的人生」，敘梁幼年奮鬥求學之事，公讀而善之，乃命付印流傳。三月十七日，軍統局戴局長笠在南京墜機殉職，公於二十二日始知其事，請假赴京弔唁，未准，乃在西安設位以祭，長官部官佐、地方人士與祭者千餘人，公尤哀痛淚下。

九、先烈死事調查，遺族撫卹教養，及文化事業之籌辦。

二月二十七日，公以抗戰結束已半年，關於先烈死事之調查，遺族之撫卹教養，文化印刷事業之籌備急須進行，乃將先烈死事、遺族撫卹教養，及上海浦口、開封、信陽之戰、靈寶之戰、西峽口之戰、官道口之戰等戰史，交由參謀處長賈貴英負責。五月一日，在小雁塔開第一次遺族救濟會。文化印刷之籌備則指定王大中、王超凡負責，由趙祕書長龍文監督指導，亦曾開會進行。同時公決定，對第七分校、戰幹第四團、游擊幹部訓練班勞動營之政治教官在勝利復員之際，應如何就其專長及志願作較妥切之調整安排，皆有所規劃。

公以勝利後建設萬端，需才孔亟，而對於抗戰時期，優秀青年無法出國深造者尤宜及時培育。於是先後派副參謀長盛文，與黨政處處長張研田赴京與教育部交涉，同意由公以結餘經費，派員出國留學；遂由張處長經紀其事，分批派遣朱文長、張奇、陳忠經、申振民、涂心園、張紹良、閻子桂、何繼高、馬大恢、呂家鴻、馬蒙、張維公、王克亮、宋壽昌、曹克壽、熊彙荃、黃榮翰等十七人；其中馬蒙留學英國，其餘皆留學美國。張維公、王克亮、宋壽昌、曹克壽、黃榮翰等為特選之陝西優秀青年；此外尚有李人士、余宗玲、熊彙芝女士等，亦各補助美金三千元助其出國深造。按十七人中，張紹良、曹克壽、宋壽昌、黃榮翰等四人，在大陸淪陷前已返國，其餘大部份仍留美國；朱文長任教匹茲堡大學，何繼高任教西東大學，涂心園任職聯邦農業部，三人皆獲博士學位。張維公任職美海軍造船廠，張奇任職聯邦內政部，馬大恢為會計師，王克亮經商，馬蒙任教於香港大學。其返臺灣者閻子桂任教政治大學，余宗玲曾任嘉義女中校長多年，作育英才，桃李滿天下，亦曾任職教育部駐美國華盛頓文化專員，照料我留學生，並促進與美學術界之合作。

翠華山麓之中正中學係公於民國二十七年創立，公念陷區流亡幼年學生學業未成，以及軍官子弟之待教育，乃創是校。在校學生，供給衣食，毫不取費。初由三十四集團軍總部參謀長盛文任董事長，聘高化臣為校長，所需皆由總部供給，經由游擊幹部訓練班第七分校分擔部份經費食糧。公每至太乙宮游幹班，輒至校慰問。至是，分校游幹班皆奉令裁撤，經費無地支給，公念中學成績至佳，為陝西第一流學校，不宜中輟。乃於四月二十一日召開校董會，商定由西安市長王友直擔任購置基地，戰區政治部主任顧希平擔任籌募基金，後皆因匪情日熾，事不果行，其後部份學生隨軍西進。

是年十月三十一日，領袖蔣公中正六十誕辰，公發起於臨潼建立「正氣亭」。正氣亭建於臨潼二十五年張楊事變時之領袖蒙難處，摩崖書十二月二十五日回京時對張楊訓話之全文。由考試院戴傳賢院長書丹。奠基之日，公又組設六十誕辰獎學金委員會，嘉惠陝省學子。

十、貴賓來訪。

是年外賓之來西安訪公者有墨西哥大使司格來特中將，美顧問團團長魯斯克中將，蘇聯代表伊密圖理，三人執行小組美方組長白魯素中校等，公皆禮接談宴，賓主懽洽。國內人士至者長官有何總長應欽、白部長崇禧、于院長右任、劉峙（經扶）等，朋舊有樊崧甫、陳紹平、唐俊德、劉廷芳、胡公冕、闞麟徵〔註五〕、劉安祺、蔣經國、馬法五、鄧寶珊、王覺生、盧前〔註六〕、辛樹幟〔註七〕、李定、鄒秉文、陸煥美、勒力三等。

是年晉閻頗倡兵農合一之說，公亦慮中央停止徵兵之後，剿共兵源無法解決，曾有組調陝、豫民眾之建議，與兵農合一之說，頗為相近，乃請閻錫山先生於八月三十一日，派梁化之、薄右丞先後在小雁塔長官部大禮堂講演，梁化之講「黨團組織」與「對共鬥爭」、「軍隊政工」、「共黨人事」等，薄右丞講「兵農政策」，達五日之久，公每日皆親臨聽講。

十一、蔣委員長一度計劃派公赴東北擔任行政長官，接替杜聿明。

註五　公四月二十五日日記：「闞來約為兄弟，謝之」。

註六　公六月二十六日日記：「與王覺生盧冀野談至二十四時」。

註七　公八月二十三日記：「辛樹幟回陝，舊友重逢暢談一切」。

五月二十二日，蔣委員長於南京召見公，告以計劃派公去東北，因現時西北的重要性大大減低，而以劉峙接替西北綏署，嗣陳誠部長亦詢公願任東北行政長官或陸軍總司令；而個人以為，如任東北長官條件勝於顧（祝同）。嗣蔣於視察東北之後改變主意，於六月七日致電公，謂東北人事暫不更動，囑公暫服原有任務。

十二、公於抗戰八年後第一次回籍展墓省親。

公之翁尊際清先生，於民國二十六年十二月在浙江孝豐逝世，公數度請假奔喪，皆以兵事正急，交通梗阻未能得請；乃委請鄉里同學章雲為之覓地營葬，由戴笠將軍借供費用。是年元月得請，回籍展墓省親，乃於十五日由西安逕飛上海，十六日到杭州，十七日到鶴落溪家中，二十一日墓工成，拜祭於墓前，二十二、二十三日遊靈峯寺，三十一日即舊曆除夕。公自民國十三年冬離鄉，二十二年中第一次在家度歲也。二月二日辭墓，三日往東山謁叔父鏡清先生及往城中拜謁王繪青、洪幼齋諸前輩，五日回杭州，十五日出席南京整編會議，三月六日回西安，四月五日公弟姪兆琴、琴笙自故鄉來，公留敘一日，七日送歸。十一月十三日，公得弟琴樓來電，叔父鏡清先生（字俊卿）於十一日逝世，公十四日匯款託章雲經紀其喪（註八見次頁）。

中華民國三十六年，丁亥，西曆一九四七年，公五二歲。

一、公於元旦策定十四項工作為上半年進行目標。

公十四項工作中最重要者為攻佔山西隰縣、汾西、長治，切實掌握同蒲路南段，掌握晉東南。收復囊形地帶，攻佔延安（註九）。擬訓練成極堅強之五個長勝師五（乃第一、十七、二十七、三十六、九十師）二十六個鐵團，從提攜培養鍛鍊中造成方面大將十七人（如羅列、吳俊、周士瀛、嚴明、陳鞠旅、劉戡、李文、董釗、陶峙岳……等），優秀幕僚十人（如盛文、楊炳鏞、劉釗銘、楊蔭寰、沈策……等）。培養優秀青年二十人出國深造，學習專技，培育西北優秀青年七十人使入大學，培育三民主義戰士一百人及進修自律等五事。在進修自律中，特別要求自己要以德報怨，以嚴克己，化敵、化怨、化仇，同時要重新收拾黃埔同學心。另亦提及「要協助發展使其有成就者：顧希平、趙龍文、蔣堅忍、余紀

註八　章雲，字旭初。孝豐東鄉五女村人，為公中、小學同班同學，曾一度來軍任鄭州留守主任。民國二十六年上海戰事起，滬杭湖屬逃難至孝者千數百人，章傾囷相濟，時有「小孟嘗」之稱。民國三十八年，孝豐淪陷，為中共殺害。

註九　按前日——十二月三十日，蔣委員長電諭：「囊形地帶暫不攻擊，以避免兩面作戰」。

忠、崔垂言、繆澂流、鄭炳庚」。

元月六日，公在長官部紀念週致詞有云：「餓死窮死不吃空，餓死窮死不做生意，健全自己不賭博、不懶惰，具備智識學問，努力自己職務來貢獻國家。」又云：「在此半年以內完成中國統一任務，必須先建立二十六個打不散、打不破、打不垮之鐵團，建立五個最堅強光榮無攻不克、無堅不摧、無守不固之長勝師；此在補給、衛生、交通、通訊裝備方面，由各主管單位負責竭力充實；而在訓練方面，應著眼於不需要個人知識而需要部隊知識，如人自為戰，如被圍不驚等；不需要個人英雄，而需要部隊英雄，一個人英雄成就有限，貢獻有限；不需要個人信徒，而需要部隊信徒，部隊為信徒，則不致有受傷而退，被俘而屈，臨陣脫逃，被俘投降等事。望在一星期內提出方案，最短時期完成此方案」。按公日記原定訓練第一師六團，十七師四團，二十七師六團，三十六師六團，九十師四團共五個師二十六個團。時第一師、第九十師及第二十七師之四十七旅，皆在晉西作戰，第三十六師在陝北封鎖線上，第十七師在陝甘防守，長期作戰，員兵補充又不順利，終於無法達成。

二、公於元月十五日赴鄭州，晤陳參謀總長誠、顧主任祝同，研究作戰方案。

自去年陳賡共軍南下，孝義陷落，汾陽被圍，我戰區部隊整編第一、第三十、第九十各師奉令馳援激戰未解，而自李先念共軍竄入陝南被截剿時，伏牛山之共軍又竄擾河南盧氏一帶，陝北共軍頗有南窺關中之勢；至是公率參謀長盛文、副參謀長薛敏泉，飛鄭州晉謁陳誠總長、顧祝同主任，檢討戰局，研究作戰方案。陳總長主張在政治方面重新做起，縣長專員另行委派，保安團隊亦應積極改造與指揮。公十六日赴花園口參觀黃河堵口工程，十七日下午四時回陝，本月下旬派薛副參謀長，飛抵太原聯絡，二十八日回報時，共軍已突入汾陽、介休之間，迫近平遙，太原、平遙之間，散敵出沒，鐵路常遭破壞。閻長官在平遙，仍要求本戰區部隊沿鐵路北進，藉收夾擊之效。晉西方面，至元月下旬，我軍雖收復南關鎮、仁義村，汾西縣城，而晉軍又失靈石，共軍更窺伺南下，奉委座電話，急抽六團制之一師，控制鄭州。三十一日，中共再次進犯囊形地帶。

三、公決心擊破延安共巢，收復陝北各縣，如計完成。

元月十一日，委座電話問晉西、盧氏、陝南情形時，公報告中提及陝南共軍「近日投降者有八百餘人一股，及二百餘人一股，年內可消滅，然後再打盧氏」。

元月三十一日，囊形地帶之共軍突向南犯，原守封鎖線之陝西保安團四個中隊被擊破星散，我二六八團兩營被圍，損失頗大。中共在通關鎮踞有四個團，馬欄鎮尚有三個師番號，為有計劃之行動。二月一日，公研究關中晉南形勢，主張我在晉南部隊停止北上，而將整九十師撤回臨汾，整一師撤回侯馬，整三十六師之二十八旅調駐宜川，而以關中有力部隊向敵攻擊前進，先收復囊形地帶，二日奉委座電話核可，七日研究攻略囊形地帶方案，決以整七十六師師長廖昂指揮第二十四、第四十七、第一六五各旅負東正面之責，而以原駐陝甘邊境之整四十八旅、一四四旅、十二旅策應作戰，而令晉西之整一師先集中侯馬附近，逐次轉移至河津韓城附近。十五日，公赴三原整二十九軍軍部，指導攻略囊形地帶方案。十八日拂曉，我軍向囊形地帶攻擊前進，進展甚速；我整一六七旅攻抵關門鎮，二十四旅攻抵鳳凰山，四十七旅攻抵揚店鎮，四十八旅攻抵龍咀子，一四四旅攻抵揚頭堡，十二旅則攻抵爺臺山以南地區。二十日，整二十四旅張新佔領馬欄鎮。二十三日，肅清馬欄鎮附近之敵後，我整二十四旅、一四四旅、四十八旅開始向織田鎮甘肅寧縣以南地區追剿。公判斷我整一師正在向西渡河之時，共軍不致集中優勢兵力於慶陽、合水之間，決定在二十八日以整七十六師附及整四十八旅，一舉收復慶陽。二十五日，公率僚屬至邠州，整七十六師師長廖昂，及新一旅旅長黃詠讚，自織田來會，聆取攻略慶陽方略。二十八日，公忽奉召赴京，各部隊遂原地待命。

毛共於民國二十四年冬竄抵陝北，與當地土共劉子丹合股，即據延安為巢穴，至今已有十三年之久；二十五年，西北剿共總部張學良雖曾兩度進剿，皆遭敗衂。抗戰軍興，毛共雖宣佈服從國民政府，取消蘇維埃組織，共同抗戰，然其共黨組織仍踞居延安，發示指縱；一分抗日，九分擴軍，蓄謀叛亂，逆迹大著；公守陝十年，深刻洞悉不掊其巢穴，將兵無已時；數以此事為請，便於前年十月匪犯榆林時，公已集兵待發，然旋又奉令中止。至是公又密議進兵，掊其巢穴，乃蒙召見垂詢。

公研究敵我兵力，敵在陝北較正規部隊有第八、第十、第三十九旅，警備第一、第二、第三、第四、第十一各旅，教導第一、第二旅，新編第一、第四、第八、第九、第十一各旅，獨立第一旅、騎兵第六師等約六萬人；晉西調回中共王震所部第三五八、第三五九兩旅計七千人，陳賡所部第十、第十一、第十二、第二十四各旅約一萬五千人，賀龍所部三個旅約一萬人，及已訓練之民兵約七萬人，合計其總數約為十六萬人。而我第一線可用以攻擊部隊為第一、第二十九兩軍十二個旅共計八萬四千人。控制部隊約三萬人，總計其人數約為十一萬四千人。中共之民兵能用於作戰者可能為三分之一，而我裝備優於共軍，故戰力相當。二月二十八日，公偕盛參謀長飛京，下午四時晉謁委座，問：「陝北作戰有把握否？」公列舉敵我兵力以對，並稱極有把握，晚八時賜宴仍詢有把握否，公答如前，並請空軍全力支援。三月一日十時，公於國防部研究攻略延安方案，劉為章對本部提出之方案認為妥善，並作結論稱——共黨破壞統一，和平破裂，只有打的一途，在內政外交上必須打下延安。攻下延安後可以抽調多數兵力使用於其他方面。晚九時同謁委座，即蒙同意，決定三月十四日開始行動，先停止甘肅慶陽合水之攻擊。三日，公回西安。四日，共軍犯我整四十八旅，旅長何奇在西華池陣亡。整九十師師長嚴明於河津翻車斷右腿，乃派陳武代理整九十師師長，康莊為整四十八旅旅長。八日，令魯崇義之整三十師以一旅守洪洞、臨汾之線，主力移於吉縣以牽制陳賡共軍。又，成立戰地政務委員會，以陳建中、王友直、楊爾瑛、張研田、王超凡、李猶龍為委員，蔣堅忍為主任委員，是夜，偕副參謀長薛敏泉、處長汪承釗、科長趙甯國、政治部副主任王超凡，砲兵指揮官王觀州等，乘火車出發，留參謀長盛文於西安。十日十一時，到達洛川中心小學，晚十時召整編第一、第二十九兩軍師、旅長等指授攻佔延安方略，其任務編組與行動：右兵團指揮官整編第一軍軍長董釗，率整一師師長羅列三個旅，整二十七師師長王應尊二個旅，整九十師代師長陳武二個旅，重迫擊砲第十四團第三營，工兵第三團第一營，工兵第九團第三營，於宜川北之平路堡、龍泉鎮間地區就攻擊準備位置，經金盆灣、孫家砭、張家橋至延安大道及附近地區，向延安攻擊前進，依奇襲突破共軍陣地，並依左兵團之協助，以閃擊行動迅速奪取延安，包圍共軍主力於延安附近而殲滅之。左兵團指揮官整二十九軍軍長劉戡，率整三十六師鍾松兩個旅（欠二十八旅），整十七師何文鼎之十二旅，整三十八師之一三五旅，砲兵第五十一團之一連，工兵第三團之第二營；於段仙子、黨家原街子河之間地區，就攻擊準備位置，經洛川延安公路及其兩側地區，向延安攻擊前進，依奇襲突破敵陣地，協力右兵團，包圍共軍主力於延安附近而殲滅之。隴東兵團指揮官整三十六師副師長顧錫九，率新一旅，獨立第一、第二、第三團，陝西保安第三、第六團，甘肅保安第一團；以新一旅編為若干敏捷戰鬥羣，於左右兵團攻擊前二日開始，分向保安方向佯攻，碉堡線守備部，亦同時採取積極行動；於此廣正面上眩惑欺騙敵人，及拘束當面共軍之行動。總預備隊整七十六師配合隴東兵團行動，先期於隴東發動攻勢，於攻佔慶陽合水後，留一部於該地守備，主力即星夜趕回洛川附近，為戰區總預備隊。整十師到達關中後，控制於咸陽附近保持機動，整編騎兵第一旅主力控制於平涼附近，一部於涇川附近待命。戰車第二營，控制於洛川附近待命。以上共計步兵十四個旅，保安部隊六個團，砲兵兩營，工兵三營，騎兵二團，戰車一營（註一〇）。

十一日上午再召集二十九軍團長以上軍官，在洛川中學訓話，強調只要你能打勝仗，我能保障你光榮，不論你是行伍或軍校出身；黨部組織雖取消，但精神仍在，須在戰爭中團結同志，將無名英雄、勝利英雄組織起來。此外，不許虛偽欺騙，假造情報，謊報軍情，要坦白，要實在。公於十二日再到宜川向第一軍團長以上訓話，晚間回到洛川。

上列攻擊部署原定於三月十日拂曉開始行動，嗣因美國駐華大使赫爾利及美方調處人員尚在延安未飛離，乃延至十四日拂曉午前四時，始開始攻擊。而於十三日調集上海、徐州、西安飛機九四架，主力分批轟炸延安附近共軍陣地，破壞其交通通訊，一部監視黃河各渡口，防阻晉西共軍西渡增援。十四日，整

註一〇　特種部隊雖以營計算，實際並非全部。

二十九軍攻佔茶坊、交道鎮、牛武鎮、郝家原等地指定位置，整一師攻佔臨真外圍，整五十三旅俘敵五十多名，整二十七師王應尊部午後攻抵西瓜要隘。十五日，整一師攻佔臨真鎮西北共軍陣地，整二十七師佔領臨真鎮，整十七師攻佔北山寺及榆家橋。十六日，共軍警備第三旅主力已由西華池向延安集中，三五九旅向延安增援，共軍總部已移往延安北纍園；晉南陳賡共軍為策應陝北共軍之作戰，於翼城附近集結三個旅兵力，其將有南犯曲沃、侯馬之勢。我攻略延安各師繼續攻擊前進，當日午前，右兵團整一師之整七十八旅佔領金盆灣，及其附近共軍主陣地鎖鑰部數處；共軍陣地縱深達三公里，敵復頑強抵抗；我軍迂迴鑽隙，奮勇力攻，苦戰六小時始悉克之。整一六五旅亦同時攻佔板橋屯、磨子街之線。十七日，我整九十師攻佔松樹嶺，整一二三旅佔領甘泉縣。十八日，我左兵團攻擊大小勞山，遭敵頑拒（註一一）；而右兵團整一師已擊破當面共軍三旅之眾，到達程家溝、楊家畔之線。十九日拂曉，我右兵團整一師續向延安突進，整一六七旅於七時許攻佔寶塔山，整七十八旅同時佔領延安附近之墩兒山，整一旅鑽隙突擊，於上午八時四分協同整一六七旅協力擊破守城共軍，突破進入延安市區，並向北郊掃蕩。整九十師亦於同時，攻克延安東北

註一一　共軍在該地之陣地極為堅固，民國二十五年，張學良東北軍有兩師人在當地敗沒，詳見本書民國二十五年所述及；此次共軍係由賀龍指揮，我二十九軍力攻未下，劉戡軍長曾電綏署參謀長盛文請增援，此可參見《盛文先生訪問紀錄》第九章。

之清涼山及飛機場。我左兵團整三十六師八時許，攻佔大小勞山〔註一二〕，十時攻克三十里舖，而與右兵團會師。殘共主力向瓦窯堡潰竄，一部竄向安塞。二十日，我整九十師掃蕩王家溝門、核桃寺塔之殘共。二十一日，我整十二旅向照八寺羊泉鎮，整三十六師向傅村鎮搜索殘共。是日，中共邯鄲廣播臺承認延安失守，並未云先期撤出，未作抵抗。我整一師攻入延安毛澤東本人所住窰洞時，所吸之茄立克香煙及所閱圈點之書籍，皆未收去，想見其倉皇逃竄之窘況。延安克復，西安、京滬各地報紙皆發號外，各界慰勞賀電紛至沓來。蔣委座手啟寅馬府機電開「延安如期收復，為黨為國雪二十一年之恥辱，得以略慰矣！吾弟苦心努力，赤忱忠勇，天自有以報之也，時閱捷報，無任欣慰！各官兵之有功及死傷者應速詳報！至對延安秩序，應速圖恢復，特別注重其原有殘餘及來歸民眾與俘虜之組訓慰藉，能使之對共軍壓迫欺騙之禽獸行為，盡情暴露與徹底覺悟。十日後，中外記者必來延安參觀，屆時使之有所表見，總使共軍往日在延安之虛偽宣傳完全暴露也；最好對其所有制度、地方組織，暫維其舊，而使就地民眾能自動革除；故於民眾之救護與領導，必須盡其全力。俾其領略中央實為其解放之救星也。」二十三日，我整一三五旅克復拐茆鎮。二十四日，我整二十四旅進佔延長，整一師收復安塞縣。公於是日五時三十分，率

註一二　師長鍾松於五月十四日向公報告，攻佔大小勞山的一六五旅旅長李日基，功勞最大。

洛川指揮所人員經茶坊、甘泉、磨子街、四十里鋪〔註一三〕，於十二時進駐延安，駐邊區銀行窰洞，旋接見二十九軍軍長劉戡及文于一。另，九十師代師長陳武來見，報告該師第六十一旅功勛最大，打了八次，以團論，五十三旅王公堂，六十一旅劉同甫副團長為第一。

是役，計傷斃共軍教導旅旅長、參謀長、團長、大隊長等官兵一六、六〇六名，俘獲偽官五五九員，兵九、六二五名，並獲輕機槍三十挺，步槍二、二四三枝、手槍五枝、擲彈筒二十九具，騾馬三十五匹，我軍亦有傷官六十五員，陣亡十四員；士兵傷七二三名，陣亡二二八名，與共軍傷亡比例為十六比一。有功官兵，蒙政府頒獎，公獲獎二等大綬雲麾勳章，參謀長盛文獲三等雲麾勳章，副參謀長薛敏泉，軍長董釗、劉戡，師長羅列、王應尊、鍾松、廖昂、何文鼎等及有功旅、團長，各分別受獎四等雲麾勳章及一、二、三等干城獎章。

陝北各縣人民久罹赤禍，由公呈請免徵田賦一年。

延安收復後，四月四日，中外記者團到延安者五十五人，外籍記者七人，女記者二人，代表報館通訊社三十九家，中央派沈昌煥、皮宗敢陪同兼任翻譯，公特延見中央通訊社記者沈昌煥，《大公報》記者周榆瑞。七日到延安者武漢記者團十二人，西安記者團五人，另有陝北視察胡自立、彭利人、謝植綱，蒙

註一三　公日記：「一路皆有戰跡，血痕猶新」。

古代表奇全禧、雄諾、賈文華、董然正等，公命參謀長盛文負責接待，初在延安機場舉行閱兵典禮，中外記者陪同校閱，繼在偽邊區政府大禮堂講述作戰經過，並答各記者詢問。對我軍於五日內攻克延安之奇蹟，咸表驚佩。

按，延安戰役右兵團主力整一軍攻擊路線係捨棄道路而經荒山越嶺無人之地，故出乎共軍意料之外，亦未詳告當時擔任我國防部作戰次長之共諜劉斐，故劉至為不滿〔註一四〕。

國防部研究室主任魏大銘亦於四月五日、八月二日兩度到延安，並派一工隊前來助戰，部隊設在延安，部份人員配屬整二十九軍。當時匪竄延安以北，飄忽靡定，情報蒐集困難，每苦不知匪主力所在。四月五日，魏大銘至延安，公問以彭德懷部所在，魏大銘言：「昨夜在甘泉測得似在榆樹茆子；然僅單線偵測，未敢必也。」公命二十九軍派兵搜索，獲其騾馬行李，詢之居民，彭某果然昨夜宿此，其他竄逃未及二小時也。

四、公指揮各軍，先後攻克安塞、延川、安定、清澗、綏德各縣，並打通延榆公路。

三月二十五日，我整一師攻佔安塞，而整三十一旅及其九十二團向青化砭突

註一四　參考中研院近史所出版當時參謀長盛文之《盛文先生訪問紀錄》及首先突入延安之整一師師長《羅列上將紀念集》。

進時，遭共軍伏擊，全部覆沒。旅長李紀雲（註一五）、團長謝養民被俘。二十六日，我整一三五旅佔領青化砭，殘敵北竄。二十七日，整一師攻佔干谷驛，二十九日整九十師收復延川。三十一日整九十師克復青澗，四月三日整一師、整九十師會克瓦窰堡，瓦窰堡即清之安定縣城。四日各軍以糧盡，留整一三五旅守瓦窰堡，餘向永平鎮南下。五日整一四四旅攻佔延水關，六日整三十六師於永平鎮遭共軍三五九旅、新四旅、教一旅、獨一旅等伏擊，激戰二日又一夜，七日拂曉將敵擊潰。旅長周由之受傷不退。八日，整一軍向青化砭，整二十九軍向蟠龍鎮東南集結補充；十二日，我整一軍向牡丹川攻擊前進；十三日，我整二十九軍向榆樹坪攻擊前進；十四日，整一、整二十九軍自晨至夜九時仍在激戰中，一三五旅在馮家石咀東南高地，被匪四個旅之眾圍攻，旅長麥宗禹及其成、陳兩團長皆被俘。十五日，我整一、整二十九兩軍擊潰犯敵後，整二十九軍向瓦窰堡，整一軍向李家岔東北高地追擊前進。十六日再克瓦窰堡、李家岔；十八日兩軍南下補充，十九日整二十九軍向永平前進，在新岔河、崔樹頭、淡山村等地遇敵激戰，旋我整一軍亦及時加入戰鬥，共酋彭德懷率第一縱隊張宗遜轄三五八旅、獨一旅、警三旅，第二縱隊王震轄三五九旅、新四旅、獨四旅、教二旅；自十九日八時至二十日七時，向我全線攻擊七次，

註一五　李紀雲於三十八年六月逃回漢中。

均被我擊退，共軍遺屍一、九八四具，向北竄去。我俘其官兵五十八員，擄獲少數機械物資。時晉南共軍已於四月五日陷侯馬，六日陷新絳，而我石家莊第三軍羅歷戎所部亦被圍求援，中共有迫我東西兩面作戰之勢，公考慮如放棄延安有影響國際視聽，且使中共有喘息整補機會，將養癰貽患，因而決定仍採東守北攻方針，以有限兵力固守晉西及晉中、晉南之吉縣、大寧、臨汾、洪洞、夏縣、安邑、運城各戰略要點，並防守洛陽經潼關、韓城至宜川之河防。集中主力自延安揮師北進，徹底剿滅陝北殘共，決以整編第一、第二十九兩軍為南方攻擊兵團，由延安附近沿延榆公路向綏德並列前進。原駐榆林之部隊，組為兩個縱隊，徐保之整二十八旅及于厚之之十一旅為右縱隊，沿榆綏公路向鎮川堡踞匪攻擊前進；徐之佳之八十六師為左縱隊，率二個團由高家堡、方家塔向舊寨攻擊前進，掩護右縱隊之左側背，並牽制秦寨、葭縣之敵。南北兩部肅清公路殘敵後，會師綏德，然後向西清剿。戰區其餘部隊扼守碉堡線，並搜剿囊形地帶散敵，縮小包圍圈。四月二十六日，我整一軍除以一六七旅守備蟠龍堡外，主力向何家塔琉璃坡間，二十九軍向岔瓦坪、胡草溝攻擊前進。二十七日，整一軍到達瓦窰堡，整二十九軍到達黑山寺。二十八日整一軍向官道口、谷家河，整二十九軍向侯家老莊攻擊前進。二十九日整一軍到達王家屹塔、高家新莊以南高地，整二十九軍到達任家市、賈家渠西南高地，僅有小戰鬥。時我榆林右縱隊徐保二十八旅，已殲滅響水堡之敵三百餘人，繼續南下。三十日整一軍到達姜家崖附近，整二十九軍張家渠附近，至此已再度收復延長、延川、清潤各縣。五月二日，我整一軍由槐樹灣附近向綏德攻擊前進，沿途擊破敵三五九旅、新四旅等主力之逐次抵抗，九時，佔領綏德西南五里舖高地，敵憑堅固工事頑抗。我整九十師主力繞其右翼，而整一師在我兩軍之間地區鑽隙突入綏德，經三小時之巷戰，於午刻佔領綏德縣城。整二十九軍午刻亦攻佔七里舖，綏德殘敵紛向西北逃竄。四日，我徐保右縱隊於米脂舊城與南方攻擊部隊會師。

五月二日當我軍攻佔綏德時，共軍王震率三五九旅及教二旅、獨二旅、獨四旅、警三旅附山砲八門、民兵三千餘人向我主力軍後迂迴，以一部向青化砭整八十四旅進犯。二日晚，以主力犯我蟠龍堡整一六七旅，均經守軍擊退。三日下午二時，敵復以全力猛犯，先集中火砲轟擊，繼以人海行波浪式猛衝，整一六七旅守蟠龍鎮原只一加強團，官兵浴血苦戰，斃敵數千，入夜，敵又增援再犯，勢更兇猛，時我軍主力已在綏德以北，不及回救，其由甘泉北上援軍，又在青化砭遭敵阻擊。四日午夜，我一六七旅已彈盡糧絕，陣地為敵突破，旅長李崑崗率殘部突圍後不幸被俘。七日延洛公路為匪截斷，而整二十九軍到林家畔、高家河，整一軍到劉子坊坪附近，皆以糧盡，空投乾糧補給。北上主力乃撤回延水以南，肅清臨真鎮金盆灣，以固延洛公路。八日，整一軍由劉子坊坪回向瓦窰堡，仍空投接濟。九日，整二十九軍到永平，一軍到中則、官路坡，延洛公路仍未通。十日，整一軍到蟠龍，一部到青化砭；十一日，彭德懷部流竄安定、安塞、保安之間，偽邊區主席李鼎銘竄安塞真武洞，我軍因大軍深入補給困難，乃將主力向南轉進，整理補充。時晉西南之共軍陳賡約三萬人，圍攻運城，乃以整十師及二〇六師第一旅（時駐洛陽）增援運城，而以騎一旅守河防。激戰五日，將陳部擊潰，運城危而復安。十三日共酋朱德、彭德懷、王震、張宗遜、王世泰在真武洞開會，策劃於近期內全部進犯；二十一日，並由晉西調來共軍一部，竄清澗以東地區。公奉召於二十五日抵京，下午三時召見，問：陝北軍事何時可以結束？答：毛澤東現在綏德以西周家釜附近，朱德、周恩來、彭德懷、王震、賀龍亦皆在陝，企圖再與我決戰，故今日對陝北作戰，必須更積極行動。奉諭毛尚在陝北，陝北兵力暫不南調，命與劉次長斐研究。二十六日，陳誠總長約晚餐，劉斐次長亦參加，討論陝北作戰方案，所獲結論為：以主力向匪主力攻擊，而以一部配合騎兵、裝甲兵，向綏德以西毛共駐地突襲，並配以空軍作戰。晉西以三十師主力退守河西，確保小船窩橋頭堡，而以陝州集中之整十師；用汽車運宜川渡河，配合三十師向敵攻擊，使陝北作戰不受晉西之牽制。如以第十師主力投入晉南，則此後推進將節節受匪阻截，不易進入侯馬；如能調宜川轉吉縣，則作用極大。

二十七日，公再謁委座論及陝北軍事，擬於六月二日開始攻擊，九日完成，盼空軍兵裝甲車協助，另報告擬與葉霞翟小姐結婚。十一時離京飛陝。

五、各戰區奉令裁撤，第一戰區改為西安綏靖公署，公任綏靖公署主任。

五日，中央以抗日戰爭久已結束，明令裁撤各戰區，在戡亂地區酌設綏靖公署，第一戰區亦奉令改為「西安綏靖公署」。公調任綏靖公署主任，裴昌會任副主任，總參議龔浩、參謀長盛文，副參謀長薛敏泉，政治部主任顧希平，第一處處長張汝弼，第二處處長金樹雲，第三處處長汪承釗，第四處處長王企光，軍法處處長李潤沂，總務處處長李中毅，特種會報處處長沈貴德，經理處處長趙掄元，衛生處處長李之琳，皆沿第一戰區司令部舊職未改，機要室主任改任曾震五，原主任王微改為副主任，外事處及黨政處皆裁撤。

六、本年五月二十八日，公與葉霞翟女士在西安南之興隆嶺官舍結婚，葉夫人留三日即回南京。

葉夫人，浙江松陽人。畢業於上海光華大學，公因至友戴笠先生之介獲與交遊，一見鍾情；民國二十六年春訂婚，原訂是年秋結婚，適抗戰軍興，公即以「匈奴未滅，何以家為」之精神暫不行婚禮，而全力作戰。葉夫人則於民國二十八年赴美留學，三十三年獲威斯康辛大學政治博士而歸，其後即先後在成都光華大學，勝利後在南京金陵大學任教。公因戡亂軍務，一直未能行婚禮而延至延安戰役之後，于呈奉委座核可，乃於五月二十八日由京迎葉夫人至西安興隆嶺舉行婚禮，證婚人為王宗山、石敬亭、張鈁、高桂滋、劉楚材、祝紹周等六人；介紹人為顧希平、盛文；婚禮莊嚴肅穆，葉夫人留三日即回南京執教（註一六）。

七、公與相關首長擬定作戰方針，期能集中主力，並建議編練新軍，徹底剿滅陝北共軍。

公在京與陳總長誠及劉次長斐研討陝北作戰方針後，並奉委座約一個半月到兩個月肅清之諭，回陝後重行部署，主力向龍安鎮及保安方向攻擊前進，求匪主力包圍殲滅之（註一七）。匪主力如向隴東逃，則我主力向左旋迴；匪主力北竄，我主力則向右旋迴。左縱隊整二十九軍指揮整三十六師、整五十五旅，由蟠龍、青化砭向保安攻擊前進；右縱隊整一軍指揮整一師、整九十師，由延安附近向左旋迴，求匪主力攻擊。晉南以現有兵力暫取守勢，整八十五旅守備宜川，以有力一部確保小船窩。六月四日各部開始行動，整一軍攻佔安寨縣城，整二十九軍碾門溝。五日，整一軍攻佔安塞西之高橋，整二十九軍佔龍安鎮。七日，整一軍到達聖人要險南北之線，整二十九軍攻擊閻家台附近。八日，整

註一六　蔣總統之日記中亦曾述及公婚事。

註一七　劉斐次長當時掌管機要，深受領袖信任，而作風強勢，電令各部隊部署時，必須依其指示行動，而外界均不知渠為共諜。

一軍到達並攻擊保安附近之匪，整二十九軍攻擊青陽岔之敵。九日，整一軍續攻保安並佔領之，整二十九軍臥牛城。兩日行一七〇里實為匪區行動中僅見之事實。是役，我兩軍協力擊破共軍陝北最後根據地——保安，傷斃匪五千餘名，獲山砲九門，各種彈藥四百餘箱，步槍彈二十餘萬發，修械所全部機械，棉花四十餘捆，匪主力分向青陽岔東南、東北、西南，分途潰逃。

公為迅速殲滅東南潰竄之共軍主力，準備在洛河兩岸作戰，於十一日命令整一師於十二日由保安向聖人要險保安東南二十公里集結；整九十師十二日由保安向兩河口保安東南三十公里集結，各於十三日前補充完畢。整二十九軍由青陽岔向雙兒河保安南集結，限十四日拂曉前補充完畢；整四十八旅於十二日開高橋鎮安塞西南二十五公里任顏家莊至兩河口之防堵，整編騎兵第一旅十四日前在鄜縣附近集結待命。自十四日起，我整一、整二十九兩軍續對竄至洛河兩岸之共軍主力圍剿，公念陝北之敵時作磨旋避戰，一時未易肅清，補給艱困，疲耗日增；**而東方一有警耗，又向關中調兵；是以，我兵日黜，而敵勢日增，將結束無期**，乃於是日電呈委座，有云：「竊思兩年來國內形勢日益惡劣，國軍於整編之餘，力量銳減，而匪軍則到處裹脅丁壯，又受俄方支援，兵力日增；致當前戰場，我軍幾均處於劣勢，危機之深，甚於抗戰。裁軍固在休養國力，但匪患不除，無以建設，民生疾苦，終無已時，且將陷於絕境。為安定國本，消除匪患，擬請於萬分困難之中，另編新軍，以應此艱鉅任務，而免匪勢再事蔓延」。

洛河兩岸之匪經我整一、整二十九兩軍於十四、十五兩日圍剿後，其一部就殲外，主力復化整為零，利用夜暗複雜地形向西北逃竄；而九日在保安、青陽岔被我擊潰之敵，一部向西南流竄者於十四日起又圍攻甘肅環縣，十五日增至萬餘人，蘭州西北行轅迭電告急。公於十七日命整三十一旅旅長周由之率部迅開平涼，十八日電令新一旅之一團向耀縣集結，用汽車轉運固原，皆歸平涼楊指揮官德亮指揮，以策應環縣之作戰。十九日奉委座（36）巳皓防創邵電指示：

㈠匪如採取甲案（向東南逃竄行動）時，應依左列指示指導作戰：

1.西安綏署以一部專守延安，主力兵團速向右旋迴，與北進之關中縱隊協力夾擊之。

2.宜川至清澗間各守備部隊，應固守原陣地，以堵擊匪軍。

3.西北行轅各兵團及榆林縱隊，應分別由西向東，由北向南乘隙推進。

4.空軍以一部對黃河沿岸各渡口偵炸，主力支援西安綏署主力兵團作戰。

㈡匪如採取乙案（主力向西逃竄）時，應依左列所指示指導作戰：

1.西安綏署以一部專守延安，主力兵團應即擊破當面匪之抵抗，向西追擊，依甯夏東進及關中北進兵團之協力，包圍匪軍主力於隴東方面，將其徹底殲滅；並先於天寶鐵路以北地區，預為防禦工事之構築，防匪向南逃竄。

2.海固隴東兵團改為守勢作戰，竭力阻止匪軍，並相機轉移攻勢，與西安綏署西進各兵團，協力夾擊匪軍。

3. 榆林兵團應迅速向南掃蕩，使我主力方面作戰有利。
4. 空軍以全力支援主力兵團作戰，並偵炸西竄匪軍。

本署如依右述匪取乙案行動時之作戰指導，公稔知如我主力向西尾追時，匪復化整為零，竄向東北，與我迴旋打磨，疲敝我軍兵力，待有利時機地點與我決戰；且保安逸出西攻環縣之匪，號稱萬餘，實數不多，有誘我軍西進，另有企圖。故乃於六月二十四日策定作戰計劃，以靜制動，主力分區清剿，先行徹底肅清清澗、安定、保安以南地區殘共，並以一部向太白鎮合水附近推進，以策應隴東友軍之作戰方針。整一軍以安塞為核心，清剿蟠龍鎮、龍安鎮龍眠寺、高橋鎮、延安間殘敵；整二十九軍以甘泉為核心，以一個旅清剿高橋鎮、永甯寨、定邊集、陳家紙坊間殘匪；另一旅清剿定邊集、張家灣、鄜縣、甘泉間之殘共；整七十六師之整二十四旅清剿瓦窯堡、蟠龍鎮、延川、清澗間之殘共；整九十師清剿黑水寺、太白鎮附近之敵，務與慶環方面之友軍聯繫，並作西進準備；而以整十師向黑水寺進出，控制於該地為機動打擊部隊。以上各部，皆於六月二十六日晨開始行動。

七月四日，公奉令由延安直飛南京。委座傳見，研究陝北戰場能否抽調部隊東行。五日，在官邸作戰會報；陳誠總長、劉裴次長等研究陝北作戰，決定八月底肅清陝北，在囊形地帶逐段推進；先收復太白鎮、定邊集、保安各地，然後佔領綏德、米脂，封鎖河口，告一段落，而後主力東調。六日飛回西安。十一日又奉委座在徐州電話諭：「此間情況不佳，速即抽九到十個團，準備五日內用汽車或飛機輸送。」公研究後，決抽整十師四個團、騎一旅二個團東援。十二日委座電話諭：「抽調部隊為何僅六個團？」答：「現各部隊皆在前進中，抽調不及，如必須抽調，須在十七日以後。整十師八十五旅今到東泉店，晚可輸送，騎一旅明日可輸送，約十七日輸送完畢」，旋遵諭與顧總司令聯絡；東調部隊由王仲廉指揮，十六日偕薛敏泉副參謀長飛延安，時，我自六月二十六日開始分區清剿殘敵各部隊，至本月中旬在清澗、安定、保安以南之殘匪，除一部化整為零竄向米脂外，其餘已被肅清。我戰地政務委員會所派縣行政人員已在清查戶口，重整保甲，安撫流亡，協助耕作。十九日公赴甘泉視察，地方秩序甚佳，共產黨員紛紛投誠。甘泉以南，功效甚鉅，公日記云：「此皆整十七師師長何文鼎指導有功，以後青化砭、蟠龍一帶東西百里以內，速行併村築寨，移民移糧移牲口鍋爐，使匪來不及裹脅，不能生存，則剿共有事半功倍之效矣。」

另，為獎勵延安及陝北作戰有功官長，公於六月二日自延安赴青化砭，對二十九軍團長以上授勛；返延安後，於夜間十時對第一軍團長以上授勛；七月十五日在西安對本部人員盛文、薛敏泉、汪承釗、朱亞英、靳純德授勛；七月十八日到安寨為第一軍戰鬥英雄授勛；七月十九日赴甘泉為戰鬥英雄授勛。

八、公策定肅清清澗、安定、保安以北殘匪作戰計劃，而共軍圍攻榆林，遂作增援榆林之戰。

公於七月二十二日決定以兵工修整延安之毛澤東圖書館，及中央大禮堂；並修延安至機場之石子馬路。在作戰方面，七月十三日，公計劃以龍安為軸，向右旋迴，迫敵決戰，爾後壓迫匪於黃河西岸而殲滅之。第一期自八月三日至八日推進至龍安兩道灣靖邊之線；第二期自八月九日至十二日推進至安定、冷窰堡、龍州堡之線；第三期自八月十二日以後，依情況許可，向瓦窰堡、麒麟鎮、橫山之線或無定河之線前進；而以有力一部控制於蚰右蟠龍鎮附近。若共軍主力自安定地區向東南逃竄，則以該部拒止之，而以右翼兵團東進圍攻之；左翼兵團前進時，應竭力搜索共軍藏糧，以減少補給之困難，並隨時延伸公路，推進末地，以期迅速圍殲共軍，右翼兵團仍應與隴東兵團密切聯繫。

上述計劃，正擬在八月三日開始，而五日，共軍彭德懷已糾合第一、第三、第四、第六各旅，及興臨、岢嵐、黃龍、天水支隊共四萬餘人偷襲榆林，攻擊響水堡；以一部橫山附近，阻我北上增援部隊，集中主力以圍攻我榆林守軍。我守榆林部隊為第二十二軍之八十六師、新十一旅，及我整三十六師之二十八旅，共約六個團；時，我整二十八旅主力已回榆林，一部在三岔附近，匪攻勢猛烈，城外飛機場迅即陷落，與我軍在高家堡一帶對戰中，公命整三十六師鍾松率所部兩個旅向龍州堡、橫山急進增援〔註一八〕。

九、蔣委員長巡視延安。

本年八月七日上午，委座飛抵西安機場，命參謀長盛文隨侍續飛延安，於機中面諭盛參謀長曰：「全國剿共軍事，完全如計劃奏功者，僅有此役。」言時狀至愉快，抵延後，公偕高級官長在機場迎候，隨後坐吉普車過延水橋到清涼花園休息，一路向延安城嘉陵山頻頻點首，笑容滿面，喜形於色。到清涼花園後接見裴副主任昌會、薛副參謀長敏泉、空軍劉司令國運等；即外出訪問民眾、問市情；進專員公署縣政府巡視，與參議會議長議員談話；五時開作戰會報，研擬增援榆林方案，面諭整三十六師前進時，由空軍投送糧秣；傍晚驅車上山到某中堡以西地，俯視延安形勢，並與戰鬥英雄照相，甚為怡悅。晚，召見公研究榆林軍事，令擬致鄧寶珊、左軍長徐旅長電文，親自改正，安閒細密，一字不苟；八日於九時召見，將致鄧寶珊親筆函交閱，函長八頁，字筆整秀，措詞得體，而誠摯懇切，一時無兩，命由飛機空投。十時，對營長以上訓話，公介紹周由之旅長英勇作戰，受傷不退，及整二十七師副師長李奇亨在晉

註一八　甚至於夜間亦繼續行軍，不顧疲勞，部隊前後報數後彼此牽手，單數兵睜眼行進時，雙數兵閉目睡眠。然後輪流進行。可詳見參與該戰役之陳器將軍之回憶：「雪泥鴻爪談往事」此文。

立功情形，皆蒙召見，各攝一影。旋慰問傷病兵，出遊楊家陵、萬佛洞；下午二時，在市民萬餘人歡送中飛至西安，臨行指示文化宣傳不夠，須大事造林，救濟民眾醫藥，恢復延水大橋。公日記載委座對二十七師官長訓話：「瀋陽、北平官兵紀律太壞，管東無人，戰鬥力因之削弱；而陝北軍官能耐苦，維持革命軍人榮譽，在胡主任部下為全國軍人模範，不可和旁人一樣，經商圖利，營私舞弊，為人痛惜！以後責任重大，如果山東、陝北奸匪消滅，則以後革命就成功。陝北為主要戰場，為敵之首腦所在，如不肅清，後患無窮。本令七月底肅清，現延長一個月，八月底定須肅清，陝北奸匪武器不如山東，而組織精密，為最頑強之匪，陝北肅清，匪之根基即剷除。務盼全力忍飢耐餓，追擊殘匪，使其無休息恢復機會。此後剿共建軍，要綏署作一模範，方能達成政府及人民之期望，不可和別的部隊官長營私舞弊，以毀滅自己！如此，事業無疆，前途無量，建國前途，全在你們！」

十、榆林保衛戰勝利結束，惟因陝北地形限制，尤其陝西省府軍糧補給不到位，以致部隊作戰時常缺糧而返回；總未能一鼓作氣擊滅共軍，反而與共軍形成拉鋸戰。

八日，共軍攻榆林，我陣地屹立未動，城東二百公尺之無量殿，今日奪回，凌霄塔在固守中。北郊西郊匪迫近城垣，而天氣清朗，我空軍竟日助戰。我整三十六師到龍州堡，受空軍補給，其突擊隊已到青陽岔，本日響水堡之情況不明，高家堡失守。十日，空軍活躍助戰。榆林昨晚大戰，匪在今晨四時左右，由二十二軍陣地突入小西門數百人，徐保旅長派隊殲滅；但官長在街市行進時，為潛伏城內匪徒擊傷者甚多。十一日晴，空軍繼續在榆林投彈助戰。整三十六師已由龍州堡、橫山前進，本夜匪突破榆林北門，仍被我二十八旅擊滅。十二日，整三十六師主力於亥時到達保甯堡，先遣一部於後半夜到達榆林附近，共軍聞風逃竄，榆林解圍〔註一九〕。

圍攻榆林之共軍，十三日分竄雙山堡、鎮川堡、米脂以北地區，三旅之眾設

註一九 按公日記云：「匪自四日主力集中後，以為我整二十八旅遠在魚司波羅響水堡各地，榆林城八十六師兩個團，且有內應，故從間道直趨榆林，預計唾手可得，不料徐保留一營守響水堡、歸德堡外，主力直趨榆林，即在黃昏與匪激戰於榆林城郊，雖機場不保，無量殿陷落，而凌霄塔終在我手，此實生死成敗之關鍵所在。鄧總司令（寶珊）於榆林城被圍之後，要彈要糧要援兵，守備毫無準備，工事亦未構築，民眾亦無組訓，而內奸重重，潛伏城內，自五至十二日，我徐旅苦戰八晝夜，兩次殲滅突入城內之匪，兩次恢復城東無量殿，使榆林屹然無恙，此為奇功之一。我整三十六師以五日時間由兩道灣、龍州堡、吳家溝、馬家灣、保甯堡出長城，依伊克明盟邊地直趨榆林。五日之間行百餘公里，沿途擊潰阻截之匪，卒於十二日中午解榆林之圍，此為奇功之二。空軍於九至十二日間，排除天候困難，連續助戰，並按時投送彈藥於榆林，使守軍得以固守，此為奇功之三。而三十六師轉移於匪之側背，則綏德、米脂、榆林之匪，將受腹背之攻擊，而難以立足，陝北軍事，急轉直下，日趨有利。」又，政府撤守臺灣後，國防部曾將榆林保衛戰製成教案，令國軍學習。

伏以待我軍。公乃命三十六師向歸德堡前進，協同我北進之主力，攻擊匪軍。二十日在鎮川堡、沙店、柳坡、沙坪、烏龍及其以東高地，我整三十六師一六五、五十五、一二三各旅皆被大部之伏匪各個截斷牽制，戰況激烈。三十六師師部一二三旅、一六五旅電訊皆不通。二十一日天雨，空軍不能活動。旋得五十五旅電知一二三旅一部已向東攻擊，一部向南潰退，公令整二十九軍、整九十師積極攻擊當面之匪，向西南鎮川堡前進，又令整一師向米脂移動。公判斷匪雖擊破我三十六師，然其傷亡之重，彈藥消耗之大，必得不償失；且以為我被擊破，不虞我能再事攻擊，故決心增加整一師追擊前進，自易殲滅匪軍也。二十一日夜九時，整二十九師等到沙店附近，匪已他竄。二十二日鍾師電「渠與八十四團在鎮川堡、米脂之間，無定河西岸堵匪西竄」，公二十日日記：「本夜作戰會報判斷，匪以全力攻三十六師師部，其對五十五、一二三、一六五各旅皆為牽制隔絕，使眩惑於眼前形勢，不敢奮進，使三十六師師部陷於孤立而被消滅，夜不能睡。」公二十三日日記：「三十六師電臺出來，知鍾松尚在，欣喜無限，即披衣起床，不知精神百倍也。」

陝北之中共，自擊破其延安巢穴，公揮軍北進，收復各縣，力戰月餘，每有斬獲；然深溝紆曲，地形特異，利用甚難，空軍亦不易發揮作用。共軍方面則力圖避戰，有利則設伏圍攻，不利則乘暗夜逃竄，化整為零。歷時一個月以來，我方每不易得其主力所在，更無決戰之機。對方更就地取糧，或掘藏粟，我則全待後方補給，車運艱難，雖有延咸、輸延、延洛、清綏諸公路，卻時遭阻截，以至前方士兵，必須裹糧而戰。部隊則須易地取糧。溯自延安作戰之前，聯勤總部僅補給乾糧十五萬份，以後即無補充；陝西省府軍糧支應，尤乏熱忱，後勤如此，每致影響戰機，如四月三日我整一、整九十師會克瓦窰堡，次日即以糧盡，回至永平；十六日，整一軍再克瓦窰堡，十八日須南下補充；五月七日，整二十九軍到林家畔高家河，整一軍到劉子坊坪，皆以糧盡空投補給。延洛公路為匪截斷後，八月二十五日，整二十九軍在石窰堡絕糧，二十六日，劉戡軍長電乏糧不能行動時，令赴鎮川堡、烏龍鎮受空投補給。最嚴重者為九月五日偵知匪在九里舖以南及公路兩側為匪主力所在，而整一師、整九十師久未補給，糧彈兩缺，遂不能攻擊。類此情形，何止如上所述。

十一月中旬，共軍主力在永平蟠龍一帶牽制我軍，彭德懷已率兩旅在臨真東二十華里（據延安匪逃兵報告稱，彭匪已編六個縱隊到清澗），我整一軍、整二十九軍久戰兵疲，傷亡既大，補給不繼；二十日回延安整補，匪乘機於十二月二日襲取延川延長；六日，彭德懷、張宗遜犯清澗，我軍苦戰六日，援軍整二十九軍被阻於曲思敖，至十一日，清澗陷落；當日十六時，劉軍收復，匪聞風逃竄。二十二日宜川失守，整一軍於二十四日收復。時，運城告急，調赴河北之第三軍及預七師，又在十一月二十日在南清風店覆沒，東西戰場，皆在情勢緊急之中。蔣總統曾於九月二十日蒞臨西安半日，公由延安回西安迎候，同至六谷莊研究以兵力不足之故，在關中取守勢及攻盧氏之匪，另書勉魯崇義，空運西安，而命團長賈春芳固守運城。

十一、公決意積極建設延安，令裘昌會主任負責。

本年八月十四日之作戰會報中，通過延安建設事業十二項：㈠王家坪訓練班。㈡軍官俱樂部、士官俱樂部及民眾娛樂場所。㈢中正大橋之建立。㈣植林實施。㈤延安至甘泉、至延園、及至拐節鎮石子馬路之建立。㈥延榆公路通車之準備及延宜公路、延保公路、鄜慶公路之完成。㈦醫院整理，手術組速來。㈧清涼山、寶塔山山上公路完成。㈨延安公墓之建立。㈩成立師範學校及青年愛國訓導團。⑾成立「延安日報」。⑿行政督促及建樹。

十二、延安縣邀請公為其榮譽公民。

八月三十日，我方駐延安專員周保黎送來延安縣參議會長畢光斗、陳應壽、教育會理事長尉奉璋、農會理事長張永泰、商會理事長趙成業、工會趙柱石、婦女會薛佩蘭等署名之公函，敦請公為延安縣榮譽公民，公甚覺忻慰。

十三、公試馬失蹄。

公於十一月十三日在小雁塔、大興善寺一帶試馬，馬失前蹄，當時昏厥，二週後始初癒。

十四、國內一般情勢日益嚴峻。

國內局勢因經濟上通貨膨脹，政治上黨派紛擾，社會上普遍不安；而軍事上在本年內自從東北四平街劇戰後，國共雙方戰力已趨於平衡。蔣經國先生於九月十六日曾致函公稱：「……一班幹部之中有悲觀者、有消極者、有後退者……領袖最近曾謂，如再不知恥而奮鬥，則三五年之後必為共產黨之天下……，捨鬥爭無二路可行矣……老兄為人人所敬佩者，極望積極領導吾輩青年，從事於艱苦之鬥爭……今後極願追隨老兄，抱忍辱負重之決心，共為領袖之革命事業而奮鬥到死……」。

十五、本年底，長公子為真生於南京。

公年過半百始結婚，長子出生後，友人均為其有後相賀，惟，葉夫人在南京生活頗為清苦，如九月一日函公稱，由於家中不請客、不賭博，又因對外必須低調，女工不得外出，故家中二位女工均不願幹而辭去云云。另，公自軍校畢業，出總師干，以至開府西北，家人從未一至軍中，本年二月，公弟琴賓由浙江原籍來西安省視，相見歡然，僅留三日，公即遣歸。

中華民國三十七年，戊子，西曆一九四八年，公五三歲。

一、公於元旦勗勉部屬迎接艱難！

元旦日，公於綏署閱兵、團拜後致訓詞表示，過去一年在延安、隴東、榆林、晉西南許多同志建功立業，許多同志從容就義。今年是國家生死存亡關頭，為完成統一建國責任，希望各人以良心血性迎接艱難。公另在日記中計劃年內要培養將才，組織黨團，強化捨身成仁拒腐養廉風氣，以鞏固關中為著眼，徐圖進取陝北，南清陝南，規復晉東南。

二、公為策應晉南、豫西剿共軍事，調整部署，控制部份部隊整訓。

延安克復以後，陝北殘共迭經我軍清剿，已擊滅甚眾，惟因地形特殊，糧彈運補不繼，我軍久戰力疲，消耗日大，而整編第一軍又已被國防部共諜劉斐次長等，以晉豫局勢孔亟而東調，陝西主力僅留整二十九軍。匪則時而晉西增援，伺機襲擾；時而渡河而南，威脅潼關；我又須北杜奸謀，東顧豫晉，東西馳援，疲於奔命。去年十二月中旬，公乃決定放棄綏德、清澗、瓦窰堡各據點，而守北窰坪、甘谷驛、延長之線。本年元月上旬，公命整十七師何文鼎部守延安，整九十師嚴明部守中部，整七十六師之二十四旅張漢初守宜川，而以整二十七師王應尊部控制於金盆灣，作機動使用，整二十九軍劉戡軍部則由延安移駐洛川，仍負指揮之責。東戰場則以五十五旅姚國俊部駐陝州，整一三五旅文于一部控制於潼關，公乃親往各部隊巡視點名訓話，舉行座談會，使積極補充訓練。公於元月六日八時五十分，偕盛文參謀長、薛敏泉副參謀長、汪承釗處長飛至延安開作戰會報，對各長官講話，闡明三十七年奮鬥口號為「勝利第一，光榮名譽屬於勝利者；榮譽第一，軍官要有思想，有頭腦，有氣節，能打仗；士兵第一，充實兵額，愛護士兵，教育士兵」；並與團長以上講官兵必守的紀律，及如何剿共、守點、增援各辦法。十七日，公於黃昏到宜川開作戰會報，到者專員有傳雲、縣長高世昌、書記長張季玉、參謀長曹伯箴等，決定發宜川人民救濟費一億元，公教人員救濟費一億元，團長撫恤救濟二千萬元。十八日清晨，上七郎山視察城防工事，知七郎山乃宜川全城骨幹所在，十時對二十四旅官長訓話。十七時到洛川，晚舉行作戰會報，以宜川工事太差，命軍部派人督策，速辦「民眾自衛訓練班」，肅清內奸。十九日七時視察洛川城防工事，九時對一七六旅官長訓話，十一時到中部對九十師官兵訓話，十八時到銅川對暫二旅官長點名訓話。二十二日六時到潼關，七時乘車東行，十時半到函谷關，十一時到靈寶開作戰會報。二十三日大雪，中止盧氏之行，十六時到陝州，對五十五旅一六四團連長以上訓話，二十四日十時到潼關，對一三五旅連長以上講話。

元月初，共軍已侵犯晉南，吉縣守軍團長雷文清、安致中陣亡。運城自去年十二月十七日，共軍已三次進攻，守運城團長覃春芳彈盡突圍而出，城遂陷。（按，第二處諜報員王金海報覃有逃跑之意，乃遭槍決，時多冤之。）公乃命整一師渡河東進，元月十二日，我整七十八旅收復運城。十四日整一師在運城、解縣二十里嶺佈置陣地，匪遂未敢進犯。

去年十一月下旬，劉伯承共軍一部竄許昌，有西竄模樣。國防部乃命公抽調兩旅部隊置靈寶荊紫關間，抽調三個師集中西安，準備待用。至今年元月二十五日，國防部復命將主力推進嵩山地區，並令進駐洛陽指揮，須於二月五日前行動。公瞻顧全局，殊難驟離關中，迭與僚屬研究，決以整一師率第七十八、第一六七兩旅；三十六師率一二三、第一六五兩旅編成第五兵團，以副主任裴昌會為五兵團司令官，進駐陝州指揮。其整一師之第一旅，整三十六師之二十八旅則控制於靈寶、陝州間整補。靈寶、陝州、澠池一帶，由豫省編三個保安團守河岸，上項部署皆奉國防部報可。於是仍駐關中指揮作戰，以便集中兵力。

三、匪犯宜川，我整二十九軍率二十七師、九十師馳援，劇戰於瓦子街附近，軍長劉戡、師長嚴明、旅長李達、周由之等殉職。

我軍自三十五年整編之後，關中歸公所轄者僅有整一、整十七、整二十七、整三十六、整七十六、整九十等師及八十四旅、新一旅等，共計六個師、十四個旅。至整三十師則自去年調守晉南後，即無法移動者，而公所指揮各部，去年三月攻克延安後，即長期作戰，缺乏補充，已極困疲，本年公正勉調部份部隊整備，不久而有推進嵩山剿辦豫共之命，至月杪忽又奉國防部命令，抽調三個有力師，迅開豫東歸德附近，圍剿陳毅共軍。時共酋毛澤東、朱德、彭德懷皆在陝北，賀龍在晉西，陳賡在豫西，三方環伺，戰場遼闊，尚虞兵力不足，綏署當以「陝北仍為共軍神經中樞，往者犁庭掃穴，只差一簣之功，再加追剿，當不難一鼓盪滅；如再將主力抽調，則匪死灰復燃，關中空虛，敵優我劣，勢所不敵，且陝北豫東，相距二千餘里，隴海鐵路既被匪軍破壞，縱用強急行軍，亦非二十日不達，而匪情瞬變，恐我軍未到，匪已遠颺，將對陳匪既不能達圍殲之計，而陝北之匪，勢必乘虛南下，關中之危，將何以解」之意自惕，電呈去後，元月二十九日，盛參謀長文又赴京，強力建議國防部力請免調，但身為共諜之國防部作戰次長劉斐，態度傲慢，堅持維持原指令，甚至與盛文對罵「你是匪諜」，以致使盛參謀長無功而返，公乃不得不遵令遣董軍長釗率整一、整三十六、整七十六等三師，於二月初兼程南下東進入豫。

二月十二日，我各地部署方畢，東調各師甫至陝州，而中共彭德懷已糾集其第一、第二、第三、第四、第六、第八各縱隊及警一、警二旅、騎六師約五萬餘人，大舉南下。以一部監視延安；主力於二十三日直趨宜川。二十六日宜川告急，公慮整二十四旅為新造之眾，（按：原二十四旅於前一年清澗城守之役敗沒，此二十四旅乃新編成者。）恐難堅守，而宜洛為關中屏障，失宜川，則陝東、關中，皆不保。故乃囑盛參謀長徵詢國防部意見，得復宜川仍應增援固守。二月二十六日公乃以殲滅南犯之匪，確保宜川之目的；命二十四旅旅長張漢初固守待援，一面令駐洛川之整二十九軍軍長劉戡率整二十七、整九十兩個師四個旅，增援宜川，依城內守軍之協力，擊滅共軍，並準備向延水南岸擴張戰果。二月二十六日，整二十九軍以二十七師一個旅，沿洛宜公路北側山脊，向東搜索前進；軍部繼二十七師之後沿洛宜公路前進；九十師以一個旅沿洛宜公路南側山脊，向東搜索前進，另一個旅為軍後衛。二十七日，整二十七師先頭部隊遇有小股匪節節阻擾，至黃昏擊退丹陽（在端盤附近）之匪，軍主力到達丹陽附近。據當地居民報告，臨真金盆灣以南山地，前一、二日竄到匪二、三個縱隊之眾，又據二十七師北側山脊行進之旅所派至金盆灣搜索之營士兵逃回報告，「二十六日搜索至金盆灣以南山區，遭優勢之匪伏擊，全營覆沒」，劉軍長初擬排除軍左側背之威脅，於二十七日晨先擊破臨真金盆灣附近優勢之匪，再進而解宜川之圍，已下達預備命令，至二十六日清晨，忽念臨真金盆灣為複雜山區，道路困難，車輛砲兵無法通過，令仍按原計劃沿洛宜公路及其兩側攻擊前進，於是遭遇逐步加強之阻擊（註二〇）。至黃昏時，軍主力到達瓦子街以西八公里處，派隊夜襲未成。二十八日晨，擊敗瓦子街及其附近高地之匪，加強部署，乃以整二十七師之四十七旅，並附三十一旅之一團，沿北路山

註二〇　劉軍長以此行任務為解救宜川，而其守軍正是去年守清澗之張漢初旅，清澗之失，劉軍長未能及時救援，自責甚深，甚至自行在國父遺像前罰站，是以此次儘管局勢艱難，仍要以完成任務優先。

脊攻擊前進；三十一旅沿公路附近地區攻擊前進；整九十師之六十一旅沿公路南側山脊攻擊前進，而洛宜公路在瓦子街以東，進入谷地，我軍遂成仰攻之勢，進展不易；下午二時，軍部到達王家灣附近，四十七旅已傷亡慘重，被迫撤至南側山腹。三十一旅苦戰，匪憑堅強之野戰工事頑抗，亦無進展，僅整九十師之六十一旅先頭，已超過三十一旅，攻佔高家灣西側高地，距宜川約十七、八公里，而共軍主力正向四十七旅正面猛撲，並以有力之一部向該旅右後方迂迴，劉軍長則在王家灣集結兵力，令四十七旅對北，三十一旅對東，六十一旅由高家灣撤回王家灣對南，五十三旅對西各佔領陣地防禦，入夜，匪以有力之一部迂迴佔領瓦子街。四十七旅奮戰至夜，未能奪回公路北側山脊，六十一旅雖逐步仰攻，奪回王家灣南側山脊，但最高峯王家灣西南之分水嶺，瞰制戰場者仍在匪手，匪至益眾，層層包圍，無法突出，而不幸天候連日冥晦，朔風怒號，時降大雪，我空軍無法助戰。劉軍之四十七旅續向公路北側山脊攻擊，六十一旅續向分水嶺高地攻擊，激戰終日，未獲成功，而四十七旅少將旅長李達陣亡，入夜匪發動總攻，以人海戰法更番進撲，公路北側之匪已近公路，東西兩面之匪兩個旅，沿公路附近向王家灣行對進攻擊，三十一旅少將旅長周由之亦於是日陣亡，整九十師激戰終夜，大部要點亦失。三月一日匪繼續猛攻，由晉西竄來之匪兩個旅亦參加南面之攻擊，激戰至午刻，我軍傷亡殆盡，一時，匪已撲向二十九軍軍部，劉軍長率衛士與匪作最後之拚殺，最後見無法突圍，乃於草就遺書交衛士後以手榴彈自殺殉職。三時許，嚴師長明親率特務營與匪作戰，並電公稱：「局勢甚急，自團長以上決心成仁以報鈞座、報總裁、敬祝，職嚴明……鄧宏義、楊」。

此電發至楊字即失聯絡，嚴師長亦以手榴彈自殺殉職。二十九軍軍部參謀長劉振世，五十三旅旅長鄧宏義負傷，副旅長韓指鋮陣亡，脫險歸來者僅整二十七師師長王應尊，整五十三旅旅長鄧宏義，整九十師副旅長楊德修而已。

犯宜川之匪經我二十四旅堅守奮擊，據張漢初二十八日電報，匪攻宜川已傷六千，我亦千餘，並云二十八日攻勢稍緩，二日王家灣之匪向我宜川守軍二十四旅全面圍攻，在眾寡懸殊下，激戰至三月三日，宜川亦遂失陷。

是役，共軍彭德懷所轄一、二、三、四、六、八各縱隊，警一、警二兩旅，新一、新二兩旅、騎兵第六師，後又增加賀龍之三五八、三五九兩旅，總兵力約八萬人。我軍整第二十九軍所轄整二十七師之三十一、四十七旅計三個團，三十一旅另一團守備洛川，未參加作戰，整九十師之五十三旅、六十一旅及七十六師，守宜川之二十四旅，總兵力約三萬人。雙方兵力懸殊，而關中自整一、整三十六、整七十六三個師東調以後，已無部隊可以馳援，且連日大雪，空軍無法活動助戰，遂造成此前所未有之損失（公日記：「痛心何極！」）。敗訊至京，總統甚為震怒。公聯電請求撤職查辦，赴京請罪，乃獲撤職留任，參謀長盛文撤職查辦，來京候訊處分，公三月十四日日記，記總統寅元府機手啟電：「宜川喪師，不僅為國軍剿共最大之挫折，而其為無意義之犧牲，良將陣亡，全軍覆沒，悼慟悲哀，情何以堪！……」其後俟四月中旬涇渭河谷會戰大捷後，盛參謀長方飛京待訊，總統慰勉有加，時國防部已組，審查小組將綏署作戰計劃及命令原稿繳呈審核，經證明並無罪責，於是總統手令即將兩項處分撤銷〔註二一〕。回陝後公亦慰勉，乃留任漢中指揮所主任。

三月二十一日，公發劉軍長遺族特恤四億元，嚴明遺族二億元，李達、周由之遺族各一億元，六月九日在西安師範學校開追悼會，由陝西省參議會王議長宗山主席，是日下午六時葬劉軍長、嚴師長、李旅長、周旅長及徐保師長（徐於涇渭河谷之戰，在寶雞陣亡）於西安城南七十里之翠華山麓〔註二二〕。

次年（民國三十八年）三月二十九日，公特於西安舉行儀式，奉劉戡、嚴明、徐保入忠烈祠。其後，公來臺後於澎湖防衛司令任內，於返臺與蔣中正總統回憶此一戰役時，在蔣總統鼓勵下，於四十六年十月起開始為劉戡、嚴明寫傳，並請相關同仁多次修飾，半年後始定稿寄臺北，現存國防部軍史館。另，公在澎湖曾對幹部演講「三民主義的戰鬥革命的人生觀」時，其中曾提及：「當陝北洛川瓦子街作戰，當時劉戡為軍長、嚴明為九十師師長，為爭奪一高地，匪我距離甚近，突然一手榴彈飛來，落在嚴明之後數步，當時隊伍密集，無法避

註二一　按，盛參謀長之筆記云：總統令在京稍事休息，出處當再研究，後擬令任國防部第三廳廳長，予懇辭。

註二二　公日記：「永別了，我最敬愛的劉戡、嚴明、徐保將軍。」又：「夜宿興隆嶺，感想萬千，一夜不寐。」

開，有中尉軍官劉炳者，看到情形惡劣，挺身而起，飛躍而前，覆於手榴彈之上，頓時轟然爆炸，劉炳粉身碎骨，而嚴明與其他官兵無恙。此所謂為主義而生，為主義而死的一個好例子」。（註二三）

劉戡，字麟書，湖南桃源縣人。軍校一期，陸大特六期，參加東征棉湖之役。二十一年任第十師二十八旅旅長，黃安剿共，攻佔馮秀驛高地，挽回戰局，其年九月由險道攻破金家寨匪巢。抗戰時任九十三軍軍長，三十四年冬來任三十八集團軍總司令，三十五年縮編為二十九軍軍長，生平戰績顯赫，竟於是役殉職，人皆惜之。

嚴明，原名啟運，字果行，湖南祁陽縣人。軍校四期，歷經北伐、剿共、抗日各役，以擅長術科見稱，性孤傲，訥於言辭，慷慨忠貞，見之天性，至是果以身殉，可謂不負所志矣。

李達，湖南長沙市人。軍校七期，自第一師見習起積功升至旅長，為人圓融精密，敦品勵行，任旅長未久，竟以戰死，惜哉。

周由之，湖南人。軍校七期，以驍勇善戰著稱。治軍有恩，官兵愛戴，進攻延安之役，受傷不退，卒以摧毀強敵。蔣總統至延安時，特為召見嘉勉，並同攝影，至是陣亡，聞者無不痛惜也。

註二三　見《胡宗南先生文存》。

公攻擊延安之役，一舉而傾毛匪盤踞經營十三年之巢穴，其後陝北作戰頗有損耗，漸形膠著，終於棄守，頗為人所驚異。殊不知公於延安作戰之戰略，研究至晰，判斷至詳，呈報至南京國防部研討，悉照原案施行，一無更改，實施時奏效亦大；其後陝北作戰，公意欲師江西圍巢要旨，誘匪作戰與迫匪作戰，先將甘寧青三馬兵力推進至三邊隴東戰略要地，構成圍堵地帶。公以主力控制延安附近，隨匪所至急馳襲擊，時則東障黃河，南臨我軍，北有榆林據點與西北圍堵地帶，迫匪作戰。此即清代剿捻李鴻章築長墻於東南，左宗棠率劉松山、張曜馳逐攻擊之戰法，終於剿滅流竄之捻。而當時國防部不明實況，必令尋其主力而殲滅之，不知共軍之時聚時散，並無固定目標可資攻擊；而所頒作戰命令，每多拘束，甚至所用部隊，進兵時日亦常予規定，缺乏臨機運用之彈性。如陝北軍事最急之時，竟嚴令抽三個軍東開參加圍剿豫東陳毅，東西相距千餘里，何能適應戰機？雖由盛參謀長晉京與國防部研究，終難以改善，此自為劉斐共諜作崇有以致之，而國家遂受無窮之禍。

四、瓦子街戰役後，匪乘勝南犯，公誘其戰於涇渭河谷間而大破之，關中危而復安。

劉軍覆沒，共軍遂乘勝南下。三月七日，匪一、四兩縱隊已至中部宜君，三縱隊在洛川附近，二縱隊已竄蒲城白水附近，關中空虛，公調東進之三師，已過陝州者速回潼關，於渭河北岸迎擊共軍。駐延安之十七師孤懸陝北，處境頗危，為保全兵力，亦令十七師於三月中旬破壞延安工事，焚燬物資後兼程南下，並令追躡共軍之後，以牽制其行動。三月十八日，匪獨四旅進犯白水，被我整一師之七十八旅擊退，俘其第十一團偽團長一員。並擄獲共軍教導旅「作戰日誌」乙冊〔註二四〕。二十二日，彭德懷部第六縱隊及原踞洛川附近之匪，分竄銅川、白水、澄城以北地區。二十四日，一部進犯洛川。豫西之匪八十四縱隊亦向澠池，九十三縱隊向洛寧進犯，東西互為策應。三十日我收復澄城，洛川戰況激烈，中央由山東抽調整編六十五師兩個旅，空運西安。公遂準備於西安以北，迎殲南犯之匪，彭匪見無機可乘，乃避實擊虛，由黃陵附近折向西竄。四月十五日，匪竄栒邑以南地區，有渡涇河之勢，公命青年軍第二〇三師守涇河。十六日，我攻擊囊形地帶，然共軍主力十七日已渡過涇河，我青年軍迎擊於監軍鎮，其雷團失事，匪勢益熾。二十日，公策定作戰計劃，誘敵西進，利用所有交通工具，發揮高度機動，將主力整一師以鐵道運送至武功附近集中，並防護虢鎮兵工廠；整三十八師以汽車運至醴泉、乾縣以北地區集中；整三十師車運至醴泉、乾縣公路附近集中；整六十五師李振部，向醴泉、乾縣公路以南集中；整三十六師則向三原、涇陽之間地區集中，阻其回渡涇水東竄。並請蘭州綏署，飭知西峯鎮友軍第八十二軍馬繼援部向南積極行動，堵其

註二四　全文附鉛字版及地圖，連同當時參與陝北作戰國軍軍官之評述。已於民國九十年由國史館在臺北出版。

向北回竄；另派新一旅等移陝、甘邊境，堵其西竄。我空軍則偵炸南犯之敵，掩護我軍集中。延安守軍已於二十一日起經洛川南撤。二十二日西竄之匪陷鳳翔，一部向汧陽，一部趨寶雞；我整一師整、六十五師、三十師追至岐山殲滅其一部；二十四日，我三十八師至監軍鎮；二十五日我整一、整三十、整六十五各師，遂攻殲盤踞扶風之敵。二十七日，匪一股犯寶雞，我整七十六師師長徐保陣亡。二十八日我六十五師收復鳳翔，而以整一師之七十八旅車運天水，防匪西竄。二十九日我整一師（欠旅）、三十師、六十五師緊追潰敵，以三十六師由三原、涇陽第二線，沿西蘭公路向長武行超越追擊。時麟游山區之匪第六縱隊開始北竄。五月一日，我三十八師已由永壽附近沿西蘭公路及其兩側地區，對北竄之匪第六縱隊行超越追擊。我友軍八十二軍之一部，亦在長武及其以東地區堵剿。而敵第一、第二、第四各縱隊被迫由天堂鎮折向靈台方向逃竄，我追擊各師均有斬獲。二日，共軍第六縱隊續行北竄，其第一、第二、第四縱隊越過西蘭公路時遭我緊追，遺棄其士兵物資甚眾。其時我整一師已由靈台附近向東協力三十八師，圍殲匪之第六縱隊，僅共酋彭德懷等少數突圍逃逸，俘共軍三千餘人。整六十五師、三十師續向北尾追，依友軍二十八軍之協力，將聚殲匪之第一、第二、第四各縱隊。是午，我三十師、六十五師已追至西蘭公路附近，三十六師亦到長武以東地區，而友軍以作戰地境關係，阻止三十六師西進；匪遂乘間向涇川北屯子鎮南下之友軍兩騎兵旅猛撲，雙方損失皆重；幸我三十師、六十五師馳至，將其包圍痛擊，匪乃於夜間利用深溝地形，東竄蕭金鎮，又經我超越追擊之三十六師之截擊，及南下之八十二軍友軍之側擊，敵遂潰不成軍。傷亡七千餘人，俘獲三百餘人，殲餘匪眾，向正寧、寧縣附近老巢逃竄。

是役戰鬥十七日，傷斃共軍二萬七千人，俘虜三千八百餘人，而前此共軍擄獲我二十九軍之重武器與在寶雞搶掠之物資，悉在逃竄中遺棄，我另俘獲匪步槍一千八百餘枝，輕重機關槍二十七挺，山砲三門，我亦陣亡師長一員，官兵傷亡五千餘人，友軍騎兵損失亦甚重。

六月二十一日，蔣總統蒞臨西安。二十五日九時在七分校黃埔村軍官講堂開隴東作戰檢討會，公素有「功則歸人，過則歸己」之氣度；故是役，頗推功於八十二軍馬繼援之助力，張治中聞之頗有得色，對我軍反多指責。張指責三十六師何以在西蘭東側停止追擊，致隴東騎兵遭遇損失，又謂隴東有婦女三人，被三十六師士兵強姦後羞憤投井。鍾松師長答曰：「我師追擊至西蘭公路，友軍以蘭州綏署規定作戰地境為言，阻止我軍西進，我軍未奉命令越境，自不宜與友軍引起誤會。至於婦女之事，不在我軍防地，我師尚不能越境追匪，我師士兵更何能越過友軍防線，強姦婦女乎？」張遂語塞。

按，涇渭河谷之戰為綏署部隊在瓦子街之戰敗失利後，利用敵方驕縱輕敵心理，與甘肅馬繼援部合作所獲致之大勝，時京滬各報、中央廣播對涇渭河谷之戰，皆為友軍大事渲染宣傳，致公部參戰將領之中李振、魯崇義等皆有怨詞，而公則泰然處之，不為一辯也。

徐保，字養安，察哈爾省懷安縣人。軍校四期，豪爽中頗工心計，迭著戰功，三十六年榆林之役，以二團之眾禦敵數萬，尤著戰績。寶雞之役，以鐵皮車箱為指揮所，被共軍砲擊而陣亡殉難，時論惜之。

五、晉西臨汾據點之戰與增援太原。

晉西南據點，至本年初僅守運城、臨汾、吉縣三地。一月上旬，匪陳賡所部攻陷吉縣、運城，我整第一師東進增援，於一月十二日收復運城，十四日在運城、解縣、二十里嶺等地部署陣地，並由副主任裴昌會親往主持，至一月下旬陳賡部渡河南竄；二十五日公奉令須將西安綏署主力推進至嵩縣一帶，公亦應進駐洛陽指揮，兵力南移，於是放棄運城據點。三月上旬，我宜川作戰失利，關中空虛，乃將整三十師主力西移，僅留不足兩個團之兵力，協助太原綏署第三十四軍之六十六師據守臨汾。四月上旬，中共陳賡、徐向前各一部，為響應彭德懷犯西安之作戰，遂圍攻臨汾，至十一日臨汾東關突破，進行巷戰；十二日東關全毀，我軍仍艱苦抗拒，空軍亦日夜助戰，激戰達四十日以上；至五月二十三日，乃突圍轉進至靈石，我守軍整三十旅之范團久戰之餘，據報尚有二千五百餘人。

自臨汾陷落之後，共軍於九月間遂集中全力進犯太原，公又奉令抽調部隊增援太原，九月上旬乃以整編第十師之八十三旅，分由西安、榆林空運太原；十月二十四日又以整三十師之四個團，由西安空運太原，擔任太原保衛戰，至三十八年四月，太原淪陷，整編八十三旅暨整編三十師之四個團官兵，遂全部犧牲於太原城中，未聞有生還者，可謂忠烈矣。

六、共軍進犯大荔，公指揮各部擊破之，傷斃敵三萬餘人。

自四月間涇渭河谷戰後，匪殘部竄回陝北老巢，積極整備，至十月間已恢復戰力，我軍雖亦有數月之整訓，然兵源物資遠非昔比，其時又逢陝西省政府改組，徵兵購糧尤難如願；所幸自十月一日起，整編師已恢復為軍，旅恢復為師番號，士氣較前旺盛。其時我十七軍位於寺前鎮附近，三十八軍位於韋家莊附近，三十六軍主力在大荔縣城附近，第一軍、第六十五軍、第七十六軍及三十六軍之一部，均位於洛河以西及西安附近。共軍自十月六日起，以一部渡過洛河竄擾渭北平原，企圖圍擊我主力於洛河與黃河間之三角地區，然後與豫西之陳賡共軍相策應，席捲西北；共軍首先沿洛河東側地區犯我寺前鎮、韋家莊，與我第十七軍、第三十八軍兩地守軍發生激戰，經兩日之戰鬥，雙方傷亡皆重，而共軍源源增援。公乃決定實施後退集中，將於大荔與洛河西側地區，以優勢兵力誘致敵軍主力進入大荔附近地區，包圍而殲滅之；然後向北發動攻勢；故令第十七軍、三十八軍於八日夜間開始向南轉進，而以第一軍之第一六七師，於船舍渡附近佔領橋頭堡，掩護兩軍向洛河西岸轉進，至夜十時，共軍追擊部隊至船舍，渡向我軍一六七師猛撲，反覆十餘次，均被擊退，其既不得逞，乃速退至任李村東西漢村亘段家寨之線，憑高地構築工事，防我反擊。自十日夜，我左右兵團就攻擊位置，十一日起，雙方在仁義村西曲頭李家坡大好營作爭奪戰，戰況至為激烈。公以此次大荔附近之戰，關係西北大局，乃嚴令全線將領務以必死之決心，爭取最後之勝利，於是各軍奮勇攻擊，血戰十二小時，將共軍陣地摧毀，匪死傷枕藉，殘部於昏夜紛向東北、西北潰竄。十五日我遂收復澄城、郃陽，向黃龍山區掃蕩。是役，敵傷亡三萬餘人，其第二縱隊大部就殲，第一縱隊亦殘存無幾；我亦傷亡近萬人，七十八師副師長景純鑑陣亡。其後公於民國四十七年向蔣中正總統推薦羅列將軍時曾謂，此次勝利及前此涇渭河谷大捷，均係羅列任綏靖公署整一師師長及整一軍軍長時，協助獲致之戰果。

十一月中旬，共軍整補後又突南下犯我韋莊，圍永豐，企圖誘我決戰，韋莊守軍十七師師長王棟陣亡，公為避免迭次消耗我戰力之企圖，將撤離韋莊、永豐據點，永豐守軍七十六軍軍長李日基不遵令撤離，二十八日，永豐陷落，李日基被俘（註二五）。

景純鑑，陝西省人。軍校八期，自排長到副師長皆在第一軍，為人純正，不慕榮利。

註二五　公元月八日日記：「李日基並不堅強，且有中匪宣傳之嫌疑」。

王棟，陝西人。軍校十二期，原屬十七軍何文鼎部。

七、四月，西安綏署轄境，奉令成立第十八、第十九兩綏靖區。

第十八綏靖區轄秦嶺以北關中各縣市，區司令部駐咸陽。第十九綏靖區轄商雒陝南各縣，區司令部駐漢中。公薦前整第一軍軍長董釗為十八綏靖司令（軍長職務由整一師師長羅列升充），前一戰區副長官高桂滋為十九綏靖司令；並為加強地方剿共力量，組訓民眾，十一月十七日，決定派劉希程（註二六）為十九綏靖區豫西司令官，陳舜德、薛炳靈為宛西指揮所正副主任，李紀雲前一二三師師長，青化砭之役被俘逃回，為陝州指揮所主任；發給糧食經費，限在十二月底以前組訓民眾，組織地方團隊九個團。

八、是年重要人事調動，計有副主任於達等十八人。

綏靖公署副主任於達九月二十七日就職。整編第一軍軍長羅列十一月二十日調為綏署參謀長。第二處處長金樹雲調青年訓練總隊總隊長，第二處處長由劉慶曾代理。

註二六　劉希程，河南籍。抗戰時任九十八軍軍長，曾受公督訓，後九十八軍他調。

宜川戰後，三月六日派魯崇義代整二十九軍軍長，劉超寰代二十七師師長，陳武兼九十師師長，樂典四十七旅旅長，劉孟廉三十一旅旅長。

三月二十二日派周寰為整編第一旅旅長，陳堅為整七十八旅旅長，沈策代七十六師副師長。

六月二日，陳鞠旅調整編第一師師長，徐汝誠調二〇三師師長，李日基為七十六師師長。

十一月一日派楊德亮為十七軍軍長，楊陰寰調四十七師師長、樂典調青年學生大隊長，陳華調六十一師師長。

十二月十日派薛敏泉為七十六軍軍長（原職綏署副參謀長），張汝弼為二十四師師長（原職為綏署第一處處長），十二日派褚靜亞為七十六軍第二十師師長。十七日派何文鼎（原職為第十七軍軍長）為秦嶺守備司令，李夢筆為汧山守備司令，徐經濟為寶雞警備司令。二十五日鍾松（原職三十六軍軍長）調西安警備司令，劉超寰調三十六軍軍長，曹日暉調十八綏靖區副司令。按，是年十月，方恢復舊制，故凡在十月份以前之調補升任，仍用整師整旅名義。

九、公至是須親謀調劑兵食。

八年抗戰，益以中共稱兵叛亂，經濟動盪，幣值日跌，關中已非昔比，而自馬歇爾調處執行小組與政治談判以後，民心士氣，所受影響殊大。關中戡亂兩年，兵力消耗日甚，徵兵有名無實，兵源益感枯竭〔註二七〕。自宜川戰後，第九十師、二十七師覆沒，亟待補充恢復，公曾面商祝紹周主席，緊急徵兵三萬人，當交緊急徵兵費三十億元。祝承允而去，而七月上旬，省府即已改組。二十七師兵員至年終，竟不能補足，事可知矣。自中央明令統制物價以來，奸匪暗施蠱惑搶購，糧食、燃煤、毛豬皆不入城市。綏署伙食亦斷肉食，全城居民嗷嗷，公乃命西安市政府設法疏導，並由部隊協助運輸，其事遂由市政府祕書長汪震負責主持，大力進行，市況乃漸改觀。公是年二月二十七日曾成立經濟小組，延請潘益民、范寶信、吳林柏、韓盛西、甘豫昌、田炯錦等為研究會員，然亦無所成就。公於三十二年元月所成立生產事業委員會，派馬志超、田毅安分任沂山、渭河兩農場管理處副處長，負實際生產責任，又派汪伏生為軍毯廠廠長，亦皆無成就。

是年，公接見各方來陝人士，有西北慰勞團團長陳明仁，外報記者麥德森、毛麗絲、曹士澂、陸夢家等〔註二八〕。

註二七　陝西省議會議長王宗山先生常論關中壯丁，始終沒有拿到，各縣應選青年十人，訓練主義行為，然後到各縣招兵徵兵，始能到手云。

註二八　公十一月十八日日記：「六時，宴陸夢家教授於六谷莊，夜九時後，約談於下馬陵，見解超越，學有專長，坦白熱忱兼而有之，誠不可多得之人物也」。

十、國內全般局勢持續惡化。

民國三十七年基本上是國內政治、經濟、軍事全面崩潰的一年。其中政治失敗，在蔣公日記中一九四八年反省錄中已明示，而中華民國憲法正式實施，並於五月二十日起組成行憲政府，於次（三十八）年遷廣州；續遷重慶；遷成都；最後在公犧牲了大量部隊後，保護它遷移來臺，延續了政權的合法性與正當性，是大失敗中的重大成果；而經濟上的全面失敗造成民心盡失，全軍士氣低落；至於軍事上則由於戰略錯誤，導致東北、華北及徐蚌會戰全面失敗，國軍精銳盡失，西北戰場則勉力支撐，還達成若干戰果。經國先生於該年二月二十六日曾致函公稱：「……一般高級人員不能覺悟，皆在做名利之夢而你爭我奪，如此作風是置國家於死地。故小弟始終認為團結志同道合之同志，集中力量，效忠領袖，為國族打開一條生路，實為當前之急務也……望老兄有所指示，古人云『歲寒然後知松柏之後凋也』，今日之政局已至歲寒之時，後凋之『松柏』應表示其貞節與堅強矣……」。

中華民國三十八年，己丑，西曆一九四九年，公五四歲。

一、元月。蔣中正總統被迫離職，時局突變，公擊敗西安外圍之共軍，經始規劃漢南。

公自去年十二月三十日奉召赴京，元旦與蔣經國先生等（由經國先生親自駕車），陪同蔣中正總統謁總理陵。元月五日回陝，六日，派盛文為漢中指揮所主任，李正先為第二十七軍軍長令守安康，十日，令陝西省政府搶購渭河北岸之糧；同月，得徐蚌會戰失利，邱清泉（註二九）部覆沒之訊，甚為焦急。十一日湖北房縣失守，友軍一九九師頗有損失，竹山竹谿已無守兵，我安康地區已受威脅。十三日，公指示陝西省政府主席董釗、西安市長王友直、西安警備司令鍾松，關於西安城防事宜，應以非常時期手段，達成非常目的，限於二月十五日完成之，同時又指示參謀長羅列研究西安附近殲滅犯匪之計劃，二十一日我總統被迫離京回奉化，公奉到引退電：「西安綏署胡主任，中馬日文告，想已達覽，中即於本日離京回籍，冀促成和平，惟念與兄患難久共，膽肝相照，茲當離別，曷勝馳念，尚祈為國珍重，努力勿渝，以竟救國衛民之功！特致拳拳，不勝依依」。嗣於二十六日又奉蔣堅忍先生自京攜回總統一月二十日賜函：「宗南主任弟勛鑒，近日政局，即有變動，但陝省重要，一切工作皆應照常進行，而且比以前更應積極準備，作死中求生之奮鬥。關於增加弟之番號，

註二九　邱清泉將軍文武全才，民國三十一年任七分校副主任，公甚為器重尊敬。

已指定兩個軍及另配四個師，似已足用，武器亦已指配，望能於三個月內補充完畢也，今後主力應置於漢中附近，對四川關係，特別密切，將來應受重慶張主任（群）之指揮，則公私皆宜，尤其在川中鄰接各地人民，應多加工夫，切實撫慰，軍人風紀必須特別優良，以期軍譽提高，人民仰賴也，中不論在何地何時對弟部一切必如在京時無異，不必以此自餒，只要吾人能自立自助、不屈不撓、百折不回，則最後勝利未有不屬於我也，餘不百一，順頌戎安。中正手啟。三十八年一月二十日正午」。公日記：「讀罷悽然，汗骨聳然，不知涕淚之何從。」（註三〇）。

時陝北新增之共軍部隊徐向前部，已有五個縱隊到達韓城北之薛峯鎮，王震部二縱隊亦到王莊鎮。二月二十四日公決集中兵力，以一個師守備大荔，主力撤至渭河南岸。趙專員芷青率地方團隊守蒲城，而令第三十師警戒尖山、金粟山、盤頭山，主力集結富平附近。十九日共軍犯銅川，公命我銅川守軍褚靜亞師及耀縣謝義峯師撤離而將主力撤過涇河以西，以一部控制魯橋、三原北東西高地為前進陣地。二十四日公部署以三原為右翼據點，涇河為橋頭堡，而以口頭鎮及其兩翼高地為左翼陣地。二十七日，匪攻我口頭鎮以西高地，褚靜亞師部覆沒，三月六日，公命三十八軍及一三五師攻擊口頭鎮，佔領嵯峨山，十一

註三〇　函中番號與武器，始終未實現，蓋李宗仁任代總統後，與中共議和，不欲加強中央軍軍力也。

日，九十軍亦收復耀縣，十七日收復銅川、蒲城，十九日第一軍攻佔金粟山，主力推進到蒲城東西地區，二十日佔領龍山，肅清白河（註三一）南岸之共軍。

二、四月，公奉代總統李宗仁之召飛京，並曾兩度至溪口晉謁總裁，一度旋里謁墓。

三月三十一日，公接陝西省政府董主席釗自南京電告：「白總司令（崇禧）擬令馬軍接防陝西，公率本部各軍移防武漢，囑請在一二日內飛京一談」。四月一日李代總統宗仁來電，促速飛京，商討西北軍事，公遂於六日偕空軍徐煥昇司令飛南京，住湯恩伯總司令公館，七日晉見李代總統，八日晉見何院長應欽，十日與周至柔同飛溪口，晉謁總裁。嗣赴上海、杭州、孝豐等地，於十九日再偕湯恩伯飛溪口晉見蔣總裁。

三、戰略轉進，公奉令放棄西安，加強部署秦嶺人巴山防務。

大荔會戰獲勝之後，原可乘機恢復戰略攻勢，殲滅彭部主力，無如全國局勢突變，徐蚌會戰失敗。蔣總統引退，華北傅作義降共，尤其太原被圍，徐向前共軍西渡，而我則兵源短缺，糧運不濟，幣值屢跌，士不宿飽。公二月十日日

註三一　白河即白水，發源橋山東麓，流入洛河，白水縣因而得名。

記：「至二十日即無存糧，甚為憂慮，乃於下午四時召集董主席（釗），規定限二月二十日交足糧十七萬包，三月十五日十七萬包，五億糧款限三月三十日前購足，渭河北各縣之糧，迅即移西安以西，裴司令官（昌會）轉飭部隊協助」。又，五月四日日記：「陝西購糧款，到黃金萬兩。」乃知陝政府亦無款購糧也（註三二）。

四月二十一日，李代總統與中共和談破裂，中共已分由蕪湖江陰突破長江天塹，南京陷落，公慮陝晉之共軍勢必合力南下，故於四月二十四日作戰會報中決定派第一軍入川（須待李代總統同意），並於四月二十六日決定放棄浦城、銅川據點，主力撤至涇河、渭河南岸，五月四日決定放棄三原、高陵、涇陽，主力撤過涇河，而以一個師以游擊姿態控制於三原，十二師、一三五師部署第二線陣地。第一師撤至寶雞控制，以便遵令入川，於是其兵力部署與任務：以第九十八軍、第二十七軍任川陝鄂邊區之守備，由第二十七軍軍長李正先統一指

註三二　按三十四年十二月二十一日公之日記曾記錄陝西省交付軍糧情形：「三十年代十戰區購糧二百萬包，三十一年應配交八戰區糧二百零六萬包，僅交一百七十萬包，三十二年配八戰區一八四萬包及代糧食部購軍糧三萬包未交清；三十三年配一戰區二百四十三萬包，僅交一八五萬四千七百七十一包；三十四年配一戰區一百零六萬五千四百包，至十二月僅交九萬三千七百七十二包。」勝利前僅三十年供應足額，餘皆供應不足，由部隊自行就地籌措，勝利後之情況當更不如前，故三十七年，公已自調兵食，至此則每況愈下矣。

揮，負責竹山、白河、漫川關及安康地區守備，阻擊豫鄂川邊劉伯承共軍之進犯。第三軍聯繫第二十七軍沿漫川關、山陽、商縣、亘藍田之線，控制秦嶺各隘口，阻共西犯。第十七軍聯繫第三軍于藍田、長安鄠縣地區佈防，控制秦嶺北麓。第六十九軍於臨潼、咸陽佈防，控制涇渭河谷。第十七軍擔任西安城防。以上三個軍統歸西安編練司令鍾松指揮，嚴密控制涇渭河谷與確保西安，阻擊犯匪。第六十五軍連繫第六十九軍沿涇水西岸佈防，任涇陽永籌邠縣間之守備。第五十七軍連繫第六十五軍沿涇水西岸佈防，任邠州長武間守備。騎兵第二旅及陝西保安旅沿西蘭公路佈防，任長武至涇川守備。涇川平涼之間，由寧夏與甘肅馬家部隊防守，協調天水行轅適時支援作戰。其第一、第三十、第三十八、第七十六、第九十各軍與陝西保安旅控制於咸陽、武功、扶風、鳳翔之間地區，隨時機動阻擊共軍。惟其時部隊番號雖多，而兵額甚缺，如第三十軍、三十八軍、第七十六軍、九十軍皆有一師及一團以上在川接兵，如三十軍乃全師空運太原後，另行編組，兩師在川接兵，僅有軍部番號，第七十六軍亦僅有一二五師及直屬部隊。已補新兵者，亦因長期作戰，未能完成訓練，故戰力遠非昔比。五月十二日，九十軍留置涇河三原之線，六十五軍、三十八軍及十七軍之十二師撤至涇河南岸。時彭德懷共軍第一、第三兩兵團已合力南犯，十六日與我口頭鎮撤退之軍在永樂激戰，其主力已於是夜祕密渡過涇河，突破六十五軍防地，直犯咸陽北原。咸陽距西安五十華里。共軍第十八、第十九兩兵團，同時由潼關韓城渡河，企圖迫我於關中決戰。其時我可機動使用之軍，僅為五、六萬人，而友軍，原允推進至邠州相策應者，反向涇川平涼後撤。是夜十一時乃與蘭州綏靖公署商決，以一部控制於西安秦嶺之間，主力撤至寶雞，誘敵深入，然後決戰殲滅之。同時以篠辰梅電呈報國防部，即奉辰篠展電復「與蘭州方面所商定之爾後行動，准予實施」。西安綏靖公署乃於五月十八日拂曉撤離西安，遷至漢中。西安由第十七軍兼西安警備司令楊德亮率部擔任城守。下午共軍陷咸陽，十九日共軍渡渭河進攻西安，第十七軍攖城血戰兩日，殺敵甚眾，乃撤守秦嶺。其時彭部主力第一軍王震所部在岐山扶風地區，第二軍張宗遜部在乾縣醴泉以北地區，其一部已到興平、武功間，賀龍共軍之十八軍周士悌部先頭已到西安附近，十八、十九兩兵團正分由潼關、韓城兼程西進南下。公意欲殲滅彭部，宜在賀部未與之會合之前，實行各個擊破，乃與蘭州綏靖公署、天水行轅協商作戰計劃，殲敵於涇河西岸武功地區〔註三三〕。

四、武功戰鬥，企圖殲滅來敵，收復西安，功敗垂成。

當西安撤守之時，我六十九軍控制於涇渭河谷，掩護三十六軍及西安機關物資之西運，其後即連繫十七軍向秦嶺山地轉進。六十五軍、五十七軍留置一部於涇水西岸，遲滯共軍之行動，六十五軍主力撤至乾縣麟遊地區，五十七軍主力撤至麟遊鳳翔地區，掩護主力，向渭水南岸及川陝公路轉進。於時，彭部已率其第一、第二兵團及晉匪一部分經三原、涇陽西進，沿涇渭河谷及西蘭公路大舉西犯。公協調蘭州綏靖公署以寧夏隴東兩兵團，由邠州靈臺間經西蘭公路兩側東進；天水行轅所轄之九十一軍王治岐部，本署十八兵團李振所部，由鳳縣寶雞間沿渭河北岸東進；我三十六軍由斜谷進出渭河南岸東向攻擊，十七軍出子午谷，第三軍出大峪口，以期包圍彭部於渭河平原武功以南地區而殲滅之。六月九日會戰開始，十一日我三十八軍克復岐山，七十軍收復蔡家坡，共軍第一、第二兩兵團皆頑強抗拒，雙方死傷慘重，王震共軍乘夜渡渭河南竄，與我三十六軍遭遇，十二日激戰於郿縣之金渠鎮。我十八兵團李振所部亦渡河會攻，激戰終日，殲敵甚眾。十四日，我渭北部隊克復武功，十八兵團進至鄠縣以西，隴南兵團亦進至武功以東地區，我第三軍軍長盛文率十七師、八十四

註三三　按，公於民國三十三年潼關戰後，蔣總統垂詢關中併入第一戰區之意見，公對以「關中本來僅河防陝北兩正面，併入第一戰區後加上盧氏西坪漢中三正面，以現有兵力而欲參加五個不同正面之作戰，殊非易事。」匪顏長霖論沙店之戰廣播中有云「陳謝大軍在陝洛之間，要渡黃河的。胡宗南的機動兵力，被我們拖住北線，後方空虛，陳謝大軍分向東西兩路發展，東而威脅洛陽，牽制河南的敵人，支援劉謝大軍南下，兩面直逼潼關，胡的老巢西安，眼看難保。」則匪之戰略，以晉省之匪牽制關中；以漢南鄂北之匪威脅關中後方；以豫西之匪擾亂秦嶺以南，使成南北夾擊之勢。關中昔稱四塞以為固，今則已成四戰之地；尤其晉省既以晉西南委之於關中，不能阻匪南下；而太原之圍，復須公之救援；豫省之匪，亦時需公部之剿除。以十餘萬之兵，轉戰數省之地，禦滋曼難圖之匪，其成敗利鈍，詎戰之罪哉！

師、二五四師於引駕迴杜曲之間，擊破共方秦嶺北麓守備之六十軍後，前鋒迫近西安之東關、南關，軍部進駐武家坡，正準備當夜攻城。先是隴東兵團主力先於六月十一、十二兩日擊破乾縣醴泉附近共軍之第二兵團，其騎兵一團十四日乃進圍咸陽，有四百餘人誤中匪計，陷沒城壕，攻勢頓挫，遂即撤離北去；寧夏兵團亦即自動由乾縣西撤，致渭北殘敵悉數南渡阻擊我東進之軍。十五日夜，蘭州綏靖公署復謂須調整部署，不能繼續攻擊，幾經交涉至十八日方允以隴東兵團全部渡涇河東出，攻敵側背；寧夏兵團主力在咸陽北郊掩護，以一部進攻咸陽，如此已變更原定作戰計劃。我軍雖於十五日收復興平川口鎮，南岸克復盩厔縣；而因渭北之匪南下，使我十八兵團側背感受重大威脅，無法向鄠縣急進，會攻西安。而匪之由潼關韓城西進者，已與涇河南下之共軍在西安咸陽會合，我軍在渭河南岸者遂陷於單獨苦戰。二十日得悉隴東兵團以在涇河沿岸之攻勢頓挫，已撤向靈臺方向；寧夏兵團二十五日亦密向邠州後撤，且未通知我方。共軍遂藉此空隙突進，於是我軍在渭河北岸者又遭共軍突襲，陷於苦戰，其後蘭州綏靖公署建議本署主力控制武功扶風盩厔與秦嶺各谷口間；蘭州方面主力控制醴泉、永壽、淳化、邠州附近，聯成犄角，阻共西進，尚未實施。未幾，寧夏隴東兩兵團意見相左，忽又撤至長武靈臺。彭、賀兩部遂於七月十一日由乾縣西南迂迴至扶風，迫我十八兵團（已於六月十九日再進至渭河北岸）隴南兵團背水作戰；渭河南岸我九十軍，同時亦受數倍之敵襲擊，浴血苦戰，傷亡慘重。共軍之一部遂乘隙西進，連陷寶雞平涼，直趨隴中矣。是役，我六十五軍、六十九軍、三十六軍、三十八軍、九十軍精銳損失過半，我一四四師師長符樹逢陣亡，六十五軍副軍長張琛，一六五師師長孫鐵英，五十五師師長曹維漢，副師長石滌非，團長唐成基等皆受重傷，我亦斃敵萬餘人，然收復西安，已功敗垂成矣。

五、七月間，我擊破進犯安康地區之敵，鞏固陝南川北防務。

武功戰後，共軍主力西陷天水蘭州之際，我軍主力迅速轉移，以有力一部沿秦嶺佔領陣地，而置重點於漢水河谷及川陝公路兩側，並經營隴南各縣，屏蔽川北，以鞏固西南反共基地。其時第二十七軍軍長李正先兼任安石警備司令，指揮第二十七軍、六十九軍、九十八軍，控制陝鄂邊區，擔任漢水河谷安康、洵陽、白河、竹山、竹谿、平利、嵐皋一帶之守備；第三軍、第十七軍及陝西兩個保安旅，防守秦嶺東北部，控制秦嶺各口，防共軍向南偷襲；第五兵團司令裴昌會指揮三十六軍、三十八軍、九十軍、騎兵第二旅，防守秦嶺西北部川陝公路及大散關附近，阻匪南犯；原在寶雞待命入川之第九十軍各師，已先期逐步西移，駐守隴南徽成各縣，而以另一部推進略陽，在雙石鋪準備第二線陣地。部署粗定，中共以我秦嶺守備堅固，正面攻擊不易，遂以劉伯承共軍自東向安康地區進犯。

先是五月杪我軍正在渭河南北岸激戰之際，劉伯承共軍之一部自房縣經竹山竹谿進犯，陷我平利。六月七日，我二十七軍增援反攻，收復平利，我軍亦損失一營之眾。七月五日，劉伯承部第十七軍孔從周、第十九軍劉金軒及鄂西軍區獨立第一四二、第一四三、第一四四等共九個師，其兵力由鄂西向我李正先各軍攻擊，自七月五日至十七日止，經旬餘激戰，我二十七軍、六十九軍、九十八軍損失過半，共軍連陷竹山、竹谿、白河、洵陽、平利各縣，僅二十七軍之三十一師李我所部，尚在安康城守。十九日，共軍前鋒已迫安康城郊，公於十七日急令第三軍軍長盛文兼安石警備司令，率第三軍由秦嶺鎮安南下，原在安康地區各軍悉受節制指揮。盛軍長於十九日馳抵安康西岸，令三十一師固守安康待援，六十九軍任漢水西岸，九十八軍任漢水北岸之防禦，阻敵乘勝渡河，二十七軍集結五里舖待命。二十日，第三軍全部到達漢江西岸，二十一日拂曉前祕密渡過漢江，開始反攻。先令六十九軍由漢江西岸，九十八軍由漢江北岸力攻；二十七軍之三十一師由安康城分向南北郊出擊，以吸引共軍注意於漢江沿岸，而主力第三軍之十七師、二五四師，指向安康東南之大小牛蹄嶺、文峯山、武峯山之線，求敵主力一舉擊破而殲滅之。自十二時戰至黃昏，二五四師在大牛蹄嶺小牛蹄嶺之線戰鬥慘烈，我七六一團團長張寶琦重傷，營長陣亡二員，重傷二員、連排以下官兵傷亡九百餘人；匪傷亡更大，約千七八百人。是夜調整部署，二十二日拂曉再度攻擊，匪十七軍及獨立第一四二、一四三師仍頑強抵抗，戰線時有進出，形成犬牙交錯，午後，我九十八軍一八四師擊破河岸之匪，進至安康東北郊，是夜乃令以一部接替安康城防，其主力攻擊匪第十九軍劉金軒之左側背。二十三日拂曉，乃令三十一師向匪第十七軍及匪一四二師之接合部大小牛蹄嶺文武峯山間之鞍部攻擊，突入敵陣後方，以主力猛攻孔從周十七軍及匪一四二師之背，其時九十八軍已全部渡河攻擊匪第十九軍，而六十九軍亦於午前擊破河岸之匪，第一四四師向文武峯山共軍左側背攻擊，在烈日如焚之下，經一日之激戰，乃將中共十七軍孔從周之五十五、五十六、五十七等三師擊潰，共軍遂全線向東竄退，我軍亦連夜追擊。至八月五日，乃將平利、竹谿、竹山、洵陽、白河名縣收復。是役自二十一日至八月五日歷半個月間之戰鬥，共軍遺屍五千餘具，傷者約九千餘人，俘獲共軍二千三百餘人，重機槍三十一挺、八一、八二迫擊砲二十五門、馬步槍二千餘枝、馬騾三百餘匹。我軍重傷團長二員，營長陣亡三員、重傷一員，連排長以下官兵傷亡三千一百餘名。其原在安康作戰之軍，經戰後整編，二十七、六十九兩軍原為二師制者，僅各編成一師，九十八軍則編為四個團，其傷亡之重大，可想見矣。我軍自關中會戰，收復西安未成，陝西不逞之徒與動搖份子，多有與孔從周默契聯繫者〔註三四〕，至時乃利用其陝人關係，率軍進犯，盛軍長選定孔某為攻擊目標，予以決定性之打擊，藉以杜絕陝省狡焉思逞者之妄念，而弭患

註三四　孔從周，陝西人。為楊虎城之甥，自幼隨楊為土匪。抗戰時隸孫蔚如部，勝利後為三十八軍五十五師長。三十五年國軍整編，在氾水防次叛變投共。毛酋授以伏牛山軍區副司令員，五十五師師長，經我進剿後，逃入大別山區。

於未形，其在政治上之鎮懾作用，尤為重大。

六、公經營隴南，並奉命兼任川陝甘邊區綏靖主任。

自武功戰後，規復西安未成，隴境友軍，互相嫌猜，分別後撤，隴山之險盡失，共軍遂分路直趨甘肅。八月二日，天水失守。十七日北路之匪入泰安，直趨蘭州，南路入甘之匪，則趨洮沙。公慮共軍自隴南直趨川北，大局將不堪收拾，故先期將有力之第九十軍移守隴南之徽成各縣，另一部控制於略陽陽平關之線，為之犄角。七月間，匪陷洮沙後，公仍慮匪沿洮河南下，可由陰平入川，乃以西安綏靖公署少將祕書長趙龍文（註三五）在甘肅久，隴南人地皆熟，請准閻錫山院長及中央黨部，以隴南黨務特派員名義，率侯占標團（註三六）五百人進駐武都。整頓各縣團隊，組織黑錯番族，召開隴南各縣黨務會議，加強防諜，一時地方大定。八月八日，行政院閻院長發表公兼任川陝甘邊區綏靖公署主任，而將原為天水行轅指揮之隴南王治岐一一九軍、隴南之周嘉彬軍及駐武威之黃祖壎九十二軍，編成第七兵團歸公指揮。十日，周嘉彬密移臨洮以

註三五　趙龍文，抗戰初期任甘肅省政府民政廳廳長。

註三六　侯占標，廣西人。黃埔軍校教導第二團士兵，在第一師歷史最久，勇敢善戰，已積功升至上校團長，性孤傲粗獷，不易指揮。

西，故不受公聯絡指揮，且挑撥王治岐擁兵觀望，需索多端〔註三七〕，周嘉彬不久遂約王治岐投共。而九十二軍遠在武威，亦無法東調，第七兵團遂未編成。

公奉兼邊區綏靖職後，九月十二日赴廣元籌設川陝甘邊區綏靖公署，乃以西安綏靖公署副主任於達，及曾擴情兼任副主任，並延攬四川青年人望林樹恩〔註三八〕為特別黨部書記長，王元暉〔註三九〕為祕書長；綏靖公署設於綿陽，以俾此後在川北接兵與糧秣供應，較為順利。先是三十六年冬赤燄甚張，公念川陝應有密切聯繫，乃商請陝省府祕書長林樹恩回川與當局交換意見，四川省政府主席鄧錫侯亦派保安處處長王元暉赴陝報聘，研商具體辦法，其中有「建議中央遴選優秀川籍將領收攬川官川兵，組一兵團，專司防衛西南之用，對西北部隊員兵之徵召，川省府應設法解決其困難，一旦西南局勢嚴重，西北部隊亦予適宜之策應。」已有成議，旋因四川省政府改組，遂置不行。

註三七　周嘉彬，雲南人。為張治中之婿，抗戰時曾任軍校第七分校副主任，數度要求帶兵，後調任西安警備司令，因縱容部屬與軍官總隊鬨鬥而去職。時張治中已以和談代表，留平不歸。

註三八　林樹恩，軍校四期，曾任陝西省政府祕書長。

註三九　王元暉，軍校四期，原任四川保安司令部副司令。

七、中原板蕩，新疆附逆，公部處境艱難。

自三十七年中原剿共失利之後，赤勢蔓延，我總裁迭有縮短戰線集中兵力，並有萬不得已時，留置一部兵力於陝南與匪周旋，主力向川西撤退之指示；當我軍在渭河兩岸作戰之時，上海保衛戰已告結束，武漢重鎮亦已棄守；七月下旬，我擊破劉伯承所部於安康之時，其另股與陳毅共軍已越宜昌進陷興山秭歸，主力迫逐我南撤各軍進窺廣州，我政府七月間遷廣州，十月十三日遷重慶，共軍已分路追躡。川鄂公路之匪，我宋希濂軍節節抗拒，節節退守；陝甘之匪，九月一日亦犯我鳳縣附近之第三十六、第三十八兩軍，我亦頗有損失。至四日我方將匪擊退，全線穩定，而第一師原在寶雞候令入川，以川境地方軍不穩，希早日安定四川局勢，俾政府可安然遷至重慶。惜為廣州李宗仁代總統所阻達數月之久，不得成行。九月二十三日，公獲悉新疆陶峙岳正「接洽和平」，頗感惘惘，日記中指出「陶峙岳半年來行為可疑，於此益信，個人英雄主義人物，不能為大眾謀利益者此也」，隨即致電在新疆之部屬葉成、羅恕人、馬呈祥：「不可投降」「對陰謀投降分子一律逮捕，無論何人」。（二十五日葉、馬、羅即離職南行）。二十六日，公獲蔣總裁申宥電：「西北整個淪陷，局勢嚴重，吾弟環境格外艱困，只有積極整補所部，切實研究方略，詳定部署，以期死中求生，旋轉大局也。如何盼覆。中正手啟。申宥。」九月二十七日，西南長官公署派羅廣文、趙秀崑、皮宗敢到漢中開會，商定「三個師到武都附近，兩個師在青川、平武佈防，設指揮所於碧口，並限十月十三日到達武都。」九月三十日，公以三十軍、七十六軍殘部裝備完畢，乃部署大巴山防務，而以六十九軍胡長青部控制綿陽，另以一個軍出入關中平原游擊。忽奉國防部電令秦嶺守軍，須待大雪封凍後，方能撤離；而是年天候較暖，並無冰雪，不得已，公乃於八日決定主力仍在鳳縣，東西第一線各軍，各以一部部署白水江、張口、石江口、江西營之線。第二線則速部署在廣元、青木川、平武、通縣、南巴之線，而以一部由鎮安出關中（按，即前文另以一個軍出入關中平原游擊者）。十九日，公獲悉四川失意將領政客劉文輝、鄧錫侯、王纘緒、向傳義、楊永俊、黃瑾懷、蜀不華、鄧漢祥等十三人換譜拜把，大為川局憂慮。公於戎馬倥傯萬般急慮之際，惟一安慰為與臺北之妻葉夫人通訊。十月六日中秋節曾寄詩二首予夫人：

「漢臺初度中秋節，千里懷人同對月；
月自團圓我不圓，夫人稍待我來接！」

「兒女相思各一方，卿雲爛漫想華妝；
遙知漢上光輝月，照到臺灣妻子房！」

八、十一月。我第一軍奉命馳援重慶，掩護政府遷蓉，在重慶市郊壯烈犧牲。

十一月三日公飛臺灣，晉謁蔣中正總裁奉諭速運一個師至西昌，並允發經費黃金一萬五千兩，總裁亦告以將復職〔註四〇〕。五日回漢中，七日在廟台子，九日赴西鄉縣茶鎮山上野廟中，分別開作戰會報，規定各部隊爾後之南移行動與任務。十日決定第一師袁書田部運西昌，十五、十六兩日由漢中空運新津機場一千七百餘人，十九日由新津空運西昌者僅朱光祖團之一部，約七百餘人，餘皆不及西運。

是時進犯重慶之共軍，十一月六日陷秀山，十日陷酉陽，十五日由龔灘渡過烏江，進逼彭水。當時政府在重慶，蔣中正總裁於十一月十四日自臺灣飛抵重慶，並電邀李宗仁代總統返回重慶共商大局，惟李宗仁於十七日稱病，拒絕回重慶，接著於二十日由南寧飛香港。十九日清晨，總統府俞濟時局長電話予公：「奉諭：『第一軍車運重慶，第三軍開新津』」，公即答以：「此不可能，萬難辦到。」嗣又奉嘯章電：「第三軍開新津，第一軍開重慶」。由於此與公之構想及部署完全不合，乃致電蔣中正總裁，根據公之日記，其全文及相關發展如次：

註四〇　蔣總裁於三十九年三月一日在臺北復行視事。

「……重慶總裁蔣戌嘯章電奉悉，本部在川北無兵無糧無衣，川局之內部可知，故急須第一軍趕到新津鎮壓，才有立腳點可言，才能保障川北部隊轉進安全之可言，此著如錯，全局皆敗，決無挽回之機會。除飭第三軍遵令在二十七日前東運到渝外，謹復。職胡宗南戌皓參列。」

公日記續詳記當時情形：

「夜內得總裁戌皓機渝電：『聞弟對於第一軍調渝甚為不願，是或愛惜兵力以備決定成敗最後之使用，余甚了解，惟中以為此次渝東作戰，實為黨國成敗最後之一戰，若惜此而不願聽命調用，恐無再使用之時，實革命成敗黨國存亡歷史榮辱皆在此一舉，望仍遵令調用，勿誤為要。中正手啟』。

嗣又得俞局長濟時戌效章電：『此次川東之戰，總裁已有詳密策劃，宋羅等部士氣亦盛，頗有勝利把握，兄部第一軍東調，各方期望甚般，惟聞兄有改調第三軍之議，恐時間上形成不及主力決戰；且主力決戰，應有強有力部隊，否則如影響全局之成敗，不但兄無以對校長，即與論之責難，亦不可免，想兄素忠實服從。此次關係重大，務盼以校長之意旨為重，勿再請求更換，即飭行動為幸。』

當夜，俞局長直接對廣元裴昌會通話，轉總裁意旨：第一軍車運重慶。

此情形實為本軍全局失敗的原因，當與羅參謀長（列）沈策詳加研究，討論至午夜二時半〔註四一〕，決於明二十日東運第一軍至重慶；另請加派卡車八百輛運第三軍到重慶，協助第一軍之作戰，并請空運新津西昌之第一師暫停空運，控制於成都附近，當即發電如次：

『重慶總裁蔣，戌皓手啟機渝電奉悉，職以第一軍為黨國歷史命運之所寄，全軍數十萬官兵精神維繫之重心，其使用效果如何，當予審慎考慮。若以此等精銳有用部隊，毫無計劃分散割裂，投置於無用毀滅之途，如此用兵實為戰略上之大忌，職以全軍安危所繫，故未敢緘默。鈞座既固執己見，除飭第一軍遵於明哿日自廣元趕運來渝外，務請再飭加派汽車八百輛趕運第三軍，以便協力第一軍作戰，并請轉飭新津第一師緩運西昌，鞏固成都。謹復　職胡宗南戌皓十一時三十分參列』。

公逆知優勢共軍必向重慶急進，而總裁坐鎮重慶，掩護政府人員物資，決不輕易離渝。情勢至急，憂慮百端。夜間即令第一軍遵於翌晨自廣元逐次車運重慶，並電陳軍長鞠旅，有「勤王之師，義無反顧」之語，同時如前述，電請另派卡車八百輛加運第三軍至渝，協助第一軍之作戰。但第一軍兩個師運渝之

註四一　根據當時在場公之侍從參謀張政達回憶，當夜討論主要重點為：由於友軍紛紛崩潰，而川局內部情勢發展對我極不利，如依總裁指示進行，我軍將陷於四面受敵態勢，以後不免全數犧牲，甚至以後有人會將失陷大陸之責任怪我；但是，如不從命而保全了軍隊，則總裁可能被俘或犧牲，屆時國家沒有人領導，則我保全軍隊又有何意義？是以討論到最後，公乃揮淚從命。

車，原定渝、蓉兩地撥一百輛，日夜川流趕運，實則僅到大小雜車六十輛，雖於二十二日由廣元運出，半數卻在途中損壞停駛，遂使部份官兵仍須徒步前進，而續請之八百輛，竟無一輛至者。

第一軍運渝原已呈奉總裁核可，集結於九龍坡、大坪、石橋舖、歇台子地區統一使用，然其時共軍已陷彭水；二十五日，我軍羅廣文之十五兵團自動放棄南川，共軍是日遂由南川陷綦江之惠民場各地。二十六日，第一軍先頭一六七師第五〇一團到達，即被車運至綦江附近二十華里處，當時得宋希濂部二十兵團副司令官陳克非通告，匪已陷綦江縣城，奉最高當局命令，改用於長江東岸海棠溪北溫泉之線，五〇〇團到後亦奉命至南溫泉佔領陣地，阻擊犯匪。當前衛營至南溫泉鎮時，匪已進犯，前衛營即依行軍隊形，逕前肉搏而進，將匪驅於西南一隅；二十七日黎明，海棠溪迄長江右岸之匪，以人海戰術密集兵力，猛向我五〇一團進撲，前仆後繼，如潮湧蜂集，我軍亦浴血抗拒，愈戰愈厲，寸土必爭，激戰至夜，匪不獲逞乃退，匪遺屍三百餘具，傷者約五百餘人，匪屍中發現進犯者乃共軍第十二軍之三十五、三十六兩師之眾，我俘獲匪二百餘人，二十門總機一部，輕重機槍十餘挺，我亦傷亡營長蕭瀛洲以下官兵二百餘人，五〇〇團亦於是日出擊當面之匪，至晚已將匪驅逐至南溫泉南側高地，俘獲共軍官兵約二百餘名，輕重機槍三十餘挺、步槍百餘枝，匪俘供稱：「自入川以來，從未遭如此堅強之戰鬥，不愧第一軍。」云云。一六七師之四九九團亦派隊肅清附近叛兵土匪，至此，海棠溪至南溫泉之線已無敵踪。

第七十八師自十一月二十六日起逐次到達，由於車輛破損，司機刁難，部份徒步前進，至二十八日未能到齊，斯時長江南岸已成真空，七十八師到渝者，第二三四團守備江津以西江岸，二三二團順延守備海棠溪北岸地區，二三三團位於白市驛，守護機場；二十九日，羅廣文部三六一師在黃桷埡潰退，叛艦又助匪渡江，迭次向我二三四團猛撲，友軍皆不戰而走，七十八師遂陷孤軍獨支全線，苦戰未已；而由黃桷埡侵入之共軍進擾白市驛機場，與我二三三團形成爭奪戰，我為掩護政府人員物資之搬遷，苦守力戰，共軍亦源源增援，勢在必得，激戰終夜，最後乃將共軍擊退。其時宋希濂兵團已經江津西去，羅廣文兵團兩個軍非降即散，楊森之二十軍已奉命自嘉陵北行，第一軍雖孤軍苦戰，屢次擊破犯匪，終亦無法挽回頹勢，二十九夜，俞局長濟時傳令南岸部隊撤回，三十日六時，江津以西共軍已大部渡江，永川情況不明，友軍盡走，旋奉楊森總司令電話指示，令軍速回向璧山撤退，時一六七師尚在沿江佈防，七十八師仍與渡江之敵對戰中，共軍知我撤退，乘機急進，陣地陷於犬牙交錯之勢，至夜方獲撤離，我已損失甚大，迨軍抵達璧山時，楊總部參謀留交命令一紙云：「匪已由永川向璧山進犯，軍應向銅梁急進」，於是第一軍乃交替掩護前進；十二月四日，匪由永川竄擾潼南，有匪數百混入城內，迨一六七師進駐時遂發生劇烈巷戰，一六七師師長趙仁陣亡，匪亦為我殲滅。其時車輛、騾馬、難民、散兵沿途擁塞，友軍皆走，第一軍自璧山銅梁潼南遂寧前進，陳軍長沿途設站聯絡收容；十一日至簡陽，僅得七百餘人。是役一六七師師長趙仁陣亡，代師長曾祥廷負傷，團長陣亡一人，營連排長死傷十之六七。匪之傷亡十倍於我，終以匪勢強大，有增無已，而我則軍政不能配合，地方政府早已解體，車輛則窳敗不能乘用，糧秣則須自籌，孤軍苦撐，亦僅不負其夙志而已。

第三軍以車輛無著，十七日過漢中，二十六日到綿陽，徒步前進，三十日聞重慶撤守之訊，乃改開成都。

九、成都保衛戰與苦戰突圍，轉進西昌。

先是公於十一月七日至陝南漢中郊區西鄉茶鎮廟臺子張良廟，九日至西鄉縣茶山鎮之神廟舉行軍事會議，指示東西守軍將領爾後部隊行動及任務外，並作漢水河谷游擊部署。令安康專員李靜謨，西鄉縣長柯愈珊各以地方團隊壯丁編成一個師，並令十九綏靖區豫西綏靖分區王任王凌雲、前六十七師師長李學正，陝西保安旅旅長徐經濟，縣長柯愈珊等，鞏固安康外圍游擊；派王凌雲為川陝甘挺進軍總指揮，轄新四、新五軍，並兼新四軍軍長，李學正為副軍長，徐經濟為新五軍軍長，柯愈珊為新十二師師長，白青雲為新十三軍軍長。十一日起動員陝南人力物資為南進之準備，並令五十七軍軍長馮龍破壞漢南交通，第四處科長蔡劍秋破壞通訊，為堅壁清野之計。自李代總統潛逃，重慶外圍之戰失利，秦嶺大巴山已失防守意義。十八日奉國防部戌巧電：「彭水昨已陷匪，形勢緊急，務望貴部主力於十日內轉進成都平原。」於是公令秦嶺鳳縣東西線守軍酌留三十八軍掩護外，主力於二十五日夜撤向寧強，亟盼早日控制成都平原：東江口之八十四師，二十二夜，先行南撤，安康九十八軍，二十四日夜向城口萬源撤退，原守大巴山之六十九軍、七十六軍，秦嶺之三十軍（各僅有一個師兵力，四川新兵，半年以上未能接到補充），仍在原地掩護，然後隨主力跟進。其餘第三軍、十七軍、二十七軍、三十六軍、九十軍計五個軍，十六個師，集中開往成都平原與共軍決戰。

公於十一月二十七日在漢台與漢中地方，各代表仕紳第一次也是最後一次相敘，參加者有趙葆如、樊壽珊、蔡潔丞、陳右階、張西承、王蔭吾、陳希賢、牛秩階、康樂山、彭俊卿、李聖學（明德中學校長）、王尊一、杜夢久、岳屏周、王之傑等數十人。公其日記記載「臨別依依之情，有說不出之苦。」

次日公與陝西省府主席董釗研究，如重慶失陷，鎮巴之游擊根據地不久亦必消滅，不如向通南巴、廣元、平武向西移動，逐漸入西昌。次日董回報，亦以為善。

西安綏靖公署人員隨即於二十九日由漢中車運四川綿陽，公則乘飛機至廣漢轉至綿陽。三十日至成都晉謁總裁，自此每日陪侍。綏靖公署人員於十二月一日，到達成都，駐南門外空軍機械學校。各部隊正陸續撤離防線，向成都集中。二日，彭德懷十八、十九兩兵團已向我秦嶺三十八軍襲擊，一部於五日進踞漢中，三十八軍節節抵抗至摩天嶺之線，遂被優勢共軍所圍擊，損失頗重，軍長李振西至成都再設法重整旗鼓。南面之共軍陷重慶後，劉伯承部第三兵團、第五兵團及林彪之四十七軍、五十軍已分道西犯，主力竄抵安居、銅梁、隆昌，一部進犯內江潼南。我第二十七軍於十二月一日到達內江，星夜在內江、榮縣、樂山之線阻匪第三兵團西進，並掩護重慶撤退之機關部隊人員物資之撤向成都。自六日，駐瀘縣宜賓間之七十二軍郭汝瑰投共後，共軍益西向續攻樂山，我三十一師側背受敵，甫到成都第三軍之三三五師即運樂山增援。我第三軍主力於五日到達成都後，奉令擔任成都防守，第三軍軍長盛文兼任成都防衛總司令，余錦源、嚴嘯虎（原為成都警備司令）為副司令，曾擴情為政治部主任，第三軍副軍長沈開樾兼任防衛總部參謀長。時，成都街市木柵林立，謠言蠭起，附逆份子竟明目張膽，歛錢歡迎共軍，名曰「應變費」。而劉文輝在城南武侯祠駐有獨立旅聶文清部九百餘人，其新玉紗街住宅匿有便衣兵三百餘人，武裝五百餘人，建國中學有劉之舊部二十四軍一三七師周桂山部近千人，城北昭覺寺及城內上下打銅街一帶，駐有鄧錫侯之九十五軍黃隱部三千餘人，並勾結民眾自衛隊等密謀劫持蔣總裁，佔領成都以應匪。昆明盧漢叛變時，曾電劉文輝、鄧錫侯在蓉扣留總裁獻匪圖功。第三軍任成都防衛後，首先拆除交通要道木柵，嚴禁謠言，管制散兵游勇，嚴加戒備。十日下午，公與盛文總司令恭送總裁離蓉飛臺（公十二月十日日記：「上午九時晉謁，以昆明事變，劉、鄧同謀為慮。十一時半，再晉謁總裁問：『是否留蓉，或即返臺。』答以早返臺為是。下午一時至鳳凰山機場恭送」）。此為蔣中正總統在大陸的最後一日。附：蔣中正總統於離蓉第二日即致函予公，有所指示，期望能再規復雲南，保有西南，全文如下：

「三十八年十二月十一日

昨午作別，情緒悲戚，依依不盡欲言，革命變幻至此，實愧對忠實之幹部與愛戴之軍民，更無以對總理與先烈，惟忠黨救國肫肫不息之赤忱，俯仰天地毫無愧怍，深信革命必成共匪必滅，最後勝利，必歸吾忠貞不貳成敗不計之革命信徒。惟望吾弟能繼其後也。此次昆明叛變早有許多徵候，無殊一般同志，太不警覺，皆為叛徒虛偽辭色所欺矇，而不加預防此實中平生疏粗，鈍拙，終以君子之心，度小人之腹，焉得而不挫敗耶。惟默察匪勢綜觀大局，尤其共匪不惜收容叛徒，利用一時，足見其無力統制全國，不能不作此飲鴆止渴之舉，此使我軍得一喘息之轉機，亦未始非塞翁失馬之福，故祇要我軍尤其弟部能在西南與西北之間作長期奮鬥之計，未有不能轉敗為勝也，預計匪在川黔者不過六個至七個正規軍，並傳匪盧相約匪軍不入雲南為條件，只派政工人員改造其軍隊，其對四川鄧劉，是否亦有匪不入成都為條件則不得而知。但觀成渝路方面，匪之行動其不願派遣主力與我決戰，重受犧牲是在意中，吾人應在其此一弱點上研究策劃為要，中意龍泉驛陣地最好，在簡陽以東地區增強若干兵力予以作十日以上之周旋，以待我綿陽附近後續主力部隊之轉進是為上策，故成都非萬不得已，不宜放棄，至於後續部隊經棉竹灌縣附近再轉進至岷江以西地區，是萬不得已之舉耳。今後弟部行動與方針約有下列數項方案：

第一，在成都平原作戰以期確保成都

第二，轉進岷江西岸，以期雅安、康定為基地並望能先控制西昌不失，故中意西昌仍須繼續空運，運如一個加強團先解決該處之劉部編併之，然後扼要對雲南各山口與各江口切實防守之。但須派要員主持并尊重賀兄請受其指揮。

第三，第二方案實行完成後，仍須向雲南發展而以攻佔昆明為今後作戰惟一目標，必須始終不懈，積極準備，務期達成此一重大任務。是亦弟部今後生存與成功惟一之出處也

第四，如第三方案不成，則可佔領滇康青藏之中間地區，而以昌都為臨時基地，相機向滇向青向川發展亦無不可，但此為萬不得已之舉，然亦不可不作此著想，惟該區氣候寒冷，糧食缺乏，人口稀少，只可分地就食。然中深信中國與世界局勢當不使吾人艱窘至此。即使有此，亦為暫時之計耳，所慮者，為此一冬季如能在岷江西岸及雅安西昌以東度過冬季。則一至明年四月，自可南北東西縱橫自如矣。此乃中蘊藏於心者已久，往時不忍道亦不願道，而今不得不為吾弟詳道矣。餘不一一　中正手啟。」

我空運西昌之第一師第二團之一部抵西昌後，即據守機場周圍要點，等待後續主力之到達。時劉文輝發通電叛國後，所屬逆部伍培英〔註四二〕陰謀襲擊朱團；朱光祖得報後，嚴行戒備；公命至必要時得獨斷採行攻擊，以求自衛。於

雅安而去。

是朱光祖乘其未發，乃於十二日夜襲破伍培英師，伍率其殘匪狼狽潰向禮州及西昌人民見其敗竄，莫不額手稱慶。事聞公嘉慰朱團長云：「此次第二團以不滿七百人兵力，居然擊逐十倍於我之叛敵，重奠西昌，力挽狂局，其機警勇敢忠憤強悍之情，堪為革命軍人之表率，深感榮譽，除請將貴團擴為兩個團之師外，並犒賞四千元敬以欣幸之忱，奉祝勝利。」公更命盛文總司令於十四日晨解決武侯祠及建國中學之獨立旅及第一三七師叛部；旅長聶文清被捕，暨上下打銅街之九十五軍全部繳械，（翌日，顧總長令將俘虜及槍械發還鄧錫侯，令其移駐灌茂各縣。）並在劉文輝住宅處搜出武器、彈藥、鴉片及不法文件多種。自是，通匪者皆不敢動，成都市粗告安謐。

自秦嶺撤退各軍，迭受彭部十八、十九兩兵團之追擊，安康撤退部隊亦遭劉伯承部第六兵團追襲。各部且戰且走，一部向南部，閬中、三臺附近集結；一部到達綿陽，又迅經成都參加樂山內江作戰。千里馳援，兵不宿飽，其戰力消耗，可以想見。三十一師在內江激戰週餘，團長以下傷亡殆盡，師長李我亦負重傷，內江失守。十日匪攻樂山，我守軍仍屢次增援，浴血苦戰，至十六日我三三五師、一三五師傷亡慘重，樂山失陷，岷江西岸全局改變。公乃令決守新

註四二　伍培英為劉文輝之女婿，久踞西昌無惡不作，賀主任每優容之，仍不悛改。

津彭山西南高地，主力守在成都附近與匪決戰，並以等待後續部隊之集中（註四三）。

十七日我九十軍到達新津，十八日第一軍陳鞠旅率七十八師、一六七師殘部北上被匪阻斷，第五兵團司令官李文派隊擊破匪之封鎖線，迎接該部至新津附近。時林彪共軍十五兵團已由川西、洪雅、丹稜向蒲江西北前進，彭德懷部十八、十九兩兵團亦陷綿陽（五十七軍適至，反攻不克，遂未收復），迫近德陽什祁之線。南路之匪，已從毛家渡方向過河，我一六五師汪承釗部防廣兵單，在眾寡懸殊下奮死抗戰，損失甚重，退守普興場；十九日，我軍增援反攻，在普興場附近獲捷，敵傷亡甚大，攻勢頓挫。（岷錦兩江間三角地帶之共軍完全肅清，奉總裁電令嘉獎）我第一軍僅以兩團之眾守新津，共軍以一個軍兵力攻擊一日，亦屹然未動，然劉伯承部之第五兵團主力已乘虛西繞，折向邛崍大邑、崇慶，攻我側背，我李振十八兵團頗受損失。二十一日，邛崍大邑陷共，對我合圍之勢已成。而我由北南進之各部，已在廣元、綿陽、南部、三臺等地各自與共軍不斷激戰，亦皆殘疲不堪。時奉總裁號酉指示：「綿陽新到之匪兵力大小如何？

註四三　公於十二月十三日復臺北湯恩伯總司令電云：「臺電奉悉，承念至為感動！彭匪已過寧羌向廣元進迫；林匪已向遂寧三臺前進；劉匪由內江資陽榮縣樂山前進；劉鄧叛變擁兵於成都、灌縣附近，近伺我側背，友軍皆潰敗，不能收拾。我兵力分散在六百里外，成一字長蛇陣，兄何以教我。」

預料長途急進之匪，其力必疲也，惟無論如何，我軍應集中現有兵力，先將新津或成都附近之匪先予擊滅，不可待綿陽之匪迫近成都，雙方受敵夾擊也。如新津成都之匪，果能先行擊滅時，我軍尚有餘力，則再回擊北來之匪。否則散循岷江東岸急進，繞攻樂山宜賓或瀘州，是亦不失為中策也。以樂山以南地區，現在必無大匪也。惟成都必須留少數兵力固守，以牽制匪軍，非萬不得已，切勿撤空為要！」二十一日又奉總裁電令：「如能在新津成都堅持五日，將派飛機百架運送高級人員及必要官兵巡飛西昌。」至夜得空軍王副總司令叔銘電，明日有機二十架至雙流機場。乃部署長官部部份人員遣至德陽，會合北來部隊，出敵不意突圍北進，在大巴山豫鄂川交界處從事游擊；部份人員隨隊徒步西進；部份參謀通訊譯電軍需，暨重要文書密件款項乘機先飛西昌。至夜一時又得王叔銘副總司令電，昆明機場仍為盧漢叛軍所控制，須改飛海口或蒙自加油轉飛。二十二日晨到雙流機場運輸機十九架，載運長官部部份人員至海口。

先是十二月八日改組西南長官公署，顧祝同總長任長官，公任副長官兼參謀長，羅列仍代參謀長，撤銷西安綏靖公署，陝甘邊區綏靖主任則改由楊森代理，西南長官公署原有人員已遣散，公乃就西安綏靖公署人員接充，至是已全部南飛，公仍留成都；九時半偕羅列、沈策、裴世禹、趙寧國等至新津，與李文、陳鞠旅、盛文、李振、周士瀛、魯崇義、何滄浪、胡長青、吳永烈、吳俊等開會研究，宣佈總統號酉電指示行動，決定作戰方針，局部攻擊，以欺騙牽制共軍，主力避戰，各軍以團為單位，化整為零向敘瀘方面突圍，進入屏山、雷波、馬邊、莪邊大涼山區，再策後圖；並諭不得已時，應向重慶方向突圍，乘虛進入華中，直搗敵後。經各軍長等研究，以為如向重慶突圍，須渡岷江、沱江、涪江及長江，而此四江不能徒涉，在共軍佔領區不易徵集渡河器材，部隊麕集，易受共軍夾擊之危險，不如向西康方面突圍。公決定仍遵總裁指示，沿岷江兩岸經敘瀘間地區南下，先進入大涼山區，再向西昌突進，決定二十三日晚開始行動。軍隊區分：第五兵團司令官李文指揮第一、第三、第三十六軍及二十四師；十八兵團司令官李振指揮九十軍、六十五軍；第七兵團副司令官薛敏泉指揮七十六軍、十七軍。目標：第五兵團西昌，十八兵團昭通，第七兵團威甯。當時各將領一致籲請公即率署部先飛西昌，俾籌謀當地防務佈置及糧秣彈藥補給，且可避免無戰力之署部隨軍行動而增加部隊負累。二十二日夜間，公欲與臺北蔣總裁聯繫請示個人行止，請海口顧總長祝同轉，未能聯繫，再電臺北俞濟時侍衛長請向總裁請示，俞亦未復。二十三日上午，空軍徐司令煥昇來告機場治安關係，必須速行，由於渠催促甚急，公乃接受各將領之籲請，於九時三十分偕參謀長羅列、副參謀長沈策、參議蔡棨、參謀處長裴世禺、副處長楊蔭寰、祕書陳碩、第四處科長蔡劍秋暨周士冕、李猶龍等至鳳凰山機場，十一時南飛，擬赴西昌。

是日午前三時，第三軍俘匪三十餘人中有匪團指導員供稱，共軍已知我將向東南突圍，現劉伯承第二野戰軍主力已於二十二日夜開始向資陽、資中、威遠、井研、仁壽各地集結迎擊。二十三日拂曉，第五兵團李司令官所得情報亦同。時公已起飛，李司令官文、盛總司令文、李司令官振、陳軍長鞠旅、胡軍長長青等商決，改向西康突圍。是夕，盛總司令命第三十六軍第一二三師師長雷振守備成都，牽制共軍，命第三軍及三十六軍一六五師各殘置一部於現陣地，向當面之匪佯攻。二十四日拂曉，變更原來部隊區分：以第五兵團司令官李文為中央兵團，率六十九軍僅兩師新兵，二十七軍僅餘五個營，由新邛公路向邛崍前進；第十八兵團司令官李振為右兵團，率六十五軍僅有兩個團，九十軍有第五十三、第三三八兩個師及三十六軍之四十八師，由雙流向邛崍與第五兵團會合後，向雅安前進；第一軍軍長陳鞠旅率殘部在公路以南向蒲江前進，到達後以一部進據丹稜警戒，掩護左兵團前進，成都防衛總司令盛文率第三軍及三十六軍之一六五師為左兵團，循第一軍經路，向蒲江以北前進，而留二十四師在新津掩護；其餘綏署特務團、砲兵團、輜汽團及幹訓班等約五千人皆在盛軍後跟進。是日二十四師在新津掩護各軍西進，盡力抵抗進犯之匪軍，全師壯烈犧牲，師長吳方正陣亡。

西向邛崍雅安各軍，自離新津後，即遭強大共軍包圍阻擊（註四四）。

註四四　第三軍於二十四夜俘獲匪第三兵團第十軍三十師，八十九團第二連官兵十餘人中，有中尉排長覃某供稱：「前（二十二）日我軍得到上級命令，說你軍將向東南突圍，我軍奉令開仁壽、井研一帶，準備堵擊，昨（二十三）日我連正吃午飯，指導員說你軍改向西突圍，要我連趕快吃完飯去追，我團剛到此地，就遇了你們，我們這軍都來了，聽說還有很多部隊都要開來，林司令的隊伍，聽說也開來了」。

二十五日清晨，第一軍到達蒲江東北，遭匪二三軍之眾兵力攻擊，激戰五小時許，全部傷亡潰散，一六七師代師長譚文緯陣亡，軍長陳鞠旅率一部向北突圍被俘。我左兵團左縱隊一六五師汪承釗部，午後二時甫到蒲江附近之高橋，共軍遂向我汪師攻擊；二十六日即被圍於蒲江北之高橋附近。而第三軍於是日遭強大之共軍圍攻，十七師鄧宏義部被圍於西來場以西地區；二五四師陳岡陵部被圍於松華鎮附近，軍部直屬部隊及盛總司令被圍於西來場東北地區，各部自行奮擊，但無法脫圍。二五四師七六〇團團長繆銀河，軍部人力輸送團團長（已裝備為步兵團）饒石夫、警衛營營長孫鏞皆陣亡，激戰至二十七日，我一六五師向西突進，只有一個團配以十七師之五十一團，共兩團之眾已全部傷亡潰散，師長汪承釗陣亡；二十八日夜，十七師亦全部敗沒，副師長田淋、參謀長周兼，皆負重傷，五十團團長陳竟忠陣亡。中央兵團李文所部，自新津突破七層包圍之共軍，於二十六日到達邛崍，官兵犧牲殆盡。左兵團盛文所部艱苦撐持至二十九日，沈兼參謀長開槭，師長陳岡陵皆負傷，除被俘外，盡皆四散，盛總司令已負傷，同數人避於古廟禾堆中得免。右兵團李振所部在新津開會後，即輸情投共。僅有其所兼六十五軍兩個團殘部從逆，其所指揮之第九十軍及三十六軍之四十八師，均隨李文司令官由雙流向邛崍攻擊西進（註四五）。

公座機二十三日下午五時半先至海口，有重霧不能下降，乃飛至海南島最南端三亞機場，連日電訊不暢，焦慮至深。公初以五指山阻隔，電訊不通，其實在海口之百瓦電臺亦無法與前方聯絡，蓋西進突圍各軍，日夜苦戰，卒無一二小時之停止，無法架設電臺也。二十六日將幕僚通訊單位移往海口，並派羅參謀長飛臺北，向中央報告成都各部撤離情形。二十九日上午公飛至海口，下午一時飛西昌，以飛機漏油，仍降海口。總裁原對公離成都一事甚不諒解，至接見王叔銘副總司令、羅列參謀長了解實情後，方乃釋懷，乃於十二月二十八日正午函示：「王副總司令、羅參謀長來臺面報軍情，日來憂患，為之盡息，此時大陸局勢繫於西昌一點，而此僅存之點，其得失安危，全在吾弟一人之身，能否不顧一切，單刀前往，坐鎮其間，挽回頹勢，速行必成，徘徊則革命為之絕望矣。務望發揚革命精神，完成最大任務，不愧為吾黨之信徒，是所切盼！餘囑羅參謀長面達不贅，中正手啟」。三十日，公再偕副參謀長沈策、參謀處長裴世禹、參謀蔡棨、周士冕、李猶龍、祕書陳碩、第四處科長蔡劍秋等飛西昌，下午二時到達，住邛海新村。其餘西南長官公署人員在海口候機，俟羅參謀長由臺返瓊後，率同西飛。海口至西昌自昆明蒙自陷匪後，中途無加油站，飛機必須自帶回程油料，故每機一次僅載九人及其規定行李（註四六）。

註四五　公十二月二十三日日記：「李振來告謂魯軍長、陳軍長、李文等皆擬坐飛機行，並謂六十五軍已不成軍，可否乘飛機隨行，答以救部隊為主，不能飛行，李即回雙流」。按，李投共後，匪初畀以成都市府參事閒職暨人代會特邀代表，四十五年被整肅，自殺。

註四六　昆明、蒙自陷落，使西昌孤立，不可能久守，故蒙自失陷時，公日記表示：「此事對西昌打擊太大，一切計劃不能實施了。」

成都之役，第一軍第一六七師少將師長趙仁、同師上校代師長譚文緯、同師上校副師長高宗珊，同軍七十八師上校副師長梁德馨，七十六軍二十四師少將師長吳方正、五十七軍二一四師少將師長干菱舟（在邛崍積善橋奮戰力窮，夫婦同時自殺。）、三十六軍一六五師少將師長汪承釗、第六十九軍少將參謀長陳壽人、第二十七軍三十一師上校參謀長劉禹田，已查確者計有九人，皆於是役陣亡。其餘團營連長者戰死甚眾，皆係明知不可為而為，奮戰到底，將其生命奉獻給了中華民國。但是他們和所有其他將士的犧牲，卻確保了國家的民主憲政法統安全遷移到了臺灣，成為臺灣爾後繁榮興盛的基礎。

趙仁，陝西三原縣富里堡人。軍校五期，性剛強，三十八年潼南戰役負重傷，死於途中。

譚文緯，廣西人。軍校七期，由教導總隊編為二十七軍四十六師少中校團附，參加太行山陵川抗日之役，聰穎忠貞。

高宗珊，河北省人。軍校十一期畢業，三十七年任第一師上校團長，豪邁勇敢，負責盡職，守新津太平場之守備，厥功甚偉，後陣亡於蒲江縣西北三十公里處。

梁德馨，河北省人。軍校十二期。

吳方正，浙江東陽人。軍校六期。陸軍大學特六期。參加剿共抗戰諸役，因其傑出表現，期間乃獲選擔任七分校總隊長及西安督訓處督練官。成都之役率二十四師在新津掩護各軍西進，全師壯烈犧牲，吳師長亦力戰陣亡。

王菱舟，山東人。軍校九期。三十八年春任二一四師師長，忠毅慷慨，川西突圍時，任北縱隊之後衛，血戰數晝夜，兵盡自殺殉職，其妻同死。

汪承釗，字力之，湖南靖縣人。軍校六期，陸大特六期。西安綏靖公署參謀處調任師長，深得士心，文武兼資，性尤忠烈，轉戰晉陝，至是力戰陣亡。

陳壽人，福建閩侯人。號其椿，軍校第六期通訊科，參加討逆剿共，屢建戰功，曾任第五軍通訊營長，六十九師軍務處長，二〇七師上校團長等。三十八年來臺安頓家小後返陸，任六十九軍少將參謀長，於成都戰役突圍時在邛崍、五面山一帶為掩護胡長青中將所率軍主力，吸引共軍包圍而中彈殉職，得年三十九歲，時人惜之，四十年公在臺北呈請國防部褒揚撫卹，六十二年入祀忠烈祠（註四七）。

劉禹田，亦為為國殉職之烈士之一。

十、籌建軍官眷屬房屋，運送軍眷來臺。

公密察東北會戰、平津戰役及徐蚌會戰失敗，李宗仁和談破裂，國軍精銳主

註四七　本項資料係臺北「忠烈祠」，及壽人先生之公子陳長文律師協助提供。

力均已喪失，共軍既已渡過長江，國內局勢艱危，戰事尤非短期可了，為使各級將領無後顧之憂，宜使其眷屬獲安定之居所，乃於九月特籌黃金一千兩，並於十一月匯臺北，商臺灣省陳誠主席，請其購買住屋五十棟，後遂在南京東路今稱松江路者，有公部之眷屬房屋，當時國內諸將領來臺者鮮有安頓其部屬如公之所為者，故皆甚為企慕，迨後情況益急，部隊奉命調渝、調蓉之時，公又急電成都辦事處處長汪震分批包機載送高級將領眷屬來臺安居，公至西昌之後，又擬在西昌建眷舍千棟，已派定前三十八集團軍總司令丁德隆經理其事，後以共軍西進，未能實現。惟臺松江路該等眷舍對安定前線將士之士氣甚有助益，其後眷舍之分配更以未能來臺將領之眷屬為優先。值得一提者，即公始終不允為自己家屬分配一棟。

一月間，公因李宗仁之召赴京，事畢赴溪口晉謁總裁，既至杭垣，藉便回籍浙江孝豐縣省親（時杭孝已有公路，公借車而往一日即達），展謁父親及叔父之墓，僅留一宿，二十日回京，二十四日孝豐即遭淪陷。前忠義救國軍總指揮馬志超（註四八）派員攜款至孝豐，於五月將公繼母章太夫人等十餘人接至福州，經輾轉海南島於歲杪來臺；寄居高雄時，公軍情正急，不遑將母，公夫人葉霞翟博士則攜子為真，隨湯恩伯夫人於三十七年十二月來臺。並先借住於湯寓。

註四八　馬志超，二十八年曾任公部三十七師師長，後曾任西安市警察局局長，亦為軍統局戴笠局長之忠實部屬，抗戰時忠義救國軍總部即設孝豐。

公自統軍以來，未嘗作肥家之計，其在故鄉仍賃居諸氏之屋，未嘗有一椽之增，一畝之殖，太夫人及夫人來臺以後，均仍賃屋以居（註四九）。事實上，公自結婚以來，葉夫人一向借居於上海或南京，而非居於西安駐地，公習慣公而忘家，以致夫人經常為家用不足而愁煩，公日記迭有記載，深感負於夫人。本年八月公飛臺北謁總裁，曾返家晤見夫人，離臺北後贈詩兩首：

「一重水復一重山，重水重山往復還，
五月分離今日見，見時歡喜別時難。」

「愛妻遠在千里外，丈夫心中多牽掛，
何如解甲早歸田，晚晚朝朝陪太太。」

十一月七日，在漢中復致函夫人：

「親愛的霞翟：人生人生，人生如飛，得一知己共患難，共貧寒，共禍福者千難萬難，而況我和你柔情如海，恩愛如山，茫茫天地之間可算是鳳之毛麟之角而不能多見者，此真可寶貴，真可愛惜，真可留戀之死而無悔者。」

是年，來訪公者有長官前軍令部長徐永昌，賓友秦德純、郭寄嶠、辛樹幟、

註四九　二十五年戴笠將軍訪公之家，見公之尊翁際清先生居室偪陋，贈款公弟，令略修葺，為增一椽，公歸見呵責其弟，以為不當受人之惠也。

胡公冕、繆澂流、王叔銘、宋希濂、范紹曾、賀衷寒、蔡孟堅、任覺五、焦易堂、石鳳翔、蒙古德王李守信、美武官博恩登及許紹棣等；其中，范紹曾居陝尤久，與公甚愜。

十一、在危急存亡之秋，經國先生致函予公互勉。

本年十二月二十八日，經國先生自臺灣日月潭畔修書予公，主要內容為：

「……大勢雖日益惡化，但國運必有轉機之時，吾人之氣不衰，志不移，則必有東山再起之日，目前惟有忍辱負重方能渡此暴風雨之黑夜，而待太陽之東升。家父待兄如子弟，吾人相親如手足，彼此患難相共，處此危急之秋，自應更加互勉互慰而求自強，……上星期在臺北，弟曾與內人前往府上拜會嫂夫人大小皆安，請勿遠念……以至誠之心遙祝新年……」

中華民國三十九年，庚寅，西曆一九五〇年，公五五歲。

一、我西進各軍艱苦力戰，部份突圍到達西昌。

公於去年十二月三十日到達西昌時，僅有第一師朱光祖團七百餘人；至機場迎候者，亦僅朱光祖一人而已。本年元月一日，參謀長羅列率部份幕僚人員自瓊飛抵西昌，始展開各項幕僚工作。時各軍突圍西進者，大都被共軍圍攻殲牲，其已突出西進者又遭劉鄧叛軍襲擊，困疲萬狀，行進甚緩，而電訊不通，公焦慮至深，如各軍不能轉進至西昌，一切將無所藉手（註五〇）。

四日，得三三五師王伯驊團已過黃木廠，向白羊岡伍培英叛軍攻擊前進之訊，五日，王團擊破伍逆叛軍到達富林。先是三三五師在樂山接領新兵，半年以上，僅得一團，樂山陷匪時，師長仝𣪍曾（註五一）降共。王時為團長，不直仝之所為，遂率新兵一團輾轉崇山峻谷間，至是來歸。時宋希濂兵團一二四軍軍長顧葆裕（註五二）亦率殘部二千餘人，自滇邊越金沙江至甯南縣，公特派參謀長羅列乘飛機赴甯南上空投補給品及慰勞款函藉致慰勉。第二十七軍軍長劉孟廉亦率特務團到達錫蓋梁，有眾七百餘人，公曾於九日至禮州錫蓋梁檢閱顧、劉兩部，予以慰勉。十二日，突擊總隊樊廷璜已突圍至松潘附近，尚有千

註五〇　於其時，幕僚人員研究爾後行動方案：「第一案，請求全體空運海口或附近海島，續策後圖。第二案，全部向滇緬邊區轉進，建立根據地。第三案，控制有力一部四至五個連，保衛指揮機構行動，分散其他現有兵力，控制甯屬南北各縣，安定西昌，配合土司，利用漢人展開全面游擊。第四案，不得已時，背城一戰，較之湮沒於窮山荒谷間稍勝一籌。」公反對第一案，以採用第三案為主，而以第二案輔之，遂以此為準備目標。

註五一　仝𣪍曾原為西北軍馮玉祥舊部，曾任三十軍魯崇義之參謀長，魯曾力保仝之人才可用，乃任為第三軍三三五師師長。

註五二　顧葆裕，江蘇吳縣人。軍校四期，曾任軍校第七分校大隊長，故亦公之舊部也，民四十五年在臺病故。

餘人，武器較全。十三日，第三十八軍五十五師團長張天翔率數百人與突擊總隊陶慶林，豫省部隊長田中田數百人，亦至松潘附近，並沿小金沙江南下，收復康定〔註五三〕。

六十九軍軍長胡長青率殘部一千四百餘人，由邛崍突圍，經天全蘆山亦至富林，與王伯驊團會合。先是元月九日下午二時，公接獲第七兵團無線電，連長許培人致機要室主任王微電有云：第三軍、十七軍、三十六軍、七十六軍、五十七軍已先後覆沒，三十軍、三十八軍、九十八軍已隨裴昌會投匪，公極感悲憤，其日記載「幾乎吐血」。至是旬月之間，各軍至西昌地區者已萬餘人，整理訓練，猶可以一戰。公於是發表胡長青兼第五兵團司令官，朱光祖為第一師師長，陶慶林為一三五師師長，田中田為三一七師師長，王伯驊為三三五師師長，資以黃金糧秣，使各整訓備戰。

二、公竭力經營西昌，安撫夷胞，增強戰力。

西昌為西康省東南十數方公里一小盆地，水土饒沃，四圍則高山深谷，皆夷

註五三　三月八日，公親筆函勉田中田、陶慶林、張天翔、任天鋒云：「當此大雪封山，道路險絕，強寇縱橫之際，而能突圍南下，克復康定，可歌可泣之雄風，砥柱中流之偉績，對革命之忠貞，行動之機警，求之當日，真不易多得，至為欽佩，茲特派機致送所需，並以忻慰奮發之忱，敬祝全體官兵勝利，胡宗南手啟。」

胞所窟宅，生夷竄居窮谷，常擄漢人鬻賣為奴，熟夷則各有統屬，其酋長率多不能相處，常相攻伐，敗則懾伏，以力自雄，罔識禮義，而交通梗塞，糧食尤缺；抗戰時期為瞰制康滇，乃於此設置指揮機構，聊示雄圖，自戡亂軍興以後，移西康省政府於此，賀國光為主席。公至斯土後，土司夷酋頗多來見者，公亦加意安撫，於是委鄧德亮為西南人民反共自衛軍第一縱隊司令，楊砥中〔註五四〕為邊務委員會主任，鄧如凱為反共自衛救國第一縱隊長，王文深為越雋特務大隊長，李幼軒為西南人民反共自衛軍第二縱隊第七團長，嶺光電為第二縱隊新編第四師師長，蘇國憲為西南人民反共自衛軍第三縱隊司令，李廷桐為金沙江南岸挺進司令，其餘孫仿、陳超、李元亨、陳子武、鄧海泉等，公皆給以名義，發給款項，使整理地方團隊，並派顧邦俊招致夷兵一千人成立部隊，其由各地進入西昌地區，各部隊長張桐森、一二四軍高超、田中田等，公皆資以金錢糧彈，熱忱撫慰，並以張桐森為第二軍軍長，一時聲勢頗振。

公以各軍幹部龐雜，漢夷思想智能未能一致，將來部隊擴充幹部尤缺。乃呈准中央設置西南幹部訓練團，自兼團長，以羅列、賀國光任副團長，沈策為教育長、楊蔭寰為軍事幹部訓練班主任兼學生大隊長。

註五四　中央政治學校畢業。

公又命羅參謀長籌劃於陰曆年前購屯大批糧食於昭覺、大涼山、西昌、鹽源等地，並速購買騾馬成立運輸隊，又電臺北催運銀元調劑金融，安定物價，並擬成立經濟委員會，延攬有力份子鞏固內部。

一月下旬，總裁派經國先生飛西昌視察，希望以西昌為延安，並手函指示：「雲南情況變化之後，西昌當更艱難，然最近匪似不至大部入康，最近如將臺北軍火配運西昌為可能之事……如匪攻臺灣，余必與臺灣共存亡，而決不出國」。公即函呈：「此間情況至為艱危，但如能在二月十五日以前空運一個師之武裝、彈藥到西昌，則大陸據點，西南局勢仍有可為，然必須鈞座親自督促，則空運才有希望。」二月十日復致函經國先生：

「這一次你們冒了危難飛臨了西昌，使我們非常感奮。你說：失敗是歷史的段落，而不是歷史的結束，這對我個人的啟示非常深刻。……至一個師武器運輸尚未開始，盼即催促，至修械所人員，修械所工具材料，亦盼你代為主持督促。」

按，自二月八日起至三月二十三日止，由臺北空運武器彈藥七次，約四十架次，共運不足三分之一。至三月下旬匪已猛向西昌地區進犯，不及續運矣。

另，二月二日亦獲至友湯恩伯電報鼓勵稱：「……我兄在大陸能作最後之堅持，已比任何人勝一著，況目前國際局勢變化甚速，兄之前途大有可為，希勿灰心為荷。」按，蔣總裁於三十八年到臺灣之後，曾考慮以西昌為長期抵抗中共之根據地，其本人亦擬赴西昌長住，至於臺灣方面則由陳誠主席負責，並令經國先生前往西昌研究。該項構想此次經由經國先生與公及幕僚研究後，以西昌地區多山糧食供應不易，對外交通亦極不便，認為不宜將政府設於當地。總裁獲報後經考慮乃決定不西遷，而將舟山、山東等地兵力集中保衛臺灣（註五五）。

三、匪犯西昌，各軍力戰後分散游擊，公奉命回臺，參謀長羅列代行指揮。

西昌原有之伍逆培英叛軍經第一師先光祖擊潰後，復糾合殘部遁入夷區，自雲南盧逆之叛，土匪朱家壁數千人先入康境，其後龍純曾繼之，聞我軍已至西昌，遂徘徊金沙江上，時與伍逆殘部呼應襲擾，皆為我軍所擊退。三月中旬，共軍大舉西犯，號稱十萬，十七日龍純曾匪軍千餘人由淦烏渡江再犯會理，匪十二軍之四十三師繼之，而陳賡之十五軍由共酋余建勛指揮者，亦於同日由龍街渡江；鹽源方面朱家壁匪迫近城郊，與我諸葛士槐對戰中。公令一二四軍高副軍長、第一師朱師長合力阻擊渡江之匪，保衛甯南；另令德昌第二警備分區司令吉紹虞策應鹽源作戰。二十二日，朱師向新場攻擊獲勝，而余匪之渡江者，已陷鳳山營以南地區。北路匪六十二軍已由峨邊、榮經、天全、瀘定，分道入寇；主力則由峨邊金河口簑衣嶺直犯富林，與我王伯驊師鏖戰於黃木廠附

註五五　以上請見蔣經國所著《十年風木》，民國七十四年四月五日，近代中國社印行，頁九、十。

近；匪新二軍則繞攻康定。於是匪遂以四面合圍之勢，攻我西昌一隅之地。二十三日，我朱師續向葫蘆口之匪進攻，遭匪十五軍主力反擊，傷亡過半，西昌警備團劉營掩護朱師退卻者，亦傷亡殆半，朱師遂向甯南轉進，高副軍長率一二四軍之王團亦受鳳山營餘敵之攻擊，孤兵無援，傷亡殆盡。六十九軍與三三五師雖迎戰於黃木廠，而匪已分股千餘人，陷漢源，渡過流沙河，進逼農場，威脅側背，守農場者王伯驊師兩連之眾，皆忠勇抵抗，全部犧牲，黃木廠二十三日棄守。田中田部孤懸西北瀘定，被圍呼援，已無兵支應。二十四日六十九軍與三三五師轉進至大樹堡海棠之線；朱光祖師退至白水河，繼退普格；會理顧葆裕、張桐森亦受打擊，撤至黃水塘，會理失陷，至此形勢突變。二十六日，朱師退拖木溝，匪進益力，一部已迂迴河西，進迫西昌矣。於是分置劉孟廉、陳超於雷馬屏區域；田中田、陶慶林、張天翔於康屬區域；孫仿於甯東，鄧德亮母子於甯西；顧葆裕、張桐森於滇西，潛留兵力從事游擊。西南長官公署參謀長羅列，則率綏署人員及警衛部隊一營第一師新兵兩營，於三月二十六日夜九時向瀘沽北上，預期與胡長青六十九軍由富林南下之部隊會合，東越大涼山夷區，會合雷波，陳超所部，再作後圖。

自共軍號稱十萬之眾圍攻西昌後，蔣總裁深知我軍新造，戰力未充，勢難抗禦，遂命空軍總部於三月二十六日派運輸機兩架，接公與賀主席回臺北，並令將部交予高級幹部。唯公不願離去，並將日記文件等託付秘書長趙龍文等人，請其即攜往臺灣。惟趙龍文等人不從，會同參謀長羅列及幕僚多人於深夜陳說數四，堅請公乘機回臺，強調公之舊部學生等都需要公爾後號召，才能在大陸各地起事反抗共產政權，是以公絕不可在西昌犧牲，而應接受總裁命令，即刻返臺，最後羅參謀長慨然以歷史上漢高祖之紀信自喻，誠懇自請，代公留在西昌指揮，公方勉強同意飛離。是日深夜，公乃偕西康省主席賀國光，西南長官公署祕書長趙龍文、總務處代處長蔣竹三、參議蔡棨等十餘人，趁機在機場四周散離濃密、槍聲襲擾下起飛，夜離西昌。二十七日清晨在海口建立指揮所時，海口亦遭土共襲擊，空軍已準備撤離，僅留一週，乃於四月四日飛抵臺南留一宿，次日飛抵臺北。公自去年十一月秦嶺撤守，成都突圍，西昌鏖戰，近半年之久，處身危慮勞頓之中，精力疲耗，痔瘡時發，夜不成眠，乃於臺北公事粗了，即飛花蓮海濱休養。

四、留置西昌部隊之苦戰，與西南長官公署之裁撤。

自於三月二十六日下午飛抵海口，次日即規劃於海口成立指揮機構。西昌羅參謀長亦正與匪生死搏鬥之時，即突奉參謀總長令西南長官公署於二十七日裁撤，公調總統府戰略顧問。西南長官公署自成都飛海口者，原為二百六十二人，嗣因飛機運量限制，除陸續西飛外餘在海口候令。公命改至臺南設立辦事處，辦理前線供應及臺北眷屬管理等事宜，並派於達副主任兼主任，下設政工、總務、機要、經理四組，轄有電臺五座，官兵一百餘人，至是亦辦理結束，電臺通訊人員改撥聯勤總部通訊署接管，其餘官兵調派職務者四五人，受訓者四一人，自行遣散者五八人，餘者皆未處理。至四月底已全部結束，而留置西昌之各軍，自此補給通訊中斷，不得不在極度痛苦中棄之如遺矣。

當公於三月二十六日深夜離開西昌之後，其夜羅列參謀長即率警衛部隊一營及第一師新兵兩營北進；二十七日下午至瀘沽，而南面之匪已沿西瀘公路向北追至，瀘沽附近土共鄧宏又召集夷兵準備襲擊，乃星夜離瀘沽，東向甘相營（註五六），二十八日到甘相營，議購糧米東出之計。北路胡長青、王伯驊主力連戰於大樹堡、平壩、臘梅嶺、觀音嶺等地；白刃相接，匪遺屍滿途，我亦傷亡過半，匪仍增援相迫。二十八日，胡王兩部退至甘相營，匪亦追踪而至。時鄧家幹議糧米假道夷人諸事未就，匪已蟻聚。乃命胡部扼守西路，羅參謀長二十九夜率部南移祭妖溝，數十里間迭遭夷人襲擊。三十日，黎明共軍已大至，圍之數匝。鄧家幹部紛紛投共，我警衛營及第一師新兵以饑疲之眾，血戰三晝夜，困疲已極，而南北之匪愈集愈眾，我軍已三日未食，然以羅參謀長集眾激勵，手刃共軍勸降代表，官兵感奮，益殊死戰。至四月一日中午彈盡力竭，死亡枕藉，祭妖溝終於不守，官兵五百餘人，什九戰死。羅參謀長率衛士十餘人，兩度突圍，脫離戰場後，僅餘衛士一人隨行，又被夷人二百餘圍攻，被擊

註五六　甘相營為鄧德亮的故鄉，其母子為夷人所信服，由此亦可東越大涼山出雷波。

重傷，昏然罔知，後為忠義漢人所掩藏，旋獲川中幫會首領伍道遠等人之助，得離康境，入川西井研鄉間養傷。傷癒後，與當地游擊武力連絡活動數月，迄民國四十年三月始逃離大陸輾轉來臺。六十九軍軍長胡長青三月二十八日與羅參謀長會於甘相營後，乃於甘相營西大風口佔領陣地，掩護羅參謀長之轉進，激戰一日，拒止東進之匪，而匪夷兵後至者益眾，度不能勝，與王伯驊師長西向分道突圍，期圖繞出敵後，相會星姑廟。胡司令官激戰於孟獲山附近二日，團營長死者顏道遠、李騰蛟、李忠光、劉兆祥等及連長以下官兵七百餘人，兵漸少而圍不開，胡乃集中所部四百餘人突圍至肖山，所部傷亡殆盡，胡足受重傷，流血甚多，而義不受辱，自戕未遂，匪舁至越嶲縣之星姑廟；而王伯驊適苦戰突圍亦至，匪遂詐稱胡軍迎之，力屈被執，胡司令官見之遂一慟而絕。王師長被俘後，在管訓時逃出，五月間至香港，旋來臺。

二十七軍劉孟廉四月間越大涼山至雷波與陳超會合，陳有眾近萬，劉亦收散卒數千，請濟械彈將攻取瀘州為犄角。時西南長官公署已裁撤，歸國防部直接指揮，械彈不獲至。六月匪陷雷波，二十七軍軍長劉孟廉、參謀長劉逢會力盡被執，囚於瀘州，誘降不屈，九月間遇害。南部顧葆裕、張桐森所部退出會理後，救援西昌被阻，乃繞出匪後，渡金沙江南入滇境。張桐森乃在滇境游擊，顧則於八月間輾轉至臺，其餘如蘇國憲、李元亨、陳志武等所部多寡不一，其時仍在夷區游擊。

游擊總司令唐式遵忠貞不貳，川省淪陷，西入西昌，西昌長官公署資以械彈後，與西康國大代表羅子州隨羊仁安北進〔註五七〕。羊仁安，劉文輝舊部也，在漢中時來見，詭稱可在川康號召數萬人，公委為新十三軍軍長令招攜劉部，其後公又請西康省政府派為雅屬行署主任，留西昌匝月，觀望不就，迨西昌危急，乃隨唐式遵北去。三月二十八日途中遇匪，羊即先降，唐式遵、羅子州率部抗拒，身先士卒，同時陣亡。羅子州身中數十彈叫罵而絕，其女良鳳隨侍在側，亦同死。國大代表之殉國者，尚有高介大、吳道遠。

成都防衛總司令部副總司令余錦源，於我軍突圍西進時被俘，後逃出，回至金堂原籍，糾合義勇鄉人從事游擊，一時聲勢頗盛，不幸於民國四十年再被俘而遇害〔註五八〕。

是役在西昌陣亡者有六十九軍中將軍長兼代第五兵團代司令官胡長青，西南長官公署少將參議王維一。被俘不屈遇害者有中將參議周士冕，第二十七軍中將軍長劉孟廉、少將參謀長劉逢會，第一師少將師長朱光祖〔註五九〕，其餘團營長以下官兵均戰至最後，死亡者約近萬人。

胡長青：湖南臨湘縣人。軍校四期工科，陸軍大學九期。忠毅果敢，抗戰剿

註五七　匪第一次人代會有四川代表羊純安，即為羊仁安，顯見其早與匪勾串也。

註五八　文革時期在成都反紅衛兵奪權戰中，中共曾稱有胡宗南舊部反毛活動，擁眾游擊云云。

註五九　朱光祖力戰被俘，劉文輝恨之入骨，要求匪解至成都殺害，死狀極慘。

共戰功甚著，三十八年共軍渡江，戰於首都近郊，以不能殲敵，曾自殺傷胸，此次終於殉國。殉國前（三十九年二月），曾致書臺北予其夫人，詳列其所撰「報國歌」全文，並強調戰至最後將自殺，絕不被俘或變節〔註六〇〕。

周士冕：江西永新人。軍校一期，誠篤不貳，公任第一第二旅長時來任參謀主任，以後歷任西北軍官訓練班教育長，特黨部書記長，二十七軍軍長，第七補給區司令，反共最力。抗戰時，曾捐資印發反共書籍萬冊，被俘後，誘降不屈，在瀘州被害。

劉孟廉：陝西省人。軍校四期，和愛容眾，深得士心，歷任團師長，任第二十七軍軍長僅六月，守秦嶺，匪不敢犯，向成都轉進時，二十七軍與第三軍較為完整。

劉逢會：陝西省人。三十八年曾任第五兵團一七七師參謀長，副師長，二十七軍參謀長等。

朱光祖：甘肅平涼縣人。軍校西北軍官訓練班第一期畢業，為人豪邁而有機智，以上士副排長積功至團長，在西昌以七百餘人擊潰伍培英叛軍一師之眾，升第一師師長。

註六〇　胡長青中將之個人檔案已由林景淵教授整理出版：「胡長青將軍：日記，家書……追念」，二〇一四年。

余錦源：四川金堂人。軍校二期，參加抗戰長城、忻口等戰役，三十七年任中將軍長，成都防衛副司令官，十二月成都突圍時被俘，後逃脫組游擊隊再被俘遇害。

李學正：字景方，河南靈寶人，夫人董秋雲。軍校高教班第五期，歷任靈寶民團司令，張鈁部團長、旅長，六十七師少將師長，第一屆國大代表，英武仁愛得士心，三十八年平津戰役後攜家人來臺，旋赴漢中，公任命為川陝甘挺進軍副總指揮，敵後游擊。不幸於四十年二月在四川通江被俘遇害〔註六一〕。

柯愈珊：湖北鄖西人。軍校六期，曾任鄖西縣長，少將參議，川陝甘挺進軍新十二師師長，敵後游擊，於三十九年元月陣亡。

五、公既回臺，監察院李夢彪摭拾浮詞，糾眾彈劾，政府詳審後，明公無罪。

初，公在西安時，每年元旦例向陝西諸賢達如張翔初、王宗山、寇勝浮、景梅九、李夢彪等備禮物親往拜年；三十四年十二月，公與陝西省主席祝紹周商議舉王宗山為陝西省參議會議長、李夢彪為副議長；三十八年農曆歲盡，公在西昌曾電臺南辦事處派員贈送陝西參議會議長王宗山、立法委員劉楚材等黃金

註六一　本項資料參考李學正先生之公子，亦為旅美名醫李台先生提供。

各十兩，以為度歲之需。按，王宗山曾任軍校祕書，公在陝所師事者也；劉人口多，其子恩蔭曾從公於軍中，故例有餽遺；而李夢彪未與焉。李來臺後，曾至公之臺北辦事處要求分配松江路眷舍乙棟，辦事處以李夢彪並非前線作戰將領未同意亦未報告公。公來臺後，因內心極度痛苦，又未往拜候。不論原因為何，李遂摭拾虛詞，根據不實之傳聞，撰寫動人文稿，糾合部份不明真相之監委，竟於五月上旬提出彈劾，案未至樞府，李已油印數十份分寄臺、港各報社各雜誌社，冀聳聽聞。公於五月十一日見彈劾案全文後，即由花蓮回臺北，借居湯恩伯錦州街住屋，同學友好慰問者及怒感不平者甚多，公惟遜謝，保持沉默，且不允部屬們公開辯駁。私下曾語侍從參謀張政達云：「我們如果辯駁，只有對總統不利」。

李夢彪等彈劾案由行政院發國防部審辦，時立法委員江一平、張鴻烈、劉暨、幸鐵華、黃通、龔舜衡、程烈、徐君佩、徐中嶽、趙公魯、曹俊、余拯、胡維藩、臧元駿、王英、陳蒼正、許紹棣、徐銓、謍爾斌、陳成、榮昭、周南、張翰書、達穆林、旺楚克、劉秋芳、劉冠英、劉聖斌、胡淳、覃勤、彭善存、駱啟蓮、劉真、莫萱元、劉實、秦傑、李天良、白如初……等一百八十人，簽名上書總統暨行政院院長，請為國家愛惜人才，免其議處，畀以新任，責效將來。文中備言公之苦心孤詣，忠黨愛國，衛護領袖，其詞如下：「胡氏以孤軍四應，轉戰數省，仍遵命令，扼守陝南。原擬加以整編，即順江南下，直搗武漢荊宜，予匪以心臟打擊；使此策果行，則勝敗之數，仍未可知。乃因華中棄守，匪氛四溢，川湘各省，迭喪名城，川滇將領，復多攜貳，彼時鈞座親蒞成渝，力謀挽救，政府遂有調胡部援川之令。胡氏忠國忠黨，是其天性，擁護領袖，尤出至誠，此時遂不得不移江漢之師，赴成渝之急，明知大軍轉進山區，不易爭取時效，但以搶救政府，護衛總裁均為大義所在，不敢不投箸而興。此一時期，胡氏因愛護政府，效忠領袖、放棄成謀，移師入蜀，凜凜大義，甘蹈危機。律以郭汾陽渾瑊之尊重朝廷，岳忠武吳玠之倡導忠義，其心其志，未可以成敗之迹論之。溯自東北沉淪，平津告急，公卿將帥，相率言和，貪懦之徒，更多變節，以致人民惶惑，戰士踟躕，傅作義之卸甲，即其時也。迨華中不守，湘贛隨之，政府再遷，川滇迭變，其間失地喪師，叛國降匪者，何可勝數？在全國鼎沸之日，大陸糜爛之中，獨以數千里赴援之胡宗南部，則責以制勝出奇，全師保地，揆之情勢，寧有可能？至胡氏內撫戎行，外應強敵，忠貞之志，百折不撓。所部備歷艱危，輾轉奮鬥，軍師團長傷亡至數十員，迄今參加游擊者尚有參謀長羅列等多人，是其忠誠感召，故能眾志同心，勁草疾風，時窮節見，雖無顯績之呈，已收默化之效，其崇尚武德，發揮軍魂，求之當今，洵為碩果。」

李夢彪彈劾案至行政院後，即由國防部處理。公於八月十六日提出「自辯書」，陳明各有關實情，並由國防部軍法處傳訊公部在臺將領及陝甘有關官紳後，證明李夢彪所提，均與事實相反，遂予不起訴處分。其後懲戒委員會亦申覆公在三十八年由西安撤退至西昌，歷經戰鬥，並未措置乖力，應免議處。

（有關彈劾案之「答辯書」全文詳見附錄。）

六、西昌陷後，公先後派員至香港探詢部屬情況，接濟逃離共區官兵。

西南長官公署雖早於三月杪裁撤，其時公留置西昌部隊，正在分區與犯匪苦戰，而原在臺南之電臺，皆已奉令撥歸聯勤通訊署，通訊困難。公乃先後派遣前祕書徐先麟，前第二十七軍副軍長吳俊，至香港探詢部隊情況，接待脫險來港官兵；其不能來臺者，資以生活費用。其後第四處處長戴濤（註六二）脫險來臺，公又派赴香港，協同前第九軍軍長陳瑞河，派員深入大陸與川邊游擊部隊聯繫，指示方略，予以接濟，達年餘之久。其後中共對大陸人民控制甚嚴，出入不易，乃告中止。

註六二　戴濤，浙江孝豐人。高教班及陸大畢，文筆甚佳，曾任第一旅上校參謀長，第七補給區副司令，擔任公之幕僚，襄助多年，五十二年病歿臺灣。

卷五

1951 — 1962

民國40年至民國51年

中華民國四十年，辛卯，西曆一九五一年，公五六歲。

一、公建議建立大陸挺進部隊，為爾後革命武力發展之中心。

公自去年由西昌回臺，雖遭李夢彪之誣陷彈劾，反共之志，一如往昔，對於遺留大陸之游擊部屬，尤為關懷。中共雖曾多次廣播消滅公部，俘虜何人，公以為忠貞智能之士，必有潛匿再起，或逃離大陸至香港等地者，故先後派遣徐先麟、吳俊、戴濤等赴港聯繫探查，公在臺仍與部屬友好研討今後反共軍事之戰略戰術，尤重視反共意志之培養。公念大陸雖已淪陷，中共政權尚未穩固，宜於此時建立挺進部隊，展開大陸游擊，以此挺進部隊為基點，為爾後武力發展之核心，曾於五月三十日親擬報告，呈送當時之行政院院長陳誠，大意為：

「請以現在臺灣香港之江蘇、浙江、安徽、山東等省之義民三萬人為基礎，成立三個野戰挺進縱隊，施以必要之軍事戰鬥技術及實施游擊所需之技能，如民眾組訓、黨務推行、地方行政、經濟運用等諸般智能，使就其才能，成為各級優秀幹部，為爾後革命武力發展之核心，以破釜沉舟有進無退之精神，深入浙、閩、贛、蘇各省邊境，建立基地，如滾雪球，如縱野火，逐漸強大，以響應迎接反攻大陸國軍。」

二、大陳原有游擊部隊情況。

先是共軍渡江京滬棄守之後，江浙兩省反共志士，或率其原有小股部隊或縣府地方團隊、或臨時糾集義民、或就其原有漁撈生產船舶組成游擊部隊，不斷在浙東、蘇南沿海一帶抗拒共軍。迨後我軍東移舟山羣島，游擊部隊不甘受共黨奴役者亦陸續撤居舟山外圍荒島，以漁撈墾殖或為當地居民傭作為活，三十九年舟山國軍撤離，共軍入據，各游擊反共志士，又隨國軍撤至浙江東南海上，北起漁山、南至南北麂洞頭各島，其中在大陳者有三十六縱隊王相義部、二十九縱隊林篤弇部。漁山有第五縱隊陳舜欽，披山有一〇一路呂渭祥，轄有行動縱隊王華、突擊縱隊王樞、第七縱隊陳和貴、第八縱隊王明、第九、第十縱隊陳永昌、二十七縱隊張熙明等部。一江有三十五縱隊程慕頤部，獨立第七縱隊王祥林部，另有海上船舶游擊獨立一縱隊張為邦部，二十八縱隊袁國祥部共計二萬三千餘人，各部隊不論戰力強弱，人數多寡，帶隊官皆稱司令，有為國防部所給番號，有用大陸原來番號，各不相統屬，甚至有恃力兼併，攔劫別隊財物者。

大陳海域北起南田、南至沙埕附近，約長一七四海里。其間大小島嶼九十餘，大部昔無居人，自各游擊部隊南移，經營墾闢，勉可駐紮，最北者漁山島、田岙，屬浙江三門縣，上下大陳竹嶼、積穀山等屬溫嶺縣（註一）。

披山屬樂清縣，南麂屬平陽縣，洞頭屬玉環縣，其中以南麂面積最大，明末魯王嘗經營其地，有魯王祠墓。洞頭與大陸最近，退潮可徒涉而登。下大陳自抗戰時起為各島商業中心，居民亦較多，然各島皆為岩岸，大石礧砢，不產五穀，而水淺流急，魚鹽之利亦不充裕。

自三十九年六月韓戰發生，美國始重視臺灣戰略地位，派遣第七艦隊東來，其時美國國民中之中國友人與反共人士頗知我大陸及沿海尚有若干游擊部隊，可以牽制中共，使其不敢東進者，旋經過國會之議決派員東來調查協商，於是我政府派陸軍上將鄭介民先生為代表，美方以准將皮爾司為代表，由美代辦監欽居間協調，商定整理游擊部隊而由美方供給裝備。美方主持機構代名為西方公司，我國則成立大陸工作處以總其成，至是乃有公整理指揮游擊部隊之命，公事前不知也。

三、公被任為江浙反共救國軍總指揮，九月率僚屬進駐大陳。

三月十七日公突奉總統命令整理指揮沿海游擊部隊，遂迭與軍事當局研商整理辦法，而糧服裝備方面，雖歷時數月未得要領，公仍毅然北去，並薦請前西南長官公署參謀長羅列、前三十六軍軍長鍾松為副總指揮以為助。乃於九月九

註一　溫嶺原名太平縣，北伐後因與安徽之太平同名，改稱溫嶺。

日率同副總指揮鍾松、政治部主任沈之岳、總參議兼代參謀長馮龍，第二處長劉慶曾及袁書田、張銘梓、張政達、趙才標、許正魁、蔡美璋、張文伯、伍天祥等在基隆港乘二〇三號中字登陸艇北駛，翌日十時半抵下大陳，時為保密，以國防部視察組名義前去，公用代名秦東昌、鍾松用代名鍾常青（羅列未成行，留在臺北作聯絡工作）、沈主任用代名王明，故當時無人知者，亦無人迎候，既至下大陳，公為三十六縱隊司令王相義迎至其家居住，餘眾僦居下大陳財神廟，廂屋兩間，草草佈置，開始辦公。

四、公至大陳首先巡視各游擊部隊，申明紀律與增強戰力。

公至大陳後，以為宜先申明約束，使知遵守紀律，互相協同，故先傳見附近島嶼各游擊隊司令，親加慰勉，然後乘艦巡視披山、一江、漁山各地部隊，所至皆宣傳總統與軍事首長關注之意，次即申明紀律，務令各游擊部隊團結協同，嚴禁兼併，互相攻伐。公又因各游擊部隊武器既屬陳舊，而自大陸撤退至舟山，再撤至沿海各島，求生之力多，訓練之日少，乃先令恢復訓練。侯是年冬四十一年初國防部令第一、第三兩戰鬥團至上大陳，公乃商調戰鬥團中軍校各期畢業之優秀軍官，分至各游擊部隊擔任教官，協助訓練，兼負思想考核之責，授以副署命令權力。其時薪餉副食問題雖未解決，公已請准國防部按官兵實有人數配發主食米，服裝亦配發，故游擊部隊已逐漸脫離飢寒之慮，官兵均極仰戴。

五、十二月國防部核定江浙反共救國軍總指揮部編制，指揮部編組成立。

公以下大陳為市廛所在，非軍事機構宜駐之地，乃於十一月中旬遷至上大陳之大岙里，上下大陳相距不足一海里，水深一九米，舢板四十分鐘可達，而居屋絕少，部隊悉住帳篷。

十二月國防部核定江浙反共救國軍總指揮部編制：總指揮、副指揮之下設參謀長、副參謀長、總參議、祕書長各一、處長六，另設有政治部，限十二月三十日前編組成立，於時編定總參議兼代參謀長馮龍，祕書長趙才標，總務處長袁書田、第一處長張銘梓、第二處長劉慶曾、副處長張政達、第三處長胡復威、第四處長程開椿、副處長李錫福代理、電訊處長王微、副處長柴會政、政治部主任沈之岳、臺北辦事處長程開椿。是年冬，江浙反共救國軍總指揮部移駐上大陳後，國防部循公之請，派了第五軍及第十八軍的戰鬥團進駐上大陳（團員皆遷臺部隊整編後之編餘軍官），擔任救國軍各野戰大隊各級教官，將原有五十多個縱隊整理編併成七個野戰大隊，每個大隊一千餘人。

六、次公子為善生。

次公子為善於本年春出生於臺北內江街婦幼衛生中心。

中華民國四十一年，壬辰，西曆一九五二年，公五七歲。

一、匪犯洞頭島，公率艦馳救，接回部份游擊部隊。

洞頭島在浙江甌江口南側，為溫州灣列島之一，距大陸最近，潮退時可以徒涉登陸，僅有少數游擊部隊駐守，中共亦未為注意。公至大陳後，以洞頭為進入雁蕩山脈最佳之地點，乃命獨立第七縱隊司令王祥林率部經營，並由戰鬥第三團遴選優秀隊員若干人協助訓練，與構築野戰工事，其事未竟，而中共乃於元月六日調集四團共軍，並徵召熟習洞頭地形之共軍班長，準備進犯，事為國防部偵悉判明，迭電告公，公亦轉令戒備。然新造之眾，且眾寡懸殊，元月十二日共軍遂進犯，我王祥林司令率部血戰抗拒，寸土必爭，公亦乘艦率一部游擊部隊馳援，而潮汎不利，時又無新型登陸舟具，無法登陸增援，激戰三日夜，終於眾寡不敵，洞頭乃以陷共，僅接回部份部隊。

二、鑒於共軍部署圖進犯大陳，公為增強大陳戰力，請國防部支援。

二月八日國防部總政戰部主任蔣經國先生電告，共軍三野準備以兩個步兵師、兩個陸戰師加以艦艇登陸艇、機帆船三百餘艘、轟炸機、噴射機等進犯大陳。公乃電請國防部周至柔總長請增防陸軍二個師、砲兵一團、戰車一營並派海空軍襲擊舟山地區共軍，摧毀其企圖。旋獲周總長復電奉總統同意，僅由海軍陸戰隊增派一加強營。

另，經國先生續於三月二十七日函公勉勵，內函「吾人間之情感關係，數年來親如手足，尤其在此患難之際，更應生死與共，相互體諒協助，以謀復國大業之完成。吾人所望者乃在使大陸同胞得重見天日耳。任重道遠，惟有忍辱奮勉，方能完成應盡之責任耳……。」

三、公改編各游擊部隊為六個突擊大隊，一個海上突擊總隊。

各游擊部隊番號龐雜，眾寡懸殊，尤其淵源各別，每難以協調合作，影響訓練指揮甚鉅。

公以德化威行，積半年以上，漸臻於理，而各司令亦受公之感召，不復挾部隊以自重，於是商定編組為六個突擊大隊，一個海上突擊總隊，二月上旬改編，以原三十六縱隊編為第一大隊，大隊長王相義，駐上下大陳；獨立第七縱隊編為第二大隊，大隊長徐驤，駐南麂；一〇一路等部編為第三大隊，大隊長王樞移駐漁山；第四大隊大隊長王華，移駐一江山；第五大隊大隊長程陳和貴，後為黎克強駐披山；獨立三十五縱隊編為第六大隊，大隊長程慕頤駐上大陳。另將各游擊部隊所有之船艇如一〇一路呂渭祥部有藍天使、突擊、遠征、天王四艇，獨立第七縱隊徐驤部祥瑞、文齋兩艇，獨立二十七縱隊吳樹霖部海蛟一號、二號、五號三艇，獨立二十八縱隊袁國祥部漁粵、漁蘇、江淮、國威、德興、倚雲六艇，獨立三十六縱隊王相義部海昌、小利華、中興、義安四艇，海上獨立第一縱隊張為邦部萬慶、順利、馬和泰、福雙安四艇，獨立三十五縱隊程慕頤部萬昌、青海、公字二號、小東海、鴨綠江五艇，共計二十八艘，編為海上突擊總隊，總隊司令最初由海軍駐大陳巡防處處長招德培兼任，副司令先後為馮龍、袁書田，其後招德培回臺，袁亦調職，公委請夏季屏任總隊司令。轄有第一艇隊張為邦，第二艇隊袁國祥，第三艇隊陳漣林，第四艇隊余宋，第五艇隊王連森，第六艇隊張熙明（女性，樂清人，民五十九年病逝臺灣）等六個艇隊，指揮部直屬部隊則有特務隊、砲兵隊、工兵隊皆具體而微。另第二處主管情報有偵察隊，電訊處主管通訊，有總機一，無線電台八，報話隊一，於是軍制劃一，規模煥然矣。另一方面，部隊經濟情形仍甚艱苦，三月間政治部沈之岳主任（化名王明）返臺多方聯繫，初有進展。

四、公再呈請中央派正規軍一個師守島，俾游擊隊專任突擊之用；西方公司亦在大陳設立機構。

五月中，公返臺在總統主持的軍事會議中，就大陳現況及功能、游擊隊的整編及待遇等作了完整報告，並盼政府按照國軍待遇提供九千人的補給，並派駐海軍艦隊司令、軍區司令，且派正規軍一個師接替大陳防務，而將游擊隊八千餘人專作突擊任務，以便時時爭取主動，迫使共軍被動設防。其後在國防部周至柔參謀總長主持之會議中，決定給足主食，但無薪餉及公費，且僅再派兩個戰鬥團接替海島防守任務，亦未同意派駐大型艦隊。戰鬥團之全團皆為官長。第一戰鬥團團長為周志道，乃公之舊部，第二團團長為孟廣珍，第三團團長為王靖之，第四團團長為任柱桂，各有三個大隊一千餘人，但不久第一、第三兩團仍調回臺灣。按國防部內部初始對守備大陳一事即意見紛歧，參謀本部於軍事會議中傾向不積極支援大陳，事為總統知悉，極為震怒，國防部始改善態度。

西方公司原設在臺灣，過去曾有部份人員間或一至披山大陳，至是因公已駐在上大陳，故亦成立前方機構，由 Redman 負責，建屋於上大陳之南坑，設有電台，並組織聯合辦公室，我方由鍾松副總指揮，美方由Ｒ君各率必要人員，於四十一年元月三十日開始每日同室辦公，聯繫合作，甚為緊密融洽。

五、六月公率第一、第三兩大隊突擊黃礁，測驗部隊戰力。

公至大陳，以游擊部隊雖勇敢有餘而缺乏訓練，每戰傷亡必大，乃至戰鬥團選用優秀軍官至各大隊擔任訓練工作，賦以特權。至是第一、第二大隊教官報稱第一期戰鬥教練訓練完成，可用於戰鬥；而美國西方公司主持人Ｒ君，原為韓戰中之陸戰團連長，頗曉登陸等戰術，亦請突擊大陸共軍，公遂於六月十日下午八時率第一、第三大隊數百人分乘永壽、潮安兩艦，漁粵、江雄、祥瑞、義中、勝安、義安、信和、中益、復興、順慶及藍天使、新永順等機帆船艇突擊黃礁北江兩地，黃礁為溫嶺縣突入海中之土股，守軍為中共正規部隊六十二師一八六團第九連及教導隊四百餘人，配有山砲、平射砲、迫擊砲等，我游擊部隊於下午十一時換乘舢板解纜登陸，第三隊開始向黃礁東側，第一隊向一八三高地東南兩側登陸，展開激戰。另第四中隊同時由二二五高地南端六十四號標設登基，四面圍擊，分別佔領道士冠、北江之老鷹咀、一八三、二四四高地東側灘頭。八時正準備攻擊二二五高地時，我海軍接獲有颱風來襲報告，已知匪無力反撲，乃行白晝撤退。在此役中我游擊部隊對登陸戰突擊戰及砲兵之使用，皆已熟練，證明與正規部隊無異，而士氣尤為旺盛可用。於是七月十一日第一突擊大隊突擊跪人山，第二大隊突擊松門角之吊幫鄉，第一大隊之第二隊突擊白帶門之雷門坑、砲台山，皆能踴躍用命完成任務。

六、收復南北麂。

南麂為沿海最大之島嶼，自洞頭戰後，共軍遂侵入該島，八月上旬公決心派隊掃蕩，並經營南北麂為浙南突擊與發展之基地，乃派第二突擊大隊徐驤所部，配以海軍永定、潮安二艦，及聯珠登陸艇，漁粵、藍天使、義中、義安及公字二號五艇，由大陳發航，十三日下午始突擊北麂，十四日二時分三區隊登陸北麂島，時共軍僅有匪幹民兵七十餘人，經小戰鬥後全部被俘，十四日七時第二突擊大隊第一、第四兩隊續向南麂島之小南龍龜頭山掃蕩，共軍自北麂被我佔領後，主力已回竄大陸；而島上居民恨匪迭次洗劫，自動引我軍登陸協助逮捕民兵匪幹二十一人，於是南北麂共軍肅清，兩地悉已收復。

十七日乘勝以第二大隊之第二、第三隊，藉永定潮安兩艦之助，突擊平陽之金鎮衛，攻佔棕樹坑灘頭陣地，沿官臺山、島岩山，折經朱家樣攻擊汎地鄉信智區公所，俘獲民兵中隊長匪幹等二十八名，步槍五枝，續攻下馬海斃匪三十餘名，公以其地不能據乃命撤回南麂。

十五日傳聞沙埕集有共軍，企圖北犯，公令第二突擊大隊之第二、第三隊有突擊經驗者突擊福建沙埕港，由海軍嘉陵、洪澤、雅龍三船掩護，分乘漁粵、義昌、義安、中益、臨海、藍天使等艇及聯珠登陸艇等於邊潭附近登陸，擊斃警戒共軍，主力沿邊潭以東高地攻擊；並轉上中下岙搜剿，沙城守軍為中共邊防部隊七十三團之一營三連及若干民軍，無激烈抵抗，惟援軍迅速，故我於五時撤回，未敢深入，是役斃傷匪七十三團連指導員以下六十餘人，俘民兵七名，匪四名，步槍六枝。

七、公為鞏固游擊基地，設置四個地區基地，分區負責。

自掃蕩南北麂確實佔領後，即組訓民眾構築工事，成為一個重點，公於是同時設置四個司令，漁山地區以顧錫九為司令，披山調馮龍兼任司令，南麂以徐驤兼任司令，後為曹維漢，一江山以程慕頤兼任司令，各司令皆為北伐抗戰剿共久經戰陣人員，令負責指揮駐在地之突擊部隊作戰。

八、公令披山地區司令馮龍，突擊寨頭雞冠山羊嶼等島，消滅共軍諜報根據地。

時寨頭附近，踞匪二個連附砲二門，並有民兵百人，雞冠山、羊嶼踞有中共公安——師部隊及武裝地下工作共幹五十餘人，據為諜報根據地，有時襲擊我船隻。公以為宜驅逐之，乃命披山地區司令馮龍指揮掃蕩，十月八日由第五突擊大隊之第一、第二兩隊，混合編組一百二十人，藉海軍雅龍艦之掩護，乘漁粵、勝安兩艇突擊寨頭，夜半到達沙埕附近，開始登陸，一部佔領鮑家山，一部佔領小岙山，主力阻擊增援之共軍，遂發生激戰，佔領後，誘捕匪兵二十三名，擊斃逃亡者五十餘名。突擊雞冠山羊嶼者，為第一突擊大隊之第一、第二隊，藉嘉陵江艦之掩護，乘藍天使、中益兩艇由披山發航，而以一個區隊突擊，馮司令指揮主力攻擊雞冠山，十日四時三十分，第二隊由大隊附李道隆指揮在雞冠山之大岔岙、小岔岙登陸，五時半進至茶山，與匪公安第十三師五十團第二第三營遭遇激戰，而匪一部亦於大岔岙小岔岙行反登陸，於是全面陷於苦戰，幸我已獲制高點，西山一地匪四次猛撲未逞，終將匪營長王某擊斃，匪始潰竄。第一隊，由後岙登陸後，即與北邊山雞冠山共軍第八連及機槍連之一部，展發激戰，我第一隊隊長胡庚來，教官甘德華陣亡，至下午一時，我攻羊嶼之區隊援至，始將共軍擊潰，潛伏之共諜遂得全部搜獲。副隊長張積玉指揮攻擊羊嶼之區隊者，登陸後，擊潰匪公安十三師之第七連，並招降其士兵一班，肅清全島後，乃增援於雞冠山。是役與我對戰者為匪公安第十三師五〇團第二第八連全部，第七第九連及機槍連之一部，兵力超我一倍以上，終被我擊破，擊斃共軍營長及連指導員六人，官兵三百餘人（淹斃百餘人未在內）俘共軍三十三名（招降一班未在內）男女匪幹十一人，共諜五十四人，民兵二十三人，長短槍一百一十五枝，六〇砲七門，我亦陣亡官長二員士兵十八名，傷三十七人，為本年各突擊戰役中最鉅大之戰鬥。所獲戰利品國防部陳列新公園博物館，作為第三屆國軍克難成果；指揮官馮龍受五等寶鼎獎章，戰士李道隆等四十五人獲選四十三年戰鬥英雄。

九、公設東南訓練團於上大陳，調訓各級游擊部隊官長，施以軍事政治訓練。

公於去年五月建議行政院陳院長，徵集臺港江浙皖義民三萬人施以游擊軍事政治各項訓練，為發展大陸游擊軍事核心，迄無成議，在韓一萬四千反共義士來歸，亦不能調至大陳，擬在香港接回八千人亦未核准，而游擊部隊多數幹部未受正式軍事訓練，戰時忠勇無前，死傷甚大，平時訓練部屬，學術不足，尤須先予訓迪培成，乃呈奉總統核准於九月九日成立東南幹部學校，自任校長，延請美西方公司大陳負責人范爾遜（Varnson）為副校長，李惟錦為教育長，十三日於會議中介紹原西安中正中學校長、台大總務長高化臣先生來協助學校教育，元月六日行介紹式，十日正式開課。先調訓班排級官兵九百餘，編為一個大隊，施以短期速成訓練，二個月結業，遣回原部隊。游擊戰術與戰鬥動作逐漸統一。公於九日開訓典禮上致詞云：「為什麼要有這個學校呢？為要有革命的幹部來擔負打回大陸的任務……良好的戰鬥技術，堅強的戰鬥意志，旺盛的犧牲精神，而以信仰主義為中心為基礎，如此幹部才能將游擊部隊進而為野戰軍，進而為革命軍，和老百姓結成一體，而為人民的武裝，才能百戰百勝打回大陸。」復於開課第一日致詞勗勉同仁及學員當自己是「初入伍的士兵，一切從頭開始，以前的一切不值得留戀，不值得回想，我們要求得新的智識，爭取新的生命。」公之初意，既不能招選江浙義民與香港反共義胞，將在原有游擊部隊選擇忠勇粗通文字者施以訓練，為發展大陸游擊軍事核心，如辦有成效，擬再招考臺港反共志士參加受訓，嗣因公調職，僅辦兩期而已。

十、兩年來官兵經濟生活上之艱苦奮鬥。

大陸沿海游擊部隊生活極為艱苦，缺炊事工具、鞋襪、服裝，甚至冬天五人蓋一條棉絮，故自公蒞止後，迭請於國防部，雖已逐漸按實有人數給足主食，但仍無薪餉無副食，公啟程之前晉謁總統蒙給銀元二千元為指揮機構之用，本年三月鍾松副總指揮赴臺開會，面陳大陳游擊部隊貧苦情形，蒙總統續發原存廈門銀行之銀元五萬元。並諭：「只有此數，後難為繼，應節省用之！」公得知此款為總統生活之費，為之淚下，電復：「我輩不能為領袖抒難，何忍使用領袖之生活費，何所逃罪，宜即繳呈。」然其時已歸還聯勤總部借款萬五千元，無法呈繳，公乃發海上官兵每月副食費十元，大隊辦公費月三十元，隊十元，並向隊長以說明此款之由來，眾亦為之淚下。

半年後（九月間），臺北國防部總政戰部主任蔣經國先生代公募捐得六萬元，供游擊隊購買醫藥品之用，公至為感謝。

是年公奉總統令兼任浙江省政府主席，委員有方青儒、鍾松、沈之岳、徐世麒、趙才標、程開椿、毛萬里七人，沈之岳兼行政處長，鍾松兼軍事處長，程開椿兼經濟處長，尚缺委員三人，公呈明須俟將來反攻作戰有功人員派補（註二一）。

省政府成立後，旋即成立溫嶺、玉環兩縣縣政府，溫嶺縣政府設下大陳並有警察局，縣長初由第一大隊長王相義兼任，後由前獨立二十七總隊司令吳樹霖擔任，玉環縣政府設在披山，由披山地區司令馮龍兼任縣長，其他未設縣政府者由地區司令就近主持戰時政務。

註二一　四十二年公離大陳，後浙江省政府亦於四十四年一月奉令裁撤。

中華民國四十二年，癸巳，西曆一九五三年，公五八歲。

一、公奉派兼任浙江省黨務特派員。

一月中央常務委員會通過派公兼任中國國民黨浙江省黨務特派員，沈之岳兼任書記長，設辦公處於下大陳。除在各島嶼建立本黨組織外，公特別重視物色冒險犯難勇於犧牲之青年黨員，加以訓練，密遣深入敵後，從事祕密活動，先後計有五十餘人，其中有因通訊暴露而殉職者；亦有其後多年仍潛伏敵後與中央直接聯繫者。

二、共軍佔雞冠山掠大小麂山羊嶼諸島，公率部攻羊嶼毀其砲兵陣地而回。

披山島之南有大小麂山羊嶼諸島，更南為雞冠山，均靠近大陸，向無守軍，我雖一度突擊亦未佔領，蓋國防部情報人員常藉此以進入大陸，中共方間亦派兵來山搜索，此出彼入，從未相干，山上居民亦互供彼此情報，藉以取利。本年五月下旬我國防部情報人員方進入其地，即為中共伏兵捕去，乃請披山地區司令部發兵佔領雞冠山，兵未動而謀洩，中共遂以一營之眾，先我佔領雞冠山，北掠大小麂山羊嶼諸島，並在大小麂山設置砲兵陣地，每日轟擊披山，至六月中旬未止，而我缺乏砲兵，一任其濫擊。公以其影響南部各島之安全，乃部署以第四突擊大隊任大小麂山之攻擊，第五突擊大隊之一支隊佔領羊嶼，第一突擊大隊為預備隊，藉海軍第二艦隊九艦之掩護，分乘十一艘機帆船發航，並親自率副總指揮巴羅（Robert Barrow）及鍾松等乘太平艦前往指揮，六月十九日夜半登陸，擊滅羊嶼共軍，破壞其砲兵陣地，佔領小麂山，而大麂山之共軍設三層鐵絲網，雖我兵冒死突進，我無破網工具，傷亡頗重，公以徒傷士卒，乃同意撤回，是役虜獲匪公安十七師及二十軍六十師，官兵共六十三人，匪砲十二門，機槍二挺，衝鋒槍、步槍共六十三枝。公對此次動員頗眾，而未能徹底攻取大麂，甚為不滿，要求披山李奇英司令二十二日出敵不意，再行攻擊，但李反對。

三、匪佔積穀，救之不及，美國西方公司撤退。

自六月十八日、十九日攻擊大小麂山、羊嶼役後，中共已知我實況，尤洞知公之舉措，遂出全力以謀我，六月二十四日下午二時前沙匪砲轟我積穀山。積穀山據大陳之南口，距總指揮部所在地大吞里海面一萬四千公尺，守軍為戰鬥第二團之一大隊，實僅八十九人，總指揮部配以無線電台一座，公審知其地重要，先請於國防部撥付水泥鋼筋俾構築工事，遲遲半年水泥鋼筋雖分批運到，又缺黃沙，無法完成水泥工事，島係岩岸，故山麓僅有粗淺之野戰工事，中共初以火砲轟擊，公命海軍十五號艦巡邏還擊，發數十砲，不能遏止而還，而匪砲愈密。時山中有霧，守軍隊長劉咸一猶能望見共軍有機帆船舢板船集結。匪砲轟兩小時後，山上工事有線電話皆被破壞，匪船羣向我疾駛，遂於十八時左右強行登陸，灘頭陣地失陷，我軍雖浴血苦戰，仍無力擊退犯匪，公命下大陳海軍陸戰隊以一個隊馳援，終因行動遲緩，兼以海風大作，驚濤拍岸，舢板都被打破，船艦無法接近，積穀山遂告淪陷〔註三〕。

積穀山既失陷，美軍顧問團麥克當勞將軍（Gen.McDonald）、安德森上校（Col.Anderson）等七人偕我陸軍總司令孫立人將軍於七月八日赴大陳視察後，美方以為共軍已迫近大陳門戶，遂令駐大陳人員於七月十二日全數撤退。而臺北遂以為大陳淪陷在即，謠諑紛然矣。西方公司人員撤離前夕，駐地負責人巴羅（Robert H. Barrow）於七月十一日往見公，流淚告稱：「Some men in M.N.D. would like to have General be caught by the Communists... They want you to hold every place without man and tools and let you take responsibility.」（貴國國防部中某些人希望你被共黨擄去……他們不支援你兵力及武器，又要你防守所有的地方，還要你負全責）公竭力安慰之〔註四〕。

註三　按，沿海各島其登陸通道，皆在西側。積穀山僅有西岸一路可登，距大陸前沙極近，而距上大陳十四公里有奇，公雖命守軍劉咸一須另闢通道，但巉巖仍不可登。共軍既佔積穀山，更設置大量長程岸砲，阻我西繞攻擊，公雖數度謀規復，因不果行。

註四　以上可參見胡將軍日記。

按，巴羅君於民國六十年代升任上將，擔任美國海軍陸戰隊司令，渠於退休後來臺與亦在大陳服務過之我海軍陸戰隊司令屠由信中將長談，在回憶大陳往事時嘆稱：「胡宗南將軍對國家的忠誠，負責，個人表現的勇敢、堅決，不是當時中華民國任何將領所可比擬，在西方現代將領中尤難見到」（註五）。

四、江浙反共救國軍總指揮部裁撤改編，公回臺北，仍任總統府戰略委員會顧問。

積穀山失守後，國防部派員來前方調查，以為在共方有積極竄犯之陰謀下，我大陳方面之防衛作戰，須完全仰賴海空軍與守軍間之密切協調配合，而現有之各級指揮組織，部隊素質，後勤補給及海空支援等方面，缺點尚多，必須改進，要符合陸海空三軍聯合作戰要件，始克應付犯匪，否則寧可撤退。公則期望增加部隊及砲兵，絕不能輕言撤退，因大陳對臺灣安全有其重要性也。惟國防部仍決定撤銷江浙反共救國軍總指揮部，改為大陳防衛司令部，以劉廉一為司令。調公回臺。公對此至感失望，因將近兩年以來竭力經營，尤致力藉此推展大陸工作，均已有進展，現在就離開大陳，實在可惜！當然也希望以大陳戰地為自己殉國之地（註六）。七月三十一日，蔣中正總統請經國先生偕陳大慶將

註五　見屠由信司令訪問紀錄。

註六　根據公之副手鍾松將軍一九八五年談話。按，公自黃埔畢業參加作戰開始，素以馬革裹屍，戰死沙場為軍人最高榮譽，此次奉調返臺後亦曾函呈總統表示今後竟無死所了！

軍赴大陳親向公說明，並表示公仍為總指揮，劉廉一僅為副職。公乃於四十二年七月三十一日下午偕祕書長趙才標，醫官許正魁及衛士三人乘泰字號艦回臺北，留鍾副總指揮辦理移交〔註七〕。

公在大陳未滿兩年，而突擊大陸大小達三十九次之多，而執行突擊之部隊，率皆為雖訓練未成，惟尚忠勇之輩，兼以槍械窳劣，補給缺乏，全賴公威德感召，而樂於赴戰也。公在綜合報告中指出，在將近兩年時間內，「以陸軍一萬餘的游擊隊，五千噸之海軍，不僅牽制匪正規軍十八萬以上，民兵二十五萬有餘，海軍艦隊五萬餘噸，始終屹立前哨，屏障臺灣，而且不斷向大陸突擊……鼓舞大陸民心，如洞頭之役、白沙之役、黃焦之役……漁山洋面、石塘洋面……等等，皆能得到勝利……每次戰役皆有特殊光彩……以十五世紀的戰鬥工具……竟登陸成功，沒一次失敗，……以一游擊部隊，居然能擔負攻堅的任務且能擊敗匪共最堅強在朝鮮立有功勛之陳毅20A部隊……這是反共抗俄的一羣，爭取自由光明的一羣，不願做奴隸牛馬的一羣……」〔註八〕至於公在臺之支持者，主要係總統蔣公及經國先生，例如四十一年六、七月間對大陸之突擊

註七　公初至大陳用代名秦東昌，除下大陳海軍陸戰隊長楊作漣乃七分校學生，相見時知為公外，匪不知為公，即各游擊司令與洞頭被俘官兵，亦皆不知也。顧自雞冠山之役，國防部之情報人員被俘，中共始詢知秦東昌為公，華東軍區乃大為驚愕，遂謀所以去公者，於是有積穀山之役。而公果以此離大陳也。

註八　請參見《胡宗南先生文存》增訂版。

行動，公事前曾函請經國先生轉報總統借撥海軍永字號軍艦二艘、美字號一艘及小登陸艇四艘，又如當年七月初經國先生奉蔣總統令赴大陳，鼓勵軍心，並傳達「為了臺灣，為了反攻，必須守住大陳」的決心。惟其後情勢改變，公返臺一年半後發生一江山戰役，政府隨即於四十四年二月在美軍艦掩護下將大陳軍民皆撤運來臺，惟後人多稱許公為反共救國軍之父。

五、是年公長女公子為美生。

為美於二月是年春生於臺北內江街婦幼衛生中心，落地體重即有九磅四，強壯異常兒，其時公在大陳，得報甚欣慰，蓋公雖晚婚，至此亦兒女成行矣。

中華民國四十三年，甲午，西曆一九五四年，公五九歲。

一、二月公畢業於國防大學校，名列優等。

公自去年返臺後，奉命立即於八月入國防人學校聯合作戰系第二期肄業，學號二〇九八，在校時刻苦奮勉，一如寒素之士，至本年二月畢業，名列優等，所獲政治考核總評語為「學養深厚，忠貞堅定，剛毅果決，智深勇沉，研究熱心」，總平均分數為九十一點七六分。公在當時所親撰之自傳中曾特別強調「在反攻大陸之日，願為第一線之一兵一卒，以爭取黨國最後之成功」為其志願〔註九〕。是期同學中多有為公部屬者，雖對公敬禮不衰，而公與之切磋琢磨，怡然相處，不復以昔日長官自處。

二、國防大學校畢業後，公仍以總統府戰略顧問名義在臺北寓所研究軍政。

公自黃埔軍校畢業後，北伐、剿共、抗戰、戡亂近三十年，全在軍中，除廬山訓練團重慶中央訓練團等短期訓練，擔任隊職官外，絕無機會參加有系統之軍事教育，此次國防大學校畢業後慊然以為不足，每日在寓刻苦自修，與在學之時無異，間常邀約專家學者來寓共餐，藉機研討問題，以求進益。

三、是年七月，公奉命以「旁聽」名義參加實踐學社聯合作戰研究班（即白團）第二期受訓。

四月二十五日，公奉總統召見，七月五日，實踐學社聯合作戰研究班在臺北近郊石牌開訓，公奉命參加。該項研究班招訓優秀之將級及校級軍官，磨練其統帥能力及幕僚作業等，以及研究反攻大陸之具體方案，教官群由日本將領富田直亮（中文名白鴻亮）所率之日本軍官團擔任。該期研究員共四十二位，如宋達、孔令晟、郝柏村、曾祥廷等，以鄭挺鋒中將為班長（其後公擔任澎湖防衛司

註九　以上資料為國防大學提供。

令官時，鄭即為其副司令），公由於資望及階級均最高，故主辦單位在蔣公授意下，將之列為最後一員，表示係前往「旁聽」。聯戰班第二期於四十四年三月十日結業（註一〇），公一本在國防大學校時之不計名位，謙沖為懷及認真學習之態度，贏得師生普遍之尊敬。

四、是年秋次女公子為明生。

為明於是年秋季生於臺北內江街婦幼衛生中心，其時公適在臺北，每日均抽暇赴醫院陪伴夫人，知者均羨公夫婦情感之深厚也。

中華民國四十四年，乙未，西曆一九五五年，公六〇歲。

一、九月公奉命赴澎湖防衛司令官任。

八月間公奉總統召見數次，垂詢軍事意見與近況，至是乃命赴澎湖防衛司令之任，知者以為公勳望素隆，由於澎湖防區首長階級較低，未必願前往，殊不知令下公即西渡，於九月二十九日欣然就任。機場歡送者有黃杰總司令、袁守謙部長、趙龍文、易國瑞、羅奇、徐康良等人，空軍王叔銘總司令則登機親送

註一〇　以上資料係國防大學與車守同先生所提供。

至澎湖再飛回臺北，另，澎湖防衛司令原為劉安祺將軍，為公之老部屬，乃返臺陪同公搭機至馬公，正式介紹公就任，次日陪同視察後於十月一日才離澎返臺。

二、公加強澎湖防禦工事，構築核心陣地。

公自蒞任後，經營戰場，不遺餘力，在周圍離島如萬安、七美、虎井等處去年已增強兵力火力，今年又在馬公拱北山策劃構築堅強之核心陣地，俾一旦有警，足可抵禦強大共軍而作死守待援之準備。

三、改善官兵營房以勵士氣。

澎湖地區近年部隊增加，而原有營房已不敷用，公以為建築集中式營房對平時訓練管理方便，宜於後方訓練基地；若在戰鬥地區內，宜使平時駐兵與戰時部署成為一體，為避免轟炸與砲火之摧毀，尤宜分散，故公採用班排掩蔽部式之營房，構築於陣地要點各附近，並加強其射擊與守禦等設施，屯儲充分之糧彈燃煤飲水，使其平時成為冬暖夏涼之安適駐所，戰時則為發揮守禦戰力之堅強陣地，且依戰鬥需要，什伍相參，支援極便；尤可使官兵有生於斯，戰於斯，死守於斯之觀感，公或有取於蔣百里先生所謂：「生活條件與戰鬥條件一致者，強」之理也。

四、增建賓館以接待總統及國際人士。

澎湖當時僅有賓館一所，其中僅四個床位，公乃請李縣長玉林主政，並親函蔣經國先生及嚴家淦主席請予資助，均獲同意。幸因此舉，其後軍情緊急時，層峯及國際人士前往澎湖均不虞無處接待。

中華民國四十五年，丙申，西曆一九五六年，公六一歲。

一、公在澎湖防衛司令官任。

二、四月公奉令赴美國參觀，於十二日離臺，五月中旬回國。

公奉命赴美國參觀軍事，領隊為國防會議祕書長前任參謀總長周至柔，同行者有羅列、黃杰、黃鎮球、胡璉、石覺、劉安祺、宋達等十餘人，四月十二日由臺北起飛，經舊金山西雅圖而至華盛頓，由美國國防部安排參觀日程與招待食宿交通，公所至悉心觀察，不厭其詳，尤其對美國之國防組織，軍事教育，部隊訓練，軍需生產，後勤設施，以及原子能之研究發展等，所得獨多，美國軍官對公敬禮無已，賓主歡洽，經月餘始畢，於五月中旬回國，經晉謁總統報告參觀情形後，即回澎湖任所。

三、籌建軍眷村，安定將士生活。

公為安定前方將士生活，特在澎籌建眷舍數十幢，供駐地軍眷居住，因該地多風，往昔地瘠民貧，民宅均甚簡陋，公蒞澎後，除遍植樹木，修建馬路，改善民風安定地方外，並裝設自來水，增建防風牆，新建眷村利用當地岩石築成，堅固美觀，是年冬婦聯會皮總幹事以書，錢常委用和及委員趙筱梅等一行前往慰勞，對公在短短二年內，在澎之各項建設深為欽佩，回臺北後紛紛電告胡夫人，對公讚揚備至。

四、本年訪問澎湖之貴賓有蔣經國、唐縱、周宏濤、陳大慶、衣復恩、董仁霖、趙桂森、王多年、胡炘、李振清等。

中華民國四十六年，丁酉，西曆一九五七年，公六二歲。

一、公任澎湖防衛司令官四月任滿，奉命延任一期。

公在澎湖二年軍民融洽，對部隊訓練尤有成績〔註一一〕，奉命延任一期。

二、擴建飛機場以利空運。

澎湖原有飛機場，狹小簡陋，平時已不甚適用，戰時更非所宜，公默察大勢，如一旦有事，澎湖實為支援反攻作戰之前進基地，亦為拱衛臺灣本島之門戶，其地位將更重要，因建議上級將原有機場加以擴建，今日臺澎空運如是便利，蓋公啟之也。

三、公在澎防部任內，與美軍顧問團人員聯繫甚密，平日亦勤於進修英文。

四、公致力協助改善澎湖民生，本年五月十八日日記：「高級會報，已植樹一萬餘株，民事部分未在內，決議通知李縣長，不可放過植樹機會。」

五、籌建軍人公墓。

澎湖駐軍日多，官兵死亡，事所難免，且為支援外島作戰之基地，故軍人公

註一一　陸軍第九十三師在馬公防守訓練四十五年度年終校閱，成績為全國陸軍師第一，金湯演習成績亦為全國第一。

墓之設施，至為重要；而迄未建立，致官兵死亡者隨地埋葬，甚至與當地人民叢葬一地，日後無從查考，死者無知，而生者不免感歎，公頗傷之。親自規劃建立軍人公墓一區，頗具規模，其後四十七年八月共軍砲擊金門，我陣亡將士，即多卜葬於此。

六、公身體素健，亦注意運動，惟本年即有心臟異常症狀。

中華民國四十七年，戊戌，西曆一九五八年，公六三歲。

一、公在澎湖司令官任，除加強防衛建設外，全力支援八二三金門砲戰。

本年六月九日蔣中正總統蒞澎，視察雷達站、軍區、離島、四十九師等，七月十七日防衛部因金門對岸共軍調動頻繁，奉令戒備，二十日國防部長俞大維來訪，八月六日以共機進駐龍潭、漳州、澄海、連城，臺海及澎湖受威脅，乃作緊急戰備，公亦赴各軍事要地巡視，囑加強敵可能登陸地區之工事。旋八二三砲戰爆發，次日俞大維部長自金門返抵澎湖，向公詳述砲戰情形，晚間三位殉職之金門副司令官吉星文、趙家驤、章傑之靈柩抵澎，俟各副司令官夫人抵澎，公即主持公祭，二十六日安葬完畢。

九月十二日、十八日蔣總統兩度蒞澎，公陪侍旁，確定二〇三釐榴砲（即八吋砲）妥當自澎湖運往金門向共軍反擊。至十月初共軍因損失頗重，砲戰停歇，其間公始終領導澎湖軍民，充分做到支援金門前線及濟傷卹亡的任務，公亦請國防部考慮支援澎湖防衛司令部若干門八吋砲，俾在戰時可將共軍登陸船團在數十里外即予殲滅。

二、公持續促進地方團結與協助建設，不遺餘力。

澎湖地方頗有派系明爭暗鬥，有時影響政令推行與地方建議，主政者亦可利用之以為利，公則一秉至公，三年以來，致力於黨政軍民之團結，除公開集會時，諄諄致意外，每利用機會談話餐敘散步，甚至橋牌遊戲，在輕鬆愉快之際，談言微笑中，暗示感召，使各方意見交融，增進團結互助，故至公解任之日，各方猶能和衷共濟者，皆云不敢違公之教也。

澎湖地瘠民貧，不生五穀，人民什九以漁撈為生，而又礁多水淺漁產不豐，遠洋漁獲又無力購造大船，故物質生活，頗難改善，公至澎湖後，頗欲協助當地建設，更以漁者有其船為目的，加強海難預防救護以輔之，三年以來，漁船增加甚多，人民生活漸見改善，又盡力提倡協助築道路，植樹木，倡導農業，講求衛生，改良風習等，不遺餘力，因之地方逐漸繁榮，風氣一新。白沙島至漁翁島間之跨海大橋，亦公在澎湖時所倡議，今則長虹臥波，成為亞洲最早建設之跨海大橋之一，行見澎湖經濟之日趨繁榮。

三、公對部屬袍澤仍竭力濟助，例如上年三月，方先覺副司令太夫人重病，立即資助三千元治療；本年二月顧希平先生逝世，在其所需喪葬費五萬元中，公即捐助四千元，又如要求政治部調查曾有功而退伍後無法生存人員須加以聯繫，先會餐或嘉獎。再如，每月收到個人薪餉時，均讓辦公室士官長將之分成三份，一份留在長官部供公務用途；一份寄臺北供家用；一份送予澎防部兩位子女眾多家用不足的幹部。因此公在臺北之家人（夫人及四子女）則常用度不足。夫人函請公寄錢回臺北，乃常有之事。

四、本年為公身份證上六十壽辰，蒙總統贈壽禮，另羅列、趙龍文二位老部屬曾連袂拜候，希為公辦理壽宴，惟公以海峽偷生，心情較句踐石室三年尤苦，絕不敢言壽而堅辭未允。

五、本年蒞澎湖之各界人士甚多：美方有國防部長 Neil McElroy 於十月中率 Felt, Russel, Doan 等海、陸軍將領往訪，另有太平洋艦隊司令 Hipwood 上將，美駐華莊萊德大使（Everett F. Drumright），Hubbard 海軍上將，Bork 將軍，Dozel 將軍等，國人有行政院國軍退除役官兵輔導會蔣經國主任委員，臺灣省政府周至柔主席，臺灣省政府祕書長連震東，及彭孟緝、黃仁霖、黎玉璽、梁序昭、羅友倫、蔣緯國等高級將領，立委劉錫五、王大任、陸京士、郭天乙、王夢雲、伍根華；監委曹德宣，新聞界張任飛，以及先後由皮以書、黃啟瑞、呂曉道所率領之勞軍團等。

中華民國四十八年，己亥，西曆一九五九年，公六四歲。

一、三月公在澎湖任期屆滿，十月底奉令仍調總統府戰略顧問。

公在澎湖防衛司令官二任，前後四年，至是任期屆滿，奉令調回臺北，十月三十一日接獲命令任總統府戰略顧問。蔣總統並於十一月二十日召見，告以當調一實職，惟公婉謝，報告「不必再調」。蔣公謂「再說。」澎湖續任司令官為李運成中將。

公在澎湖先後舉辦三民主義訓練班六期以及其他訓練，凡開學結業公皆蒞臨訓話（註一二），多精練警策，聽者動容。

另，本年二月，公在澎湖曾接待教廷特使樞機主教，三月曾接待美軍 Vansickle 上將夫婦訪澎。

二、四月公奉命進國防研究院第一期深造，於十二月結業。

公於三月二十六日交卸澎湖防衛司令官職務回臺，司令官一職由方先覺副司

註一二　今收入文存者有立「定腳跟」，「共患難」，「告充員戰士」及「澎湖學習戰鬥最理想的地方」，「一切光榮屬於勝利的部隊」等篇。

令暫代，公隨即參加國防會議一週，然後於四月十五日入國防研究院第一期充任研究員，總統特別交代，公不必任隊長，夜間亦不必留宿山上，以示對公之特別禮遇，時鄞縣張曉峯先生主持院務，為公三十年之老友，雅相契重，第一期同學計五十六人，多為黨政軍、財經、外交、工程等人才，如鄧文儀、林棟、馬潤庠、崔垂言、孫運璿、連震東、芮正皋、沈錡、李樹正、張寶樹、孫義宣、唐振楚等，講員亦皆一時之選，研究院設立之目的在彙集人才，以待反攻大陸之需。公在院，一秉院中規定，進退以禮，同學間素敬重公，乃推為學員長。公在國防研究院八個月，勤奮一如在國防大學校時，其畢業論文「論人才與建國建軍之關係」〔註一三〕尤為院方各教授所重視，列為第一。十二月十九日畢業，即任國防研究院同學聯誼會之召集人。

三、公開始有較正常之家庭生活。

公在婚後為專心公務，從未讓夫人居於駐地，在澎湖四年期間亦然。自本年回到臺北開始，始有較正常之家庭生活，偕夫人參加宴會、打橋牌、散步、觀賞電影等，亦得與子女相聚。可惜僅有兩年餘的時間便去世。

註一三　見文存增訂版。

中華民國四十九年，庚子，西曆一九六〇年，公六五歲。

一、公仍以總統府戰略顧問名義居留臺北，並辦理國防研究院畢業同學會會務。

公在國防研究院畢業後，仍任總統府戰略顧問及國防研究院院務委員，居常指導國防研究院畢業同學會會務，並常與同學聚會，訪問協助，不遺餘力，與老長官、老部屬經常聯繫，例如十月二十四日主辦朱長官紹良七十壽宴，出席者有蔣經國、馬繼援、孫震、楊森等賓客。閒時繼續研究軍事政治及反攻戰略，一如在軍在學之時。由於國防研究院同學對公之尊重與推崇，同學們對外活動（如喪禮公祭）時均由公領銜代表。

二、蔣中正總統兩度希予公實職，為公婉謝。

二月十九日蔣經國先生訪公，傳達蔣中正總統有意請公代理參軍長一職，公以有心臟病不能負重任婉謝。六月二十三日，經國先生在第八屆軍事會議時與公談話，再度告以蔣總統又囑他訪公傳達工作，業已先代為說明婉辭。

三、公平日勤習英文並注重運動。

公自大陸來臺後，為與眾多同仁舊屬、友人辦理或洽談公務，在臺北均維持一辦事處。而自大陳時代開始，即注意學習英文，請專人教授。自四十八年起係請總統府劉亞先生至辦事處教課，一週數次，每次約兩小時（四十八年以前在澎湖任職期間係請鄭學燧先生任教），並多看西洋電影，以增聽力。另一方面，亦以散步及高爾夫球來鍛鍊身體，希冀必要時仍能在前線為國效力，或到外交戰場作戰。（例如：次年二月十九日公曾致函舊屬金門防衛司令官劉安祺將軍謂：「……匪如大舉來犯，而兄認為外圍島嶼有顧慮時，弟願參加大膽島之作戰，屆時朝電夕來，共襄盛業……」）

中華民國五十年，辛丑，西曆一九六一年，公六六歲。

一、公仍任總統府戰略顧問，住在臺北。

是年公仍任戰略顧問，繼續研究軍事政治及國防外交有關諸問題，與指導國防研究院畢業同學會事務。

二、二月五日國防研究院第一、二期同學代表們李樹正、張寶樹、羅機等開會推公為會長，趙聚鈺為總幹事。

三、四月間心臟即感不適，七月間公患血脂肪過多病，醫囑減食，自此日就羸瘦。

本年公漸感不適，咳嗽體倦，但研究治事如故，延請陸軍總醫院丁農醫師診治，經檢查發現血脂肪過多，兼有血糖溢量情形。乃請公節食，尤忌糖、肉類。公家無餘財，自奉木薄，元月起即決定不吃牛奶，但對友人仍慷慨濟助〔註一四〕，醫生既要求節食，自益惕勵，每日僅以蔬菜水果果腹，數月之後，體頗羸瘦，然精神仍健，往來行動不異疇昔。公性素強，遂未措意〔註一五〕。

中華民國五十一年，壬寅，西曆一九六二年，公六七歲。

註一四　公之日記有記載者如二月助潘先生旅費五百元，九月助陳先生二百元，另協助劉先生、李先生、史先生舊友，額度不詳。另尚有無記載者，有人日後自行告知，有的外界永不知曉。

一、二月十四日公病逝石牌榮民總醫院。

公自去年七月發現血脂肪及血糖過多，節食之後，體漸羸瘦；但精神仍旺健，治事起居，一如平日，今年陰曆年間，仍堅持向長輩拜年，二月七日（農曆正月初三日）感不適，家人為延丁農醫師至寓所診治，以為心臟不正常，須住院檢查治療，遂於是日下午入臺北石牌榮民總醫院，數日之間，親友部屬聞訊至院慰問者甚眾，住院第四日，蔣副祕書長經國至院慰視後總統臨視，囑善調攝，撫慰備至，其後，何上將應欽夫人赴院訪視時，拉了胡夫人一同在病床旁跪下祈禱，公當時感動淚下（註一六）。

數日後，主治醫師報告病況漸減，大命無妨。至十三日，再照X光片多張，證明病情確有進步，下午醫師面告胡夫人，公數日後可出院。白晝進膳如常，夜九時尚進蘋果四分之一，旋即入睡，十一時許醒，見舊部袁學善侍側，催速去休息。公瞑目若睡，至十四日晨三時許突然驚叫，一手高舉，袁學善趨視，

註一五　十一月間，戰略委員會在介壽館四樓開會，公陟階而上，至二樓體疲不能再進，遂託人請假而歸，家人無知者。

註一六　另二月十日，公舊部羅列、劉安祺等二十餘人集體至院慰問，圍站病床邊，公曰：「浙東諺語謂人死為翹辮子，我此次恐將翹辮子哉！但你們要盡心盡力幫助總統反攻大陸。」部屬們一時默然，其後羅列上將表示，請長官寬心養病。

呼之不應，按其手不屈，急按鈴召醫至，為注強心針並用氧氣罩，是晚夫人適因長公子為真患重感冒，發高燒，回家照應，聞訊趕至醫院後，當即在友人張靜愚夫人協助下，請住於醫院附近之謝牧師為公行點水禮施洗。惟公漸入彌留狀態，終無一言，至上午三時五十分逝世。

按，公於離開大陸至大陳及澎湖服務後，即逐漸接受基督信仰，澎湖時代曾與美籍傳教士痲瘋病醫生白女士（Miss Bly）談道，常赴海邊散步祈禱，亦曾勸人信基督。回臺後曾定期邀夫人摯友陽明山嶺頭臺灣神學院之陳竹君教授等人講解聖經；此外，蔣經國先生曾贈其《荒漠甘泉》，而張學良先生亦贈送《聖經》，民國四十九年亦曾偕家人赴士林凱歌堂參加禮拜。

二、蔣中正總統於公逝世發表哀悼褒卹辭。

公逝世之訊蔣中正總統聞之，乃於逝世之當日，在對國軍幹部會議訓話時，曾親自宣佈公逝世之噩耗，並弔之曰：「胡宗南同志已經在今天去世了！他是本黨一個忠貞自勵，尚氣節，負責任，打硬仗，不避勞苦，不計毀譽，革命軍人的模範。大陸淪陷前後，他曾經屢次寫信給我，說至今還沒有能夠求得一個死所，其意若不勝遺憾者。後來當他在大陳調職的時候，他又給我寫信說：『今後我恐無死所了！』宗南同志現在竟未能如其所願，使他自己的生命得到一個轟轟烈烈光榮戰死的死所，實在令人追思不置。他死已附於正氣之列，自不失為正命，亦可以瞑目於地下了！」

按，蔣總統由於公之逝世，心情甚劣，食慾不振，周聯華牧師聞悉後，於禮拜日傳講積極信息，蔣公心情始改善（註一七）。

三、十六日下午組成治喪委員會治喪，何公應欽顧公祝同分任正副主任，友好同學部屬四十餘人為委員，羅公列為總幹事，移靈臺北市極樂殯儀館，十七日開弔，並由周聯華牧師主持追思禮拜，出席者三千餘人。

總統除頒賜「功著旂常」輓額，及旌字第一四五八號旌忠狀外，並於十二時偕夫人親臨祭奠，撫慰遺族，恩禮有加。

四、六月九日葬於陽明山之紗帽頂，會葬者千餘人。

公逝世後，李文、劉安祺、趙龍文、羅列諸君與夫人商決在臺北市近郊覓地營葬，靈柩遂暫厝於極樂殯儀館內。諸君親往近郊尋覓墓地，最後選定陽明山竹子湖下地名北投紗帽山者，購得山地數畝，由於該地當時在管制區之內，乃商請擔任總統侍衛長之孔令晟將軍（恰為王曲七分校十五期之畢業生，其才具素為公賞識）向蔣中正總統面報，當獲同意，遂由劉安祺上將（時任陸軍總司令）

註一七　見周聯華牧師回憶錄。

指示兵工署協助開築墓道，於六月九日上午十一時葬公於紗帽山。墓地構築時蔣總統曾親臨視察，是日會葬者長官同學部屬親友學生共一千一百餘人。蔣總統偕夫人亦親臨弔祭，進入墓穴檢查後方允封墓，其後總統甚至掩面淚下。墓園近蔣總統之陽明山行館，民國五〇年代蔣公不時前往，並坐於墓前石椅上沉思。

五、公逝世後之哀榮與同學部屬之追思。

公逝世後，故舊友好親屬學生，每年在墓地公祭，第一年一次冬至，次年二月十四日，開紀念會於臺北實踐堂，到千餘人，會後謁墓者四百餘，是年至墓地公祭者三次（清明、生日、冬至各一次），民國五十三年後，每年二月十四日逝世之日皆展墓一次，迄民國八十年間，因故舊學生多極年長或凋零，乃不上山至墓地，而改於每年公之陰曆四月生日前後在臺北集會紀念，五十餘年，從未中斷。

陽明山中國文化學院，於民國五十一年成立時闢室為公紀念名曰宗南堂。迄今仍為重要集會大廳。

澎湖軍民以公在任期間嘉惠地方，造福軍民無微不至，感戴至深，公歿後，於民國五十七年二月特為公鑄塑銅像於馬公風景區林投公園，舉行盛大而嚴肅之揭幕式，並為文以紀之，其文曰：

胡宗南將軍，民前十六年生於浙江孝豐，時當我國家民族內憂外患，存亡絕續之秋，將軍以繼往開來，救國救民為職志，遂毅然從軍，民國十三年卒業於黃埔軍校第一期，自見習官，排連長以次洊升至戰區司令長官及西安綏靖公署主任，位至上將軍，畢生追隨總統蔣公致力於三民主義國民革命大業，凡東征、北伐、勦共、抗戰、戡亂，無役不與，守固攻克，屢建殊勛，其彪炳戰績，俱已載入史冊，與日月同垂不朽。民國四十四年來澎，公任防衛司令官，治軍以嚴，馭下以厚，律己以儉，待人以豐，而其關懷建設，端正風習，嘉惠地方，愛護人民，則尤綱舉目張，無微不至，是以我澎軍民，同被德澤，感念難忘。民國五十一年二月，將軍以憂勤國事，積勞成疾，遽爾殂謝，我澎軍民以將軍生為人傑，歿垂典則，爰為鑄銅塑像，永昭矜式。澎湖全體軍民敬立。

中華民國五十七年二月

公逝世後位於鳳山之陸軍軍官學校在校長胡家麒中將之指導下，於民國八十年間在該校校史館闢室成立胡宗南上將專櫃，陳展公之文物及相關書籍，包括抗戰勝利受降文具、日本降將呈獻之軍刀等，以供同學之景仰紀念。

公離澎湖後，繼任防衛司令官李運成將軍為公建一紀念亭，請公之同學好友黃杰將軍題字「宗南亭」，民國八十三年當時防衛司令范宰宇將軍再將該亭重新整修揭幕。駐烏坵之游擊舊部亦曾為公建「東昌亭」，以為紀念（註一八）。

註一八　詳見《王曲文獻》其書。

民國七十八年，中央陸軍軍官學校第七分校（設於陝西西安近郊王曲）在臺師生為紀念公並發揚「黃埔精神」，彰顯「王曲精神」，特組成「王曲文獻籌備會」，在吳允周中將（曾任七分校籌備人員及七分校教育長）、孔令晟中將（七分校十五期）、周樂軍少將（七分校十五期）、陳廷元少將（七分校十六期）、周鍾頎少將（七分校十六期）等人領導下集中數十位編者及作者，費時六年，以校史、戰史及當年生活紀實為重點，編印完成《王曲文獻》八大冊，包括第七分校校史、師生專集上、下冊、胡宗南上將專集乙冊、抗日戰史上下冊及戡亂戰史上下冊，於八十四年對外發行。成為中華民國國軍之重要建軍史料。

公逝世後馬祖駐軍曾在離島東引建立「東昌閣」，以為紀念，民國八十六年國防部羅本立參謀總長任內加以整修成為紀念館，內容亦更充實，其後亦經歷任指揮官加以強化。民國九十九年九月，馬英九總統偕同當時擔任國家安全會議祕書長、公之長子胡為真，在國防部長高華柱陪同下，前往參觀並表達敬意。

民國八十八年八月，大韓民國金大中政府為表彰公在抗戰時期訓練、裝備及協助韓國光復軍，有功於韓國獨立，特組專案組研審檔案後，於韓國國慶日追贈公最高級之「建國勛章獨立章」，並邀請公之長子胡為真博士偕同長孫胡斯廣博士赴首爾代表接受。

公逝世後，除《王曲文獻》外，同學友好部屬親屬為文紀念者甚眾，達三十萬字以上，已刊為紀念集，公平生所作文字，約十萬言，亦於次年刊為《宗南文存》行世。臺灣商務印書館經董事會決議，於民國一〇三年夏分別將以上公之文存、紀念集、本項年譜及徐枕先生所著《胡宗南先生與國民革命》一書（今更名為《一代名將胡宗南》）加以充實修編，以「胡宗南先生四書」為名再版問世。

民國九十八年，電腦專材朱君特於網路闢建「胡宗南紀念館」，陸續將外界有關公之紀念文字列於網上，供外界研究參考，廣受各界人士點閱。

民國一〇三年，國立政治大學，成立「民國史料館暨名人書房」，其第一次對外公開陳展，即以公為主題，將公之照片文件等數位化後，連同原件，勳章、錦旗及所製作之影片等舉行「鼎柱民國——胡宗南將軍文物史料特展」，以緬懷公為國軍軍魂之代表人物，並教育各界人士。

我國中央通訊社將其所檔存有關公之照片以及公之後人、友人所珍藏照片彙集後，委請學者撰寫文字，計劃出版公之圖傳。

我國國史館計劃於民國一〇四年為慶祝抗戰勝利七十週年，而特將公之日記公開出版，以為中華民國歷史作見證。

公逝世十週年時，國防研究院同學會全體同學，以公任同學會會長領導同學，砥礪品學，增進情感，獲益至深，且公休明之德歷久彌著，其嘉言懿行，誠足勵薄俗而垂榘模，特於公之墓後立碑紀念，其文曰：

陸軍上將胡公宗南紀念碑文

陸軍上將胡公宗南出身黃埔，奮志戎行，沐國父三民主義之薰陶，受總統蔣公革命精神之作育。東征之役，著績棉湖。北伐興師，公為先路，數創羣敵，迭建殊勳。統一之局方成，諸兇先後搆亂，公復奮其英武，屢擊叛逆於鄂豫隴海之間，靖掃逆鋒。共軍自贛潰圍西竄，公率部陟險巇，踰秦嶺，越巴梁，幾盡殲之於川北草原。日寇侵我，既佔東北，復覦京滬，公乃喋血奮戰於滬蘇皖豫等地，遏其封豕長蛇之謀。於是共軍殘喘復蘇，盤踞陝北，陽藉抗日之名，陰懷篡竊之實，竟與日寇遙相呼應，危害抗戰。公奉命開府關中，戰守兼備，固行都之上游，奠磐石於西北，東則轉戰豫境，迭赴晉援，抗禦倭寇於潼虢，北則固碉塹，嚴斥堠，防匪蠢動於陝甘。嗣共軍叛跡日彰，為害日烈，中央無可再忍，公遂奉命興師，直搗延安匪巢，殲厥醜類，捷聲所播，舉國騰歡。其在關中，又嘗募兵招生於陷區，與日寇爭兵源，與共軍爭青年，壯我戰力，宏謨遠識，勝於兵機。居恆以「為主義生，為主義死，效忠領袖，盡瘁革命。」自勉，並以勉部屬。其忠勇實踐之誠，尤見於西昌與大陳諸役。當中原淪陷，遍地腥羶，公毅然置身危難，於西陲窮邑，東海荒嶼，重輯餘部，數揮魯陽之戈，冀遂興復之願。凡公部屬，悉皆沐義浸仁，效忠陳力，著績效於當時，而各盡厥責焉。

公奉命受訓於國防研究院第一期，畢業後，復蒙兼院長，蔣總統選任為本院同學會會長。我同學等與公昔同黌舍，久承教益，深仰公仁勇之性，孕育於中懷，忠義之行，彪炳於史乘。公雖逝世十年，然公休明之德，久而彌著，郁郁芳徽，誠足勵薄俗而垂榘模。爰綜公生平大要，泐之貞珉，永勗來者。

附錄

川北，松潘
——追剿徐向前及毛澤東之經過回憶

李鐵軍筆記

民國二十一年，我陸軍第一師（師長胡宗南），將豫鄂皖邊區鄺匪繼勛消滅後，奉命窮追漏網徐匪向前（殘匪約一萬六千餘人），自鄂西北經武當山秦嶺漫川關山陽湯峪，至關中平原，再穿越八百里秦嶺及大巴山脈，至四川省之通南巴。沿途被我痛擊，山路崎嶇，此剿彼竄，但仍斃其軍長蔡昇熙以下五千餘人，被俘受傷逃散為數尤多，殘匪竄入川境者，已不足四千。當時余率第一旅三個團（團長李正先、廖昂、李文），曾進至四川南江縣兩河口，正擬合圍盡殲之際，川軍田頌堯、鄧錫侯，封建作崇，為保全其防區制度各自利益，藉口區區殘匪，能自力剿辦，拒絕中央軍入境。當時四川軍隊，未上軌道，軍人為爭奪防區，內戰頻頻。中央委曲求全，迫得電令第一師移駐甘肅，安定西陲。未

編者註：
李鐵軍（一九〇三—二〇〇二），廣東梅縣人，黃埔一期，參加東征北伐，剿共，抗戰，戡亂諸役，並曾於新疆、河西戍邊。

及兩年，川東北田頌堯最腐爛，首被解決，鄧錫侯亦被匪消滅過半，自保無力，川北成了共軍滋長的溫床，養虎貽患，徐匪迅速擴充至十餘萬眾，為毛酋以後竄川增加了極大的助力。否則以第一師當年作戰無敵之精神，徐匪及毛酋以後竄川，必將為我各個擊滅無疑，成為歷史陳跡，何來今日大陸共軍。又，西安老牌軍閥楊虎城當日手握陝甘兩省兵符，毫無國家民族意識，徐匪竄陝之日，亦對匪暗送秋波，竟將陝境各險要如漫川關、子午谷、湯峪、駱峪及連雲棧道等地守兵，全部撤回西安漢中自保，未發一槍一彈，加以阻截，我追他放，為匪闢一安全新華容道。楊某奸詐狡猾，假革命之名，行反革命之實，行險儌幸，中央優容，未加究處。當時國內剿共情勢，如此複雜譎詭，說來實在遺憾。

民國二十四年初，毛匪由江西流竄至四川省金沙上游，擬與川北徐向前匪十餘萬眾合股，聲勢浩大。川軍數十萬，望匪披靡，無力抵抗。川軍護法時代，素稱能征慣戰，惜此時領兵者非其人。川中人心惶惶，望救與望中央軍之來，有如望歲。民國二十四年一月，我陸軍第一師奉命由陝甘再度入川，擬於毛徐兩匪未合股前，先將徐向前擊潰。當時第一師師長胡宗南、副師長兼第一旅長李鐵軍，第二旅李文，獨立旅丁德隆，補充旅廖昂，計四旅十二個團。總兵力雖比匪為少，但一師健兒，為一有主義，有組織，久經戰陣隊伍，英勇善戰，紀律嚴明，嘗能以一當十，戰力比匪高出很多。民國二十四年一月下旬，我丁德隆率獨立旅，附第一旅李正先團，首戕徐匪主力五萬於廣元，激戰七晝夜，斃匪軍長陳昌灝、董麻花以下兩萬餘，徐向前無法達成其先發制人陰謀，於攻我廣元、烏龍包失敗後，急率殘眾西竄。時余率第一旅（欠李正先團）奉命由隴南經陝西寧羌入川，再次痛殲西竄徐匪後續部隊，於廣元之東王廟二郎關。川中軍民，兩次聞捷振奮，恍如重見天日，《廣元縣志》曾詳細記載歌頌其事。並以董狐之筆，痛斥鄧錫侯等擁兵避戰無能。民國二十四年三月，我軍委員會加派王耀武獨立第三十二旅兩個團，陳沛第六十師，陸軍第四十九師，均為三團制共六個團，統歸胡師長負責指揮，由隴南碧口等地，分道入川，腰擊西竄徐匪。同年四月，我一師補充旅及劉超寰團，陳沛六十師一部，復蹶徐匪數師之眾，於青川平武古陰平道（即摩天嶺），徐匪經我四五月來痛殲，實力已損耗過半，匪多為田頌堯及川東北被脅民眾，乘機逃散者尤多。此時毛徐兩匪，已在松潘以南，岷江兩岸合股。五月，我繼續西進，並令第二旅李友梅團，迅速進佔松潘縣城，作爾後剿共根據，此點十分重要，攸關川西北以後剿共成敗至鉅。當李團進佔松潘之日，毛酋亦率數師來到，展開爭奪，我制機先，我李文第二旅並迅將匪逐退至鎮江關以南。

胡師長於佔領松潘後，迅即進駐坐鎮指揮，以一師補充旅（欠一團）控制松潘，該旅康莊團則遠置於離松潘二百九十餘里外之包座，負防匪竄甘與搜索匪情之任務。以陳沛六十師控制樟臘暨飛機場，阻匪由黃勝關竄甘之路。王耀武旅留置平武維持後方交通並防匪回竄。以陸軍第四十九師為總預備隊。我一師主力則機動覓匪決戰。以後一師各旅在松潘城郊，及包座、毛兒蓋、盧花、邛

是標語、口號，是一場表現戰爭藝術的地方，也是一種最惡毒戰爭手段，軍事固重要，而對三民主義之實踐，尤為首要。此為今後反攻復國剿赤用兵，必須預先釐定，痛定思痛之事。

匪在松潘以西，流竄五個月，並非毫無目的，原想攻佔松潘作山寨，作瑞金第二，背倚青隴，西康雪山之險，面對膏腴天府之國，進可戰而退可守。當時四川軍隊亦十分腐敗，適合匪生存滋長條件。然後再徐圖向西北邊陲發展，與蘇聯北極熊，接連一氣。不料他在松潘所遇到的，係國軍精銳第一師，處處碰壁，已不得志於前方，後方接濟更談不上。寒無衣，飢無食，住無屋，病無藥醫，因之匪方在此戰死凍死餓死病死拖死者，不計其數，松潘成為十萬匪眾埋骨葬身之所。毛酋僅以身免，徘徊於窮荒草地，東藏西掩，有似喪家之犬，在毫無辦法之下，才急率殘匪不及八千（如加上匪黨政及眷屬計共萬餘人），倉惶經包座逃往陝北，依附劉匪子丹。前事不忘，這一幕窮寇狼狽流亡景象，歷歷如在目前。毛酋從江西經湘粵雲貴流竄至四川，以此次川北及松潘戰役，失敗最為慘重，可說全軍盡墨。此亦係匪爾後「二萬五千里長征記」中，所蓄意掩飾，並誇大虛偽宣傳之惟一真實面目也。當毛酋率其僅有殘眾由蜀隴高原奪路奔逃之日，駐守甘肅部隊，均不肯犧牲，閉門自保，任匪自由遠逸，巨奸漏網，元兇在逃，天歟？人歟？以上筆記，均係實事實寫，其餘功過是非，說來話長，由歷史去評斷吧。

第一師由廣元至松潘，苦戰九月，勝利得來不易，但我國軍迄未以勝利者姿態，君臨匪敵。除在松潘極力撫輯流亡，賬濟羌漢民眾義所當然外。於中秋月明之夜，告別川中父老，重上征途，沿途更以菩薩心腸，為俘匪治創療傷，撫慰心靈，掩埋匪屍，曲盡人道，從未虐殺共軍，亦從未有虐待匪共落難家屬情事。表現革命軍人美德，亦發揚了人性光輝。而窮兇極惡共軍，竊據大陸之後，子鬥其父，兄鬥其弟，妻喪其良，伏屍五步，流血千里，殺人至六千餘萬，勞改下放，及發配邊疆無辜人民，冤獄如山，總在億數以上。對我國軍將士家屬，上查三代，下清五代，尤極盡違反人性，趕盡殺絕之能事。得民者昌，失民者亡，大陸八億人民，求生存與自由意念，是埋葬共軍一個定時炸彈，終有一天會爆發起來，所以此種血腥統治政權，目前雖竊有大陸，但絕無長久存在之理。如今故事重溫，當更堅定吾人滅匪必成，反共必勝信念。

附松潘西征七絕八首：

一

「松潘西去鳥無聲，水惡山高猿少行，
六月炎荒猶雨雹，松濤時起不平鳴。」

二

「岷山積雪千年白，岷水泱泱下益州，
漫道劫餘無樂土，草原歌舞笛悠悠〔註一〕。」

三

「邛崍峻嶺峙西防，足底烟雲伴陣行，
絕塞量沙猶死戰，至今遺恨話紅羊。」

四

「殘烽廢壘對茫茫，萬水千山幾戰場，
誰似氐羌猶效力，松潘古道柏松香（註二）。」

五

「鐵翼橫空我武揚，同心同德創秦狼，
羌人不解軍中事，疑是天邊一雁行（註三）。」

註一　我第一師到松潘後，胡公即派員備帶哈達等禮物，宣慰松潘樟臘上下包座盧花等地羌民喇嘛及其土司，軍肅民安，悉願堅壁清野，偵報匪情，為我效力；春秋佳日草原之上，羌族男女，載歌載舞，羌笛悠悠，為我傷患將士精神上作不少安慰鼓舞。

註二　羌族土司及民眾，對領袖，對政府赤誠效忠，比當日楊虎城，鄧錫侯等輩，更可敬可愛。

註三　昔年同學張抑強兄，常由成都駕機來松潘及邛崍山邊偵察助戰，因山高氣流很壞，人機均須在樟臘機場休息檢查，時帶一些水果臘肉給我補充營養，當時余遠在草地作戰，未及見面，但這份盛情，迄今未忘。

六

「立馬邊城痛國魂，許多烈義未歸元，
啼鵑泣黯峨嵋月，終古岷濤帶血痕。」

七

「蜀隴青康四角洲，河山壯麗望中收，
北熊鷹犬殲除日，又見黃河天外流〔註四〕。」

註四　依實地調查，黃河上游南源，流經四川松潘西北角。

註五　民國二十四年十月底，師至甘肅，奉命停止追擊，余率第一旅仍回駐隴南徽縣原防。查徽縣為宋大將吳璘、吳玠抗金根據地，城內北山尚留有吳氏兄弟墓，蔓草荒烟，甚感荒涼，民國二十一年，第一旅到徽後，曾以兵工大加整修，並將該墓附近荒山劃闢為公園，春秋掃祭，遊人如織，對當時抗日運動，影響極深。北山底下有一所完全小學，為徽縣最高學府，亦曾以兵工加以擴建，並在城南闢一體育場，為該縣青年作健身場所，及冬季賽馬之用，惜人事匆匆，未能繼續獻替，十一月初，余奉調河南彰德，接掌陸軍第九十五師，至是，我離開了徽縣及十餘年生死患難之第一師戰友，從民十三東征，在第一師任排連長起，不勝依依（民國二十六年抗日戰起，余復奉調回長陸軍第一師，參加淞滬大戰，遺九五師長、交羅奇接任，並交下公積金十萬元，為經濟公開，樹立良好基礎。回憶前塵，恍如昨日，真不禁人老健康，今昔滄桑之感。鐵軍加註。

八

「白雲遙望萬重巒，報國還虧盡孝難，
海晏河清終有日，捷書先報自松潘。」

李鐵軍　民國六十七年雙十節於臺北

申辯書

報告

三十九年六月〇日

一、三十九年六月初二日勁勵字第一二五八號代電轉公務員懲戒委員會台會議字第一八八號申辯命令附抄監察院彈劾案一件奉悉。

二、謹遵示申辯檢附申辯書隨文賫呈敬祈　核轉。

三、申辯書內所舉歷次命令一併抄呈　敬懇

核備

謹呈

參謀總長周

胡宗南　呈

申辯書副本

申辯人　胡宗南

奉國防部電轉　大會三十九年五月二十九日台會議令字第一八八號命令以監察院彈劾宗南喪師失地貽誤軍國一案，移付懲戒，飭具書申辯等因。遵查彈劾文中所列情節，似係出諸道途傳聞，頗與事實不符，誤會滋甚，謹分別逐項縷陳如左：

一、兵備及防務沿革

溯自抗戰軍興宗南以第十七軍團參加滬寧及信陽會戰，所部傷亡慘重，於二十七年春奉調入關整補，改編為第三十四集團軍，轄第一、第十六、第九十等三軍，歸第十戰區蔣長官指揮，擔任抗日防共兩大任務。二十九年五月改隸第八戰區，歸朱長官指揮，宗南副之，嗣奉令擴編為三個集團軍，計第三十四集團軍及新編第三十七集團軍（轄第三十六、第八十新、第七等三軍），第三十八集團軍（轄第十七、第四十二、第五十七等三軍），分別擔任陝東、河防、陝北及囊形地帶暨隴東之封鎖任務，防線長達三千餘華里。三十三年重復成立第一戰區，轄豫、陝兩省，宗南任副司令長官。時雲南戰事告急，乃將第五十七軍空運昆明，參加遠征軍作戰，第四十二軍復開赴新疆，歸朱長官指揮，以固邊陲。三十四年秋抗戰勝利，共匪阻撓受降，華北局勢復緊，第三十四集團軍奉命由晉入冀，歸傅作義指揮。計自三十五年整編後改為西安綏署，至三十七年夏宗南所直接指揮者僅整編之第一，第二十九兩軍耳。嗣中樞以西北戰區遼闊，陝北偪處共巢，深感兵力不敷，乃將他戰場殘餘部隊調陝整補。是年秋後增編第二十七、第三十、第三十六、第七十六等四軍，防務擴至鄭洛及晉南、晉西。總計宗南在陝前後十一年，所整訓之戰鬥部隊最多時期亦不過二十七萬人，以之分防豫、冀、晉、陝、甘、新六省，地區廣闊，兵力已感微薄，加以尚須分割部隊，劃歸友軍指揮，使用益感不足，而彈劾案內竟謂「平時養兵四十五萬之多，駐軍二十年之久」實非事實，或係總括轄區內之中央各軍事機關學校，聯勤單位，傷患官兵，軍需工廠工人及雇用輸卒兵役機關，及新兵空軍及地勤人員等非戰鬥人員誤會所致。至於宗南所部武器純係國械，並無美械裝備，且因產量關係，祇按六成或八成配賦，而雜色步槍又佔全數六分之一，每槍配彈不足五十發，輕機槍每連多者六挺，少者三挺，軍中砲兵或無或缺，平均每軍僅得裝備十分之四。言裝備，則品質既非新式，數量尤感不足，攜行尚缺，遑論庫存；所謂「新式武裝當全國三分之一，各倉庫所儲其數尤多」當係訛傳而來，他如糧餉補給，中央設有機構專司其事，糧糈之徵購徵借，為地方政府職務，國軍待遇全國一律，宗南所部寧能獨異？況陝省距中樞遙遠，交通不便，運輸困難，亦多未能按時撥給。猶憶三十八年秋漢中大雨，綿延月餘，飛機無法降落，致八月份薪餉遲至十月間始能關發，較之近畿部隊，瞠乎其後，凡此種種，中央各主管機關均有案可查，一經覆按，真相立明，固勿待宗南之喋喋也。

二、西安之役

自三十七年秋，晉南、豫西、鄂西相繼陷匪，關中國軍已入於三面作戰之苦境，迨和談破裂，共匪長驅渡江，武漢外圍國軍撤離南下，鄂西之匪，遂乘機傾巢西犯。時白河竹山告急，而由川入陝之我第九十八軍戰力薄弱，一再失利，乃抽調關中之第二十七軍進駐安康，無如敵眾我寡，兵力懸殊，至三十八年五月初旬，白河竹山失守，不得已又抽調第六十九軍及第三軍增援陝南與匪對峙。此時黃河以北之匪分向陝北、晉南移動，宗南遵國防部電示意旨，縮短防線，扼守涇渭兩河，俾得集中兵力，迎擊犯匪，并請蘭州長官公署轉飭駐長武友軍推進邠州，以相策應。不意長武友軍反向涇州平涼後撤，致彭匪德懷第一、第二兩兵團主力得以長驅直入，於五月十六夜侵入咸陽北原，其第十八、第十九兩兵團主力亦同時由潼關韓城渡河，企圖以絕對優勢之兵力迫我於關中決戰。時我關中守軍僅五六萬人，而我友軍復須至五月二十五日始能集中平涼涇川，東出參戰，乃與蘭署共同決定，避免本署單獨作戰之不利；決以一部控制西安秦嶺，主力撤至寶雞，誘匪深入，再行決戰。經以辰銑梅電呈奉國防部辰篠展電核准後，於十八日拂曉開始撤退，與匪保持接觸。宗南於是日上午九時率指揮人員飛漢中轉寶雞指揮，而敵於十八日之下午竄陷咸陽，十九日渡涇河，進攻西安。我守城之第十七軍及保安團隊與匪血戰至二十日，予匪重創後，撤守秦嶺，是西安之撤退誠如所云「因受優越之匪勢所迫而作有計劃之撤退」，實已盡其所應盡之職責（詳情參閱附件第一號西安之役說明）。而彈劾案內竟有「匪方政工人員二十二日中午始入西安，匪兵到者不滿千人，直至六月初旬徐向前一股竄入，匪燄始張」之語，核與事實全不相侔；至所謂匪諜李茂堂，查係中央黨部所派之陝西省政府調查統計室主任，與宗南素無往來，向未與其有任何接觸，從何而有被其虛聲恐嚇遽行出走之理。

三、反攻西安之役

本署主力撤至寶雞後，彭匪主力第一兵團王震部在岐山扶風地區，其第二兵團張宗遜主力在乾州醴泉以北，其一部在興平武功間，而賀匪龍之第十八兵團周士悌先頭部隊已到達西安附近，其第十九、第二十兩兵團正分由潼關韓城兼程西進南下。欲殲彭匪宜在賀匪主力未與會合以前，因時機緊迫稍縱即逝，乃與蘭署協商作戰計劃，決定寧夏隴東兩兵團由邠州靈台間沿西蘭公路兩側東進，本署之第十八兵團及蘭署撥歸指揮之隴南兵團，王治岐部由鳳翔寶雞間沿渭河北岸東進，并以第三十六軍由斜峪關進出渭河南岸東向攻擊，第十七軍出子午谷，第三軍出大峪口，拊西安之背，擬將彭匪包圍於關中平原而殲滅之。六月九日會戰開始，本署主力於岐山附近先將匪王震所部擊破，匪乘夜暗渡渭河南竄，與我第三十六軍遭遇，激戰於郿縣之金渠鎮，我第十八兵團亦渡河會殲，與匪激戰終日，十四日即東進至鄠縣以西地區，我渭北之隴南兵團亦進至武功以東地區，我第三軍于引駕迴杜曲間，擊破匪第六十軍後，前鋒進迫西安東關南關，準備合圍攻城。此時我隴東兵團馬繼援主力亦於十一二日擊破乾州附近之匪第二兵團後，進圍咸陽。不幸其騎兵一團戰鬥兵額僅六七百人誤中匪計，陷沒城壕，攻勢頓挫。十五日夜得蘭署通知，以須調整部署不能繼續攻擊，十八日夜後接通知決定以隴東兵團全部渡涇河東出，攻匪側背，以寧夏兵團主力在咸陽北原掩護，以一部監圍咸陽。如此措施已改變預定之西安決戰計劃，幾經力爭，終違原意，乃遷就友軍要求，於十九日重行攻擊前進，隴東兵團初渡涇河，頗有斬獲，迨二十日攻擊又遭頓挫，即撤至靈台，寧夏兵團亦後撤邠州，致友軍與我軍間造成一大空隙，形成孤軍突出，而匪之後續兵團已源源趕到，不得已乃將進至西安城郊之第三軍撤回秦嶺，由是收復西安之謀遂成泡影（詳情參閱附件第二號反攻西安之役說明）。宗南久戍西北，素佩寧青友軍驍勇善戰，與馬氏昆仲叔姪尤屬莫逆，馬繼援軍長數與本署協商作戰無間，涇渭河谷之大捷即係合作之明效大驗，所謂約取關中，按兵不前云云應係不知當日戰鬥實情而有所誤會。

四、策應蘭州之役

反攻西安功敗垂成，致匪燄益張，本署痛觀局勢之危急，乃與蘭署協商以本署主力控制武功扶風及盩厔與秦嶺各峪口間，蘭署主力控制醴泉永壽及淳化邠州附近，聯成犄角，以相策應。未幾寧夏與隴東兩兵團彼此意見相左，忽又撤至長武靈台，彭賀兩匪遂得乘隙於七月十一日挾其絕對優勢之兵力，由乾縣西南迂迴至扶風，迫我第十八兵團及隴南兵團背水作戰，而渭河南岸盩厔之我第九十軍亦同時受數倍優勢之匪襲擊，浴血苦戰，傷亡慘重，精銳喪失殆盡，寶雞因之不守；彭匪更沿西蘭平寶天寶各路西竄陷平涼天水，越六盤山、華家嶺，直迫蘭州。本署得悉後，雖於遭受重大損失之餘，仍勉將秦嶺東部及安康之守備部隊抽補第一、第三十六、第三十八、第六十五、第九十各軍，策應蘭州作戰，七月十六日第三十六、第三十八兩軍開始向寶雞進攻，二十四日與匪激戰，而第一、第六十五、第九十各軍亦攻佔隴南之天水鎮及西和禮縣，會同馳援，戰事正順利進行，惟本署第一線與蘭州相距一千華里以上，雖積極推進，然節節受匪所阻，而馬氏叔姪意見分歧，先後撤兵，遂致局勢變化過速，蘭州竟告失守，良深遺憾（詳情參閱附件第三號策應蘭州之役說明），如謂「蘭州危急日夕呼援迄不一應」，殆未明瞭當日之實情耳。

五、陝南之撤退

自三十八年十月中旬廣州失陷，西南戰局急轉直下，華中國軍退保桂林，匪軍進逼湘桂黔邊境，而劉匪伯承部隊後由鄂西大舉西犯，彭匪德懷亦以八個軍之眾由甘青東調，竄犯秦嶺，形成包圍之勢。十月下旬，奉國防部電示，抽調優良三個軍於綿陽、廣元間佈防，再抽調三個軍至瀘州，集中入滇與西昌連接，以西昌為根據鞏固滇省。當即遵示辦理，並積極疏運漢中物資準備破壞川陝漢白公路，拆收通信線路并派員偵築大巴山防禦工事及交通通信設施。十一月十二日復奉部令，以一部控制秦嶺阻匪南犯，主力轉移於大巴山佈防，另以三個軍轉移成都、內江、瀘縣地區，機動控制。正遵辦間，乃劉匪伯承主力及林匪彪一部分由川湘黔公路會犯重慶，我友軍節節失利，形勢危急；十一月十八日奉　電示「主力於十日內轉移成都平原」，當即留置一部阻匪南犯，全線於二十三日開始南撤（詳情參閱附件第四號陝南撤退之說明）是本署之撤退陝南純因戰略關係奉令而行，雖防線長達二千餘里而部署周詳秩序井然，行動迅速，曾蒙中樞嘉獎，又以道路破壞徹底，使匪行動遲滯，至十二月五日匪始衝破我秦嶺進抵漢中，如此之周密撤退，焉得謂係倉皇放棄乎。

六、成都會戰前後

劉匪伯承自三十八年十一月三十日攻陷重慶後，率其第三兵團（轄第十、第十一、第十二等軍）及林匪彪之第四十七軍、第五十軍分道西犯，十二月六日竄抵安居、銅梁、隆昌，十日攻內江、潼南，十五日陷三台、簡陽，十六日迫錦江東岸，直指新津。其第五兵團（轄第十六、第十七、第十八等軍）亦由長江南岸竄瀘州西犯，由彭匪德懷劃歸賀匪龍指揮之第十八、十九兩兵團由陝南南下，於十二日破陽平關，十五日陷廣元，南犯劍門、梓橦，而林匪彪之第十五兵團亦由貴州畢節，兼程向川西急進，企圖包圍成都，加以盤據，灌縣、彭縣之鄧錫侯、劉文輝兩逆於十二日通電叛變，郭汝瑰在敘瀘亦倒戈附逆，會合匪軍，陷樂山，竄彭山，強渡岷江，指向新津。當此危難緊急之際宗南又奉派為西南軍政副長官兼參謀長之職，積極肅清反側，加緊部署，而當時由陝南下之我軍晝夜兼程趕到成都附近者，約僅六萬餘人，匪則十倍於我，雖眾寡懸殊，然三軍一心，將士用命，自九日開始接觸，賴我守備岷江之三十一師，錦江之第一六五師，及後援之我第五兵團浴血苦戰，撐持危局，迨十七日擔任成都防衛之第三軍加入奮擊，苦戰五日，卒將匪第三兵團擊潰，粉碎其攻奪新津之企圖。惟匪雖受挫仍頑抗不退，而劉匪之第五兵團乘虛西繞，折向邛崍大邑崇慶，攻我側背，我第十八兵團奮勇抵抗，戰鬥慘烈，傷亡達三分之二，林匪之第十五兵團由洪雅、丹稜向蒲江西北前進，斷我入康道路，彭匪之第十八、第十九兩兵團亦於二十日續陷綿陽，二十二日竄抵德陽、什邡之線。此時匪之兵力不獨續增且合圍之圈益形縮小，宗南鑒於當前決策關係至鉅，乃召集諸將領，會議於新津，咸以既無各個擊破之機，如以劣勢兵力背城一戰，必至官兵同歸於盡；入康則將陷重圍，乃擇遵國防部亥號酉機電指示之中策，散循岷江東岸，繞攻宜賓瀘州以突圍。部署決定後，本署人員原擬隨軍突圍各將領，僉以署部毫無戰鬥力量，如隨軍行動累贅甚多，且須派隊掩護，徒增各部隊負累，而部隊到達西昌防務之佈置，糧秣彈藥之補給，在在須先籌謀，堅決主張宗南應率署部人員先赴西昌佈置，不得已乃循各將領之要求先赴西昌。此時內心之痛苦，誠難言喻。會終後即將決心及處置電報國防部奉示，准予照辦，並蒙飭空軍派機來蓉。時空軍人員以際此緊急撤退，來機不問氣候良否，立須離蓉，以防不測，如抵蓉後逕飛西昌，倘遇氣候惡劣，無法降落，因油量關係，亦無法續飛海口，如是勢必人機同受損失，故建議宗南等先飛昆明霑益或海口後，再飛西昌。旋以西昌、成都間陰雲密厚，結冰不能通過，擬飛霑益或昆明，旋接海南空軍指揮部轉告，昆明霑益仍被匪軍控制，不能降落，時已屆十二月二十三日午刻，各部隊俱按預定部署開始行動，而飛機亦以抵蓉不能稽延，且是日成都西昌間天氣惡劣，陰雲密佈，乃從空軍建議改飛海口，抵海口上空時，機場關閉，復降落三亞，著陸後即設法與突圍部隊保持連絡，並計劃飛赴西昌。以連絡及氣候種種關係，始得於二十八日飛海口轉飛西昌，所謂「軍情正萬分緊急之際遽由成都飛往三亞，主帥既去，各軍因之解體」云者，顯屬不明當時之實情。當十二月二十三日夜各軍實行突圍之際，友軍第十五兵團司令官羅廣文及第十六兵團副司令官鄧其通電叛變，第十八兵團李振率其第六十五軍之兩團，第七兵團裴昌會率第三十軍殘部同時投匪，我第五兵團司令官李文鑒於變生肘腋，原計劃難以實施，乃率所部及成都防衛第三軍改向新津邛崍浦江強進，預佔雅安，聯繫西昌，二十四日拂曉開始行動，擊破匪之第一層包圍，二十五日進抵邛崍浦江之線，復遇匪之第二層包圍，匪之後續部隊源源趕到，該部遂陷重圍。雖疲憊不堪，然猶奮勇死戰，繼五晝夜，而成都防衛總司令盛文、六九軍長胡長青、九十軍長周士瀛、五十三師長樊玉書、第一軍參謀長張銘梓、第一六七師長曾祥廷、第二十七軍軍長吳俊負傷，第二一四師長王菱舟自殺，第二四師長吳方正、第一五五師長汪承釗、第二五四師長陳岡陵、第一六七師長趙仁、譚文緯、第一師副師長高宗珊、第七八師副師長梁德馨陣亡，李司令官文、第一軍軍長陳鞠旅力盡被俘，其餘團長以下幹部傷亡殆盡，屍積如山，血流成渠，成都會戰至是慘烈結束矣（詳情參閱附件第五六七號成都會戰前後之說明）。緬懷忠烈，痛悼曷極，謂將士捨命疆場，前仆後繼，良非虛語，如謂胡部覆沒川軍繼之而崩潰，則與事實相反，且盛文所部陷入重圍，血戰一週，全部壯烈犧牲，無一投降，忠貫日月，竟謂盛文坐鎮成都，其司令部有開會商議集體投降之事，冤抑殊甚。

七、經營西昌

宗南飛抵西昌，時僅三月，先後收容突圍前來官兵及宋希濂部，共約二萬餘人，慘澹經營，擴充至六萬餘人。嶺光電夷人也，陳超川邊志士也，各任為師長，孫仿、諸葛世槐、楊砥中土司也，或任為縱隊司令，或委為邊務主任，羅子洲國大代表也，鄧德亮寧屬青年也，各界以縱隊司令，李元亨、陳子武、鄧海泉、李幼軒、蘇國憲、李廷相地方團隊也，分別擴編為軍，為師，為縱隊；

陶慶林收復康定，即委以第一三五師師長，田中田深明大義，不甘附逆，任為第三一七師師長，唐總司令式遵，忠誠謀國，素所欽佩，成都失陷，輾轉來康，相見之下喜出望外，雖在空運困難之時仍籌發武器，資以經費，不幸於返川途中遇害，良深痛悼。舉凡反共意志堅強，忠貞黨國人士，無不竭誠羅致畀以重職，資以武器，餽以糧餉，以圖復國。至羊仁安原為劉文輝舊部，在漢中時即委以新第十一軍軍長，令其迅速編組成軍，及劉逆叛變，竟徘徊觀望，延不就職。後我王師長伯驊，胡軍長長青到達富林，該員避居鄉間，態度不明，經多方敦請，始至西昌，由康省府委以雅屬行署主任，促其速返富林協助國軍，仍遲遲不行，迨西昌危急始返原籍，均有事實可據。宗南自入西昌以短促三月之時間，率新編之部隊，當匪第十五第六十二及新第十二等軍暨龍逆純曾、朱匪家璧等十萬之眾，四面受敵，連旬苦戰，直至三月二十六日無法固守，奉令與康省府賀主席離西昌，然猶令參謀長羅列指揮軍事，分置劉孟廉、陳超等於雷馬球屏區域，田中田、陶慶林、張天翔等於康屬區域，孫仿於寧東，鄧德亮於寧西，顧葆裕、張桐森於滇西從事游擊，潛留力量於大陸，迄今中央尚獲情報，至當時兵員若干，領餉若干，主管機關有案可稽，不容揑飾，彈劾案內所云種種洵非事實。

八、結論

溯自武漢國軍南調，鄂西匪軍傾巢西上，晉南豫西次第淪陷，關中我軍已三面受敵，及湘粵續沉，川黔告急，悍匪彭、賀、劉、林諸部先後挾其席捲囊括之優勢以掃蕩西南，宗南節次奉命，扼守寶雞，轉蜀入滇，以至西昌，棄久戍之西北，入生疏之西南，率萬里疲憊之師，當四面悍鷙之敵，友軍背信，影響所及，宗南始終藎籌，隨機抗敵，西安守軍經予匪重創，及後反攻，已擊潰匪王震所部，我友軍亦敗匪軍於乾州附近；嗣援蘭州並經攻佔天水鎮西和禮縣；入蜀之後，岷江、錦江血戰二十一夜，擊破劉匪第三兵團，成都激戰，官長士兵慘烈傷亡；西昌經營，建立游擊之根荄，留蓄反攻之潛力，計宗南先後奉命輾轉戰守以來，時將十月，地達萬里，間因部署綿密，行動迅速，曾蒙中樞嘉獎，卒以戎機中變大陸全沉，轉戰四省，精銳喪盡，痛慚曷極。竊思曹沫不諱三北之羞，范蠡未殉會稽之恥，嬴秦三帥不刎二陵，誠以寸屈尺伸，亦春秋大義也。苟罪有應得，則雖刀鋸鼎鑊，甘之如飴，決不推諉。茲遵令申辯一本當日事實。

胡宗南先生四書

胡宗南上將年譜（增修版）

編纂◆於憑遠 羅冷梅
校訂◆葉霞翟 胡為真
發行人◆王春申
副總編輯◆沈昭明
主編◆葉幗英
責任編輯◆吳素慧
校對◆趙蓓芬 鄭秋燕
美術設計◆吳郁婷

出版發行：臺灣商務印書館股份有限公司
10046 台北市中正區重慶南路一段三十七號
電話：(02)2371-3712　傳真：(02)2371-0274
讀者服務專線：0800056196
郵撥：0000165-1
E-mail：ecptw@cptw.com.tw
網路書店網址：www.cptw.com.tw
網路書店臉書：facebook.com.tw/ecptwdoing
臉書：facebook.com.tw/ecptw
部落格：blog.yam.com/ecptw

局版北市業字第 993 號
初版一刷：1980 年 7 月
增修版一刷：2014 年 8 月
定價：新台幣 450 元

ISBN 978-957-05-2947-0

讀者回函卡

感謝您對本館的支持，為加強對您的服務，請填妥此卡，免付郵資寄回，可隨時收到本館最新出版訊息，及享受各種優惠。

■ 姓名：________________　性別：□ 男　□ 女

■ 出生日期：________年________月________日

■ 職業：□學生　□公務(含軍警)　□家管　□服務　□金融　□製造
　□資訊　□大眾傳播　□自由業　□農漁牧　□退休　□其他

■ 學歷：□高中以下（含高中）□大專　□研究所（含以上）

■ 地址：
____
____

■ 電話：(H) ________________ (O) ________________

■ E-mail：________________________________

■ 購買書名：________________________________

■ 您從何處得知本書？
　□網路　□DM廣告　□報紙廣告　□報紙專欄　□傳單
　□書店　□親友介紹　□電視廣播　□雜誌廣告　□其他

■ 您喜歡閱讀哪一類別的書籍？
　□哲學・宗教　□藝術・心靈　□人文・科普　□商業・投資
　□社會・文化　□親子・學習　□生活・休閒　□醫學・養生
　□文學・小說　□歷史・傳記

■ 您對本書的意見？（A/滿意　B/尚可　C/須改進）
　內容 ________編輯________校對________翻譯________
　封面設計________價格________其他________

■ 您的建議：________________________________
____

※ 歡迎您隨時至本館網路書店發表書評及留下任何意見

臺灣商務印書館　The Commercial Press, Ltd.

台北市106大安區新生南路三段19巷3號1樓　電話：(02)23683616
讀者服務專線：0800-056196　傳真：(02)23683626
郵撥：0000165-1號　E-mail：ecptw@cptw.com.tw
網路書店網址：www.cptw.com.tw　網路書店臉書：facebook.com.tw/ecptwdoing
臉書：facebook.com.tw/ecptw　部落格：blog.yam.com/ecptw